Udo Bub | Klaus-Dieter Wolfenstetter (Hrsg.)

IT-Sicherheit zwischen Regulierung und Innovation

Udo Bub | Klaus-Dieter Wolfenstetter (Hrsg.)

IT-Sicherheit zwischen Regulierung und Innovation

Tagungsband zur zweiten EICT-Konferenz IT-Sicherheit

Mit 150 Abbildungen

PRAXIS

Bibliografische Information der Deutschen Nationalbibliothek
Die Deutsche Nationalbibliothek verzeichnet diese Publikation in der
Deutschen Nationalbibliografie; detaillierte bibliografische Daten sind im Internet über
<http://dnb.d-nb.de> abrufbar.

1. Auflage 2011

Lektorat: Christel Roß | Maren Mithöfer

Vieweg+Teubner Verlag ist eine Marke von Springer Fachmedien.
Springer Fachmedien ist Teil der Fachverlagsgruppe Springer Science+Business Media.
www.viewegteubner.de

Umschlaggestaltung: KünkelLopka Medienentwicklung, Heidelberg
Gedruckt auf säurefreiem und chlorfrei gebleichtem Papier
Printed in Germany

ISBN 978-3-8348-1729-7

Vorwort

Udo Bub, Klaus-Dieter Wolfenstetter

Die hohe Dynamik der Informations- und Kommunikationstechnologien (IKT) und deren Anwendungen führen unverändert zu gravierenden Veränderungen in der Gesellschaft. Innovationstrends wie Cloud Computing, Smart Energy Grids, neuartige Geräte und Anwendungen im mobilen Internet, sowie die rasante Verbreitung von sozialen Netzwerken weltweit, erfordern zugleich neue und entsprechend angepasste Sicherheitslösungen. Die jüngsten Fälle von Identitäts- und Datendiebstahl sind zu einer ernsten Bedrohung für uns alle geworden. Wie reagieren Industrie, Forschung und Politik, aber auch die Nutzer und Bürger auf diese Dynamik und den zunehmenden Bedarf an Sicherheit und Datenschutz?

Der vorliegende Band entstand im Rahmen der Konferenz „IT-Sicherheit – Vertrauen, Datenschutz, Sicherheit und Innovation", die am 10. Februar 2011 in Berlin stattfand. Es ist nach 2008 die zweite Konferenz zu diesem Thema, welche das European Center for Information and Communication Technologies (EICT) GmbH veranstaltete. Auch dieses Mal konnten wir die gleichen, kompetenten und hochrangigen Vertreter aus Industrie, Forschung und Politik gewinnen, die in ihren Vorträgen herausragende Trends der IKT präsentierten und diskutierten. Die Vorträge umfassten die Themenbereiche

- Innovation und Sicherheit
- Digitale Identitäten, Cloud Computing, eEnergy und
- Sicherheit für innovative Anwendungen.

Die gemeinsame Podiumsdiskussion mit dem Titel „IT-Sicherheit zwischen Regulierung und Innovation" rundete die Konferenz ab. Der vorliegende Band enthält sämtliche Rede- und Diskussionsbeiträge der Konferenz. Die Vorträge spiegeln aktuelle Themen wider, mit denen der Bürger zukünftig täglich konfrontiert sein wird oder bereits konfrontiert ist, wie zum Beispiel dem neuen Personalausweis und Smart Meter.

Die Herausgeber bedanken sich bei allen Mitstreitern der Konferenz für ihre Rede- und Diskussionsbeiträge, bei den sehr interessierten und engagierten Teilnehmern, sowie dem Organisations- und Programmteam vom EICT. Unser besonderer Dank geht an Herrn Mario Druse, in dessen Händen die Vor- und Nachbereitung der Konferenz und des Tagungsbandes lag.

Berlin, Juli 2011 Die Herausgeber

Inhaltsverzeichnis

Teil III: Sicherheit für innovative Anwendungen

Teil IV: Podiumsdiskussion

1 F&E für IT-Sicherheit im Rahmen von Public Private Partnerships

Udo Bub

Sehr geehrte Damen und Herren, verehrte Gäste, herzlich willkommen in Berlin zur zweiten EICT-Konferenz „IT-Sicherheit". Ich freue mich sehr, dass Sie gekommen sind und begrüße Sie zu vielen spannenden Vorträgen.

Vor gut zwei Jahren fand die erste Konferenz zum Thema IT-Sicherheit statt. Damals führten die Beiträge über Datenschutz und Datensicherheit zu intensiven Diskussionen mit den Teilnehmern aus Wirtschaft, Wissenschaft und Politik. Die Sicherheitsaspekte wurden dabei nicht nur aus der Sicht der unterschiedlichen Anspruchsgruppen erörtert. Die Perspektive von Privatpersonen wurde ebenso stark eingebracht, da jeder von uns in erster Linie auch eine Privatperson ist. Heute wollen wir mit dieser Konferenz den begonnenen Dialog zwischen den einzelnen Gruppen fortsetzen. Die IT-Sicherheit muss von uns allen immer wieder neu beleuchtet werden. Dabei bestimmt jede einzelne Anwendung im Sicherheitsbereich, welche Gruppe am meisten gefordert ist. Ohne das gleichzeitige Zusammenspiel aller Gruppen funktioniert die Bearbeitung der IT-Sicherheitsfragen jedoch nicht. In diesem Sinne wollen wir mit Ihnen zunächst die singulären Gruppenaspekte zum Thema IT-Sicherheit aufgreifen und anschließend ganzheitlich betrachten.

Bevor wir beginnen, möchte ich Sie noch über eine organisatorische Vorgehensweise informieren: Während der Konferenz werden wir das gesprochene Wort aufzeichnen, um daraus einen Tagungsband zu erstellen. Das haben wir bereits nach der ersten Konferenz zum Thema IT-Sicherheit getan und die Dokumentation als Buch herausgegeben[1]. In diesem Jahr wollen wir erneut eine Tagungsdokumentation publizieren und sowohl die Vorträge als auch die Fragen und Diskussionsbeiträge aus dem Publikum veröffentlichen.

Wenn ich hier das „wir" benutze, spreche ich für das EICT als Veranstalter der Konferenz. Eventuell ist es bei einigen von Ihnen noch nicht allzu bekannt, deshalb möchte ich Ihnen einen kurzen Überblick über unser Unternehmen geben.

---

[1] Bub U., Wolfenstetter K.-D. (Hrsg.): „Sicherheit und Vertrauen in der mobilen Informations- und Kommunikationstechnologie", Vieweg+Teubner, 2009.

EICT

Das EICT, das heißt das European Center for Information and Communication Technologies, ist eine so genannte Public Private Partnership, also eine Partnerschaft aus öffentlichen und privatwirtschaftlichen Gesellschaftern (Bild 1). Derzeit beteiligt: die Daimler AG, die Deutsche Telekom AG, die Fraunhofer-Gesellschaft zur Förderung der angewandten Forschung e.V., die Opera Software ASA aus Norwegen und die Technische Universität Berlin. Was bringt diese Organisationen dazu, sich gemeinsam an einer Gesellschaft zu beteiligen? Sie möchten vor allem im Innovationsbereich noch stärker zusammenarbeiten und dabei das Paradigma der Offenen Innovation verfolgen. Dabei übernimmt das EICT Aufgaben, die von den einzelnen Gesellschaftern bisher noch nicht ausreichend abgedeckt werden.

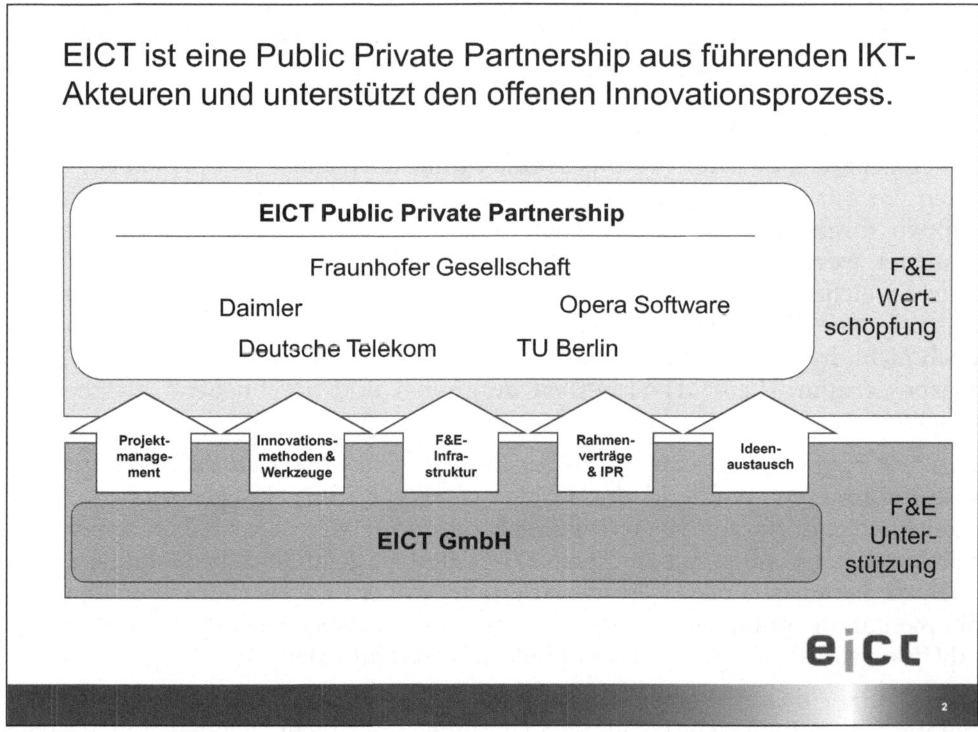

Bild 1

Der Begriff der Offenen Innovation, der maßgeblich von *Henry Chesbrough*[2] geprägt wurde, hat sich ja inzwischen in Wissenschaft und Praxis durchgesetzt. Er beschreibt das Gegenteil der Geschlossenen Innovation, nach welchem Innovationen aus der internen Reflektion einer Organisation entstehen, das heißt die Innovatoren befinden sich ausschließlich innerhalb einer Organisation. Dieses Vorgehen, dieses Muster, ist überkommen. In einer Branche, die so schnellen Änderungen unterliegt wie die IKT-Branche, müssen die Türen geöffnet werden. Man muss mit verschiedenen Wissensgruppen interagieren, um die notwendigen Innovationen gemeinsam auf den Weg zu bringen. So werden Synergien genutzt, vor allem durch Input von außen. Organisationen können sich in unserer diversifizierten Welt nicht mehr nur auf ihre eigene Innovationskraft verlassen. Sie sind verstärkt auf die Integration und Nutzung externer Informationen und Kompetenzen angewiesen.

Innovationen im IKT-Bereich entstehen heute oft innerhalb von wenigen Monaten und sind gerade im WWW-Umfeld sehr schnell produktfertig. Dieses rasante Tempo resultiert im Wesentlichen aus dem Durchbruch des Internetprotokolls und der Webanwendungen, die damit einhergehen. Mit ihnen benötigen wir heute viel weniger Infrastruktur für die Gestaltung von Innovation. Gleichzeitig steigt die Anzahl der Innovatoren und die Wahrscheinlichkeit nimmt zu, dass eine Innovation an einem Ort entsteht, der bis dahin noch nicht auf unserer Innovationslandkarte zu finden war. Diese Dynamik sollten wir zu unserem eigenen Vorteil nutzen. Dies funktioniert aber nur dann, wenn eigene Gedanken mit anderen Gruppen geteilt werden. Das EICT initiiert und unterstützt offene Innovationsprozesse und bietet dazu folgende Leistungen an:

- Unsere wichtigste Leistung ist das Projektmanagement für Forschungsvorhaben mit vielen Partnern. Dabei forschen wir nicht selber, vielmehr begleiten und unterstützen wir das Management und die Prozesse von öffentlich geförderten Forschungsprojekten oder Industrieprojekten. Das EICT tritt dabei als Trusted Third Party auf und hat sich in diesem Feld hervorragend positioniert.

- Ein anderes Angebot ist das Innovationsmanagement mit seinen spezifischen Methoden und Werkzeugen. Diesen Service haben wir in den letzten zwei Jahren stark ausgebaut. Gerade in der diversifizierten Welt verteilten Wissens benötigt man Methoden und Werkzeuge für verteiltes und kollaboratives Innovationsmanagement.

- Das EICT stellt außerdem bei Bedarf eine F&E-Infrastruktur zur Verfügung, insbesondere so genannte Testbeds, um gemeinschaftlich zu experimentieren. Gerade im Netzwerkbereich, aber auch im Software-

---

2 Chesbrough H., Vanhaverbeke W., West J. (Eds.): "Open Innovation – Researching a New Paradigm", Oxford University Press, 2006.

bereich, werden bereits einige Plattformen für Tests oder zur Entwicklung neuartiger Kommunikationsparadigmen, wie zum Beispiel Flow Switching[3], bereitgestellt.

– Intellectual Property Management und Intellectual Property Rights sind zentrale Bereiche für die Offene Innovation. Offene Innovation bedeutet ja nicht gleichzeitig, dass alles öffentlich zugänglich ist und Forschungsergebnisse nicht mehr im exklusiven Besitz sind. Intellectual Property Rights sind hier nur sehr kompliziert zu schützen. Das EICT unterstützt dabei alle notwendigen Rahmenverträge und Patentverhandlungen.

– Offene Innovation verlangt vor allem auch einen Austausch von Ideen. Ein solcher Gedankenaustausch kann durch formelle und informelle Events angestoßen werden. Wir organisieren dazu die entsprechenden Veranstaltungen, beispielsweise die heutige Konferenz.

Eine weitergehende Darstellung von EICT ist als Buchbeitrag[4] publiziert worden und unter anderem über die Website http://www.eict.de verfügbar.

EIT ICT Labs

Außerdem arbeitet EICT seit zwei Jahren im Kontext des European Institute of Innovation and Technology (EIT). Die Europäische Kommission will damit eine Eliteuniversität in Europa fördern, die an Qualität den weltweit führenden Universitäten, etwa im angloamerikanischen Raum, ebenbürtig sein soll. Das EIT soll allerdings mit mehreren Abteilungen in Europa verteilt sein und auf bereits bestehenden Strukturen aufbauen. Für den Aufbau des IKT-Bereichs hat sich das EICT gemeinsam mit einem schlagkräftigen Konsortium erfolgreich beworben und wir befinden uns inzwischen in der Phase der Grundsteinlegung. Zusammen mit Vertretern aus mehreren Ländern erarbeiten wir innerhalb des EIT eine so genannte Knowledge and Innovation Community (KIC). Unser Siegerkonsortium für Informations- und Kommunikationstechnologie heißt EIT ICT Labs[5] und ist in fünf europäischen Städten angesiedelt (Bild 2), dazu gehört Berlin. Das EICT baut hier zurzeit die deutsche Niederlassung (ein so genanntes Co-Location Center) auf und vertritt den deutschen Teil im Management des Konsortiums. Alle wesentlichen Player der beteiligten Länder sind dabei, sowohl Industrieunternehmen als auch öffentliche Institutionen. In Deutschland gehören die Deutsche Telekom

---

[3] Siehe zum Beispiel: http://www.openflow.org

[4] Bub U., Schläffer C.: „Umsetzung von offener Innovation durch industrielle Cluster und Public Private Partnerships", *in Bullinger H.-J. (Hrsg.) „Beschleunigte Innovation mit regionalen und industrienahen Forschungsclustern"*, Fraunhofer IRB, 2008.

[5] http://www.eitictlabs.eu

Laboratories, Siemens und SAP dazu, sowie die Technische Universität Berlin, die Fraunhofer-Gesellschaft und das DFKI[6]. In anderen Ländern ist das ähnlich. Um Eindhoven herum ist natürlich auf industrieller Seite Philips sehr wichtig. Ebenso sind die wesentlichen Technischen Universitäten aus den Niederlanden, nämlich aus Delft, Eindhoven und Enschede, beteiligt. In Helsinki sind dies Nokia und insbesondere die neu gegründete Aalto University, die ein neuer Zusammenschluss aus drei Universitäten im Raum Helsinki ist. Die wesentlichen Partner in Frankreich sind Orange, also France Telekom, Alcatel Lucent und dann universitäre öffentliche Partner. In Schweden ist Ericsson der maßgebliche Player gemeinsam mit der Königlich Technischen Hochschule (KTH), sowie dem Softwareinstitut SICS, die hier gemeinsam einen Knoten gebildet haben.

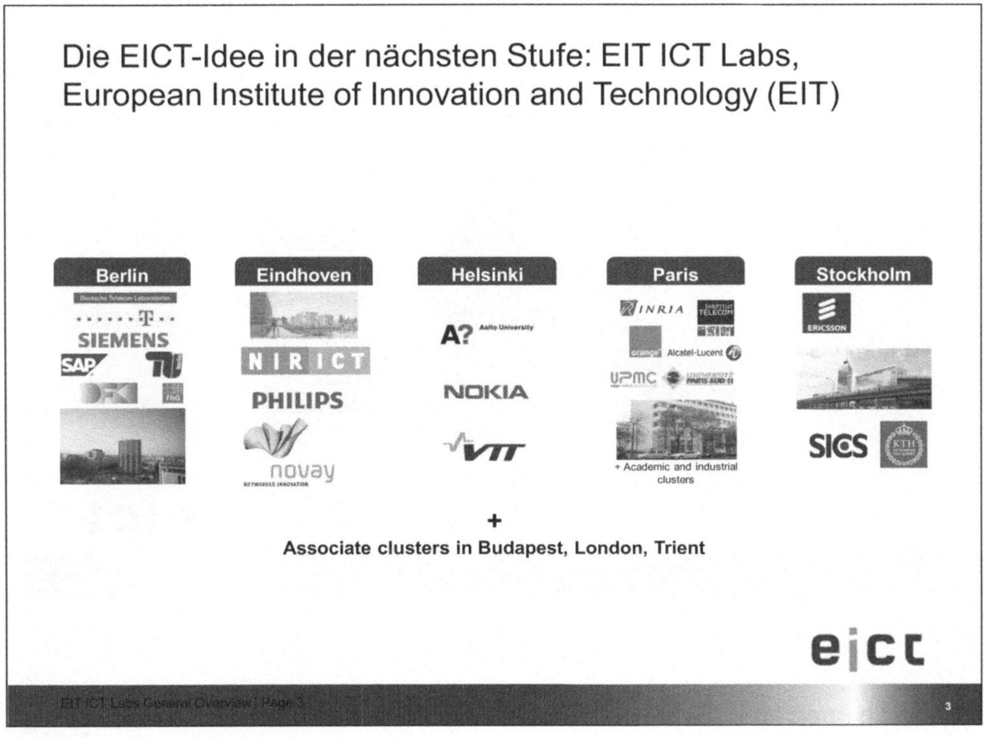

Bild 2

---

[6]   Deutsches Forschungszentrum für Künstliche Intelligenz GmbH, http://www.dfki.de

Wir konzentrieren uns in den EIT ICT Labs im Wesentlichen auf Lehre, Forschung und Innovation (Bild 3). Innovation misst sich dabei an den Transferzahlen von Forschung in Spin-offs, Start-ups oder in Industrieunternehmen. Mit den EIT ICT Labs wollen wir die Fragmentierung in Europa überwinden und die Stärken Europas besser ausspielen. Gerade für neue Ideen wird durch diese Defragmentierung ein viel größerer Markt geschaffen, als dies bisher in den einzelnen Ländern der Fall ist.

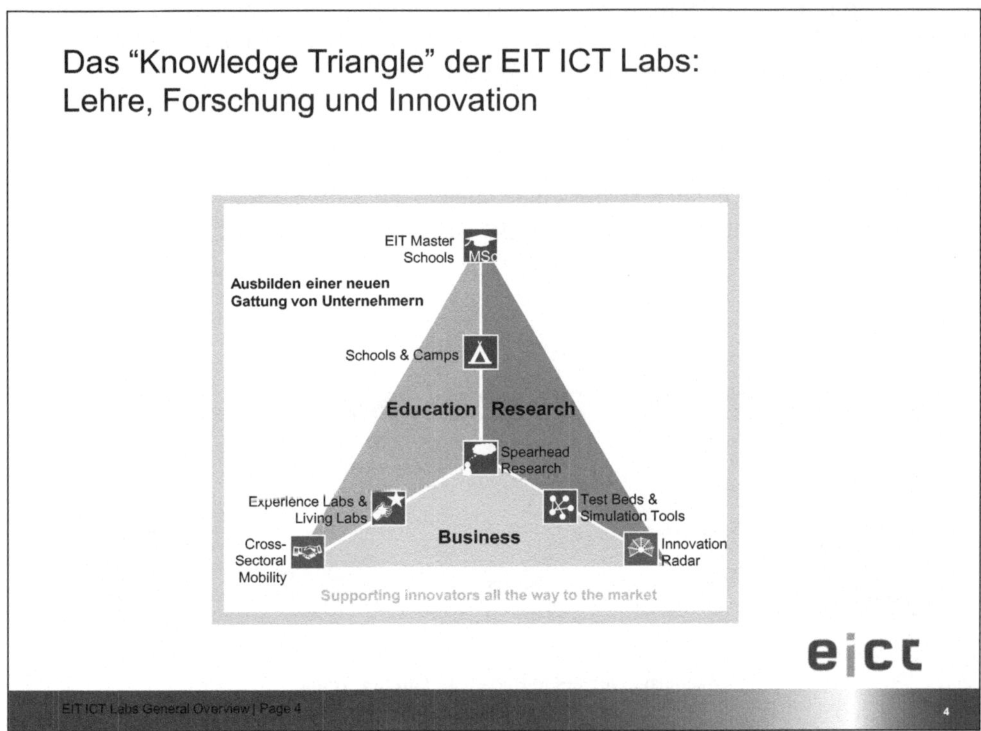

Bild 3

Aktuelle Themen zu IT-Sicherheit

Und nun zu unserem Konferenzthema: Der aktuelle Stand der IT-Sicherheit wird Ihnen heute in unterschiedlichen Fachvorträgen von bedeutenden Experten dargestellt. Um den Spannungsbogen zum Thema IT-Sicherheit zu schlagen, möchte ich Ihnen einige Ergebnisse aus der so genannten Zukunftsstudie vorstellen. Wir haben diese Studie zur Zukunft und Zukunftsfähigkeit der Informations- und Kommunikationstechnologien und Medien gemeinsam mit weiteren Partnern bereits zum dritten Mal im Rahmen des nationalen IT-Gipfelprozesses der Bundesregierung durchgeführt.[7] Dabei wurde in einer mehrwelligen Expertenbefragung unter anderem das Thema Sicherheit beleuchtet.

Dazu gehörte beispielsweise die Frage nach den wichtigsten Eigenschaften, die eine gesicherte IKT-Infrastruktur haben sollte (Bild 4).

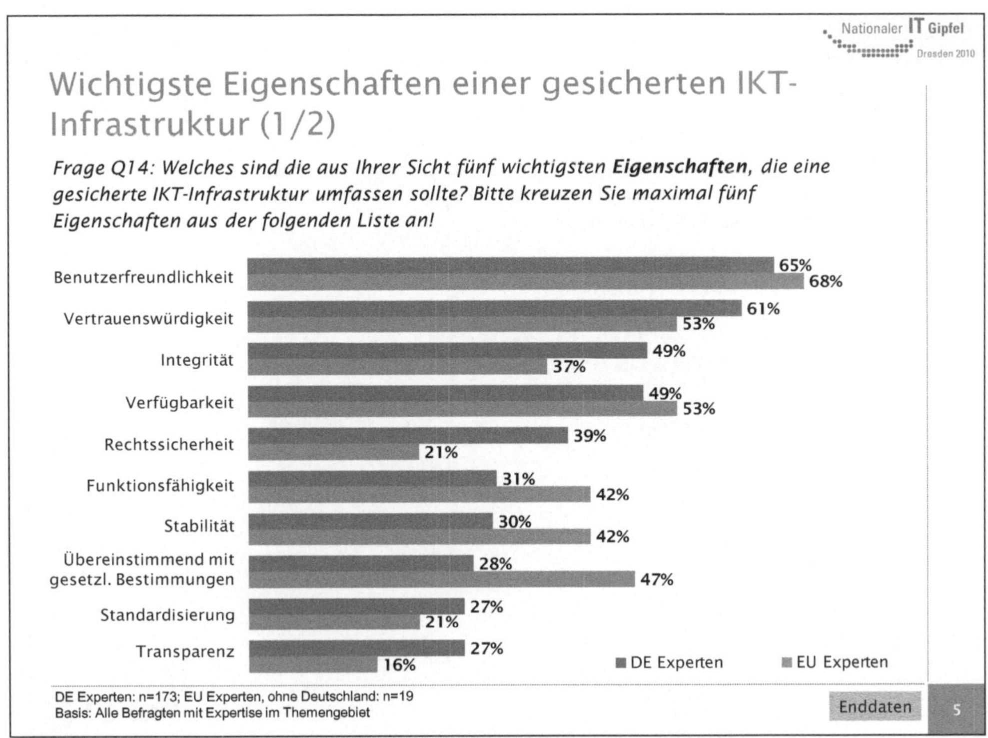

Bild 4

Die Experten setzten die Benutzerfreundlichkeit an die erste Stelle, noch vor Eigenschaften wie Vertrauenswürdigkeit, Integrität, Verfügbarkeit, Rechtssicherheit oder Funktionsfähigkeit. Dabei zeigten sich allerdings Unterschiede zwischen den deutschen und den europäischen Experten. Letztere stuften die Benutzerfreund-

---

[7] Die Studien stehen unter http://www.eict.de zum Download zur Verfügung. Bisher sind drei Studien erschienen: „Zukunft und Zukunftsfähigkeit der deutschen Informations- und Kommunikationstechnologie" (2008), „Zukunft und Zukunftsfähigkeit der Informations- und Kommunikationstechnologien und Medien" (2009), „Offen für die Zukunft – Offen in die Zukunft" (2010).

lichkeit als wichtigste Eigenschaft einer gesicherten IKT-Infrastruktur sogar noch höher ein als die deutschen Experten.

Hier sehen Sie noch die Bewertung aller abgefragten Eigenschaften (Bild 5), auf die ich jetzt aber nicht weiter eingehen möchte.

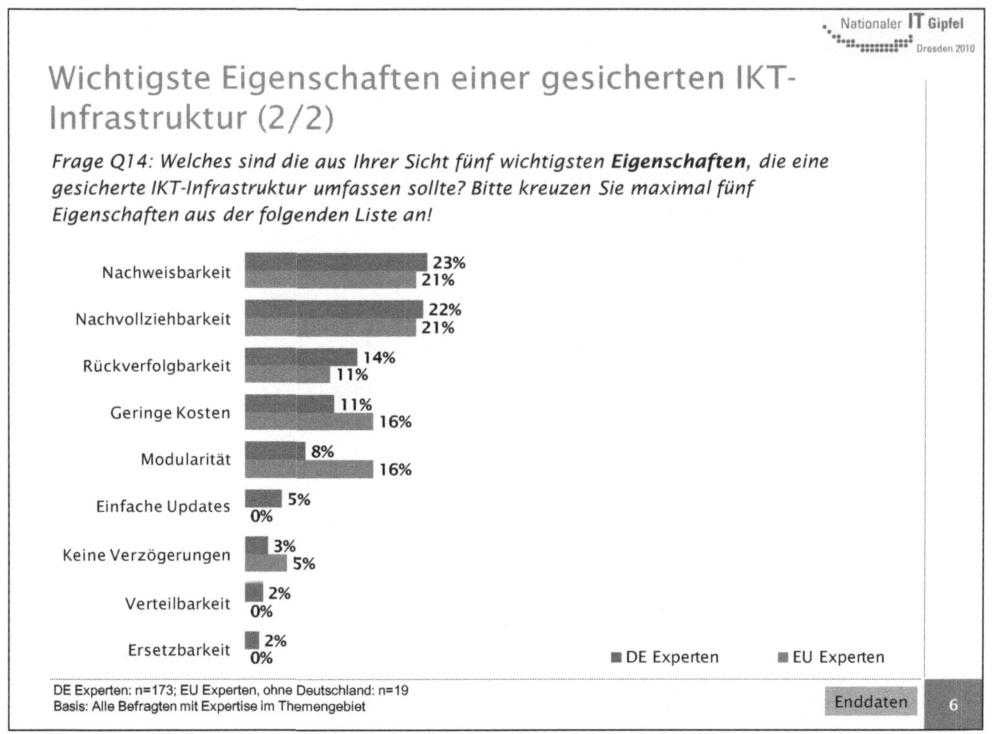

Bild 5

Für die heutige Konferenz möchte ich vielmehr das Ergebnis einer weiteren Frage vorstellen, die sich mit den Verantwortungsträgern für eine IKT-Infrastruktur beschäftigt (Bild 6). Die Frage lautete: „Es gibt verschiedene Verantwortungsträger für eine funktionierende gesicherte IKT-Infrastruktur im Internet. Inwieweit haben die folgenden Verantwortungsträger ihre jeweiligen Aufgaben bereits erfüllt?"

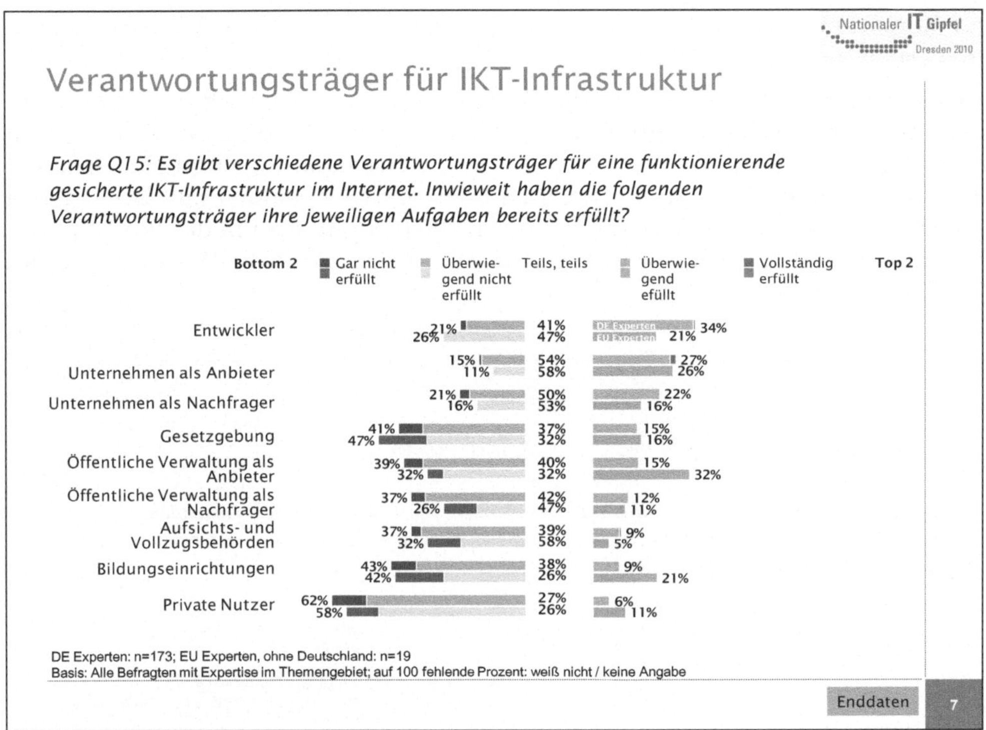

Bild 6

Viele der Befragten sind der Meinung, dass die Entwickler ihre Aufgaben nicht erfüllt haben. Ein beträchtlicher Teil der Befragten sieht die Aufgabe einer funktionierenden gesicherten IKT-Infrastruktur auch durch die Unternehmen noch nicht als richtig erfüllt an. Nun treten Unternehmen aber auch als Nachfrager auf, also als Kunden. Und diese Kunden sind eben auch gefordert, gewissenhaft mit den Produkten umzugehen. Nach Meinung der befragten Experten erfüllen die Unternehmen als Nachfrager ihre Aufgaben noch nicht in dem erforderlichen Maße. Das gilt auch für den Gesetzgeber und die öffentliche Verwaltung. Auch diese Institutionen haben nach Meinung der Befragten ihre Aufgaben noch nicht ausreichend erfüllt. Bei den Aufsichts- und Vollzugsbehörden ergibt sich ein ähnliches Bild. Bildungseinrichtungen wie Schulen und Universitäten haben nach Einschätzung der Experten ihre Aufgaben mehrheitlich nicht erfüllt. Ganz unten in dieser Darstellung steht mit den privaten Nutzern die Gruppe, die die größten Kontroversen auslöst. Nach Meinung der Experten haben die privaten Nutzer ihre Aufgaben größtenteils nicht erfüllt. Es zeigt sich hier, dass vom Nutzer inzwischen mehr Verantwortung erwartet und gefordert wird. Wenn Nutzer Informations-

und Kommunikationstechnologien verwenden, sollten sie auch wissen, was mit ihren Daten im Netz geschieht.

In einer weiteren Frage wurden die Experten gebeten, einzuschätzen, wie stark zukünftig verschiedene Gruppen gefordert sind, um die Sicherheit kritischer Daten zu gewährleisten (Bild 7). Nach Ansicht der Deutschland-Experten sind hier vor allem die Politik und die Gesamtwirtschaft gefordert. Ein eindeutiges Urteil geben die EU-Experten ab, indem sie die Politik zu 100 Prozent dazu in der Pflicht sehen. Letztendlich sind aber alle Gruppen, und das schließt auch die Wissenschaft und die Bürger ein, gefordert.

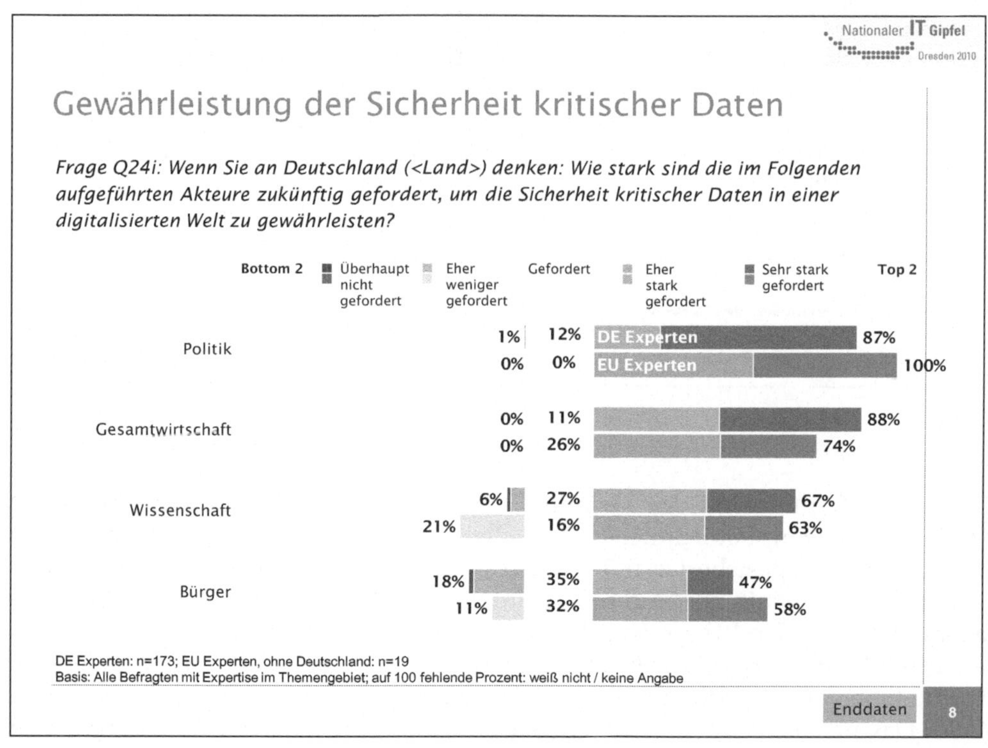

Bild 7

Mit der Frage „Wie wichtig sind die folgenden Technologietrends für die wirtschaftliche Entwicklung in Deutschland?" (Bild 8) möchte ich meine Einleitung abschließen; die Antwort halte ich für sehr positiv. Die Sicherheitstechnologie wurde als der stärkste Technologietrend für die wirtschaftliche Entwicklung Deutschlands genannt. Damit steht die Sicherheitstechnologie in der Wahrnehmung der Befragten in ihrer Bedeutung noch vor dem Mobilen Breitband und

Trends wie E-Energy und E-Commerce. Dieses sehr schöne Resultat sollte für uns Ansporn und Aufforderung sein, diesen Bereich noch stärker zu prägen und damit möchte ich zum heutigen Programm überleiten.

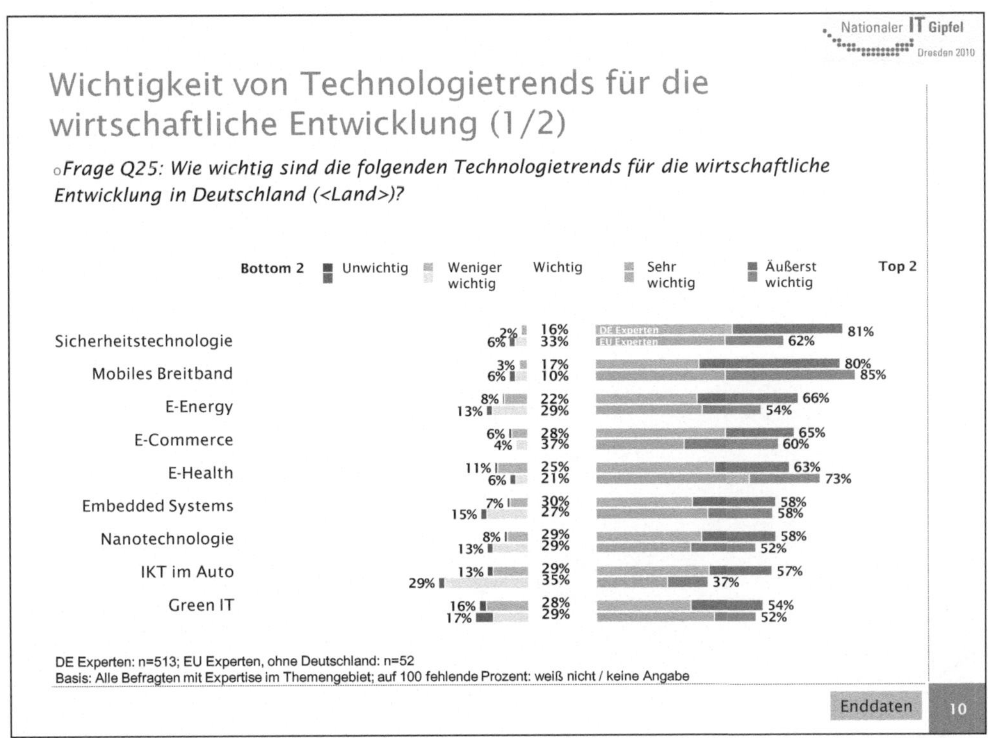

Bild 8

2 Grußwort

Martin Schallbruch

Vielen Dank Herr Bub für die Einladung zu dieser Veranstaltung.

Meine sehr geehrten Damen und Herren, normalerweise beginne ich solche Grußworte immer mit Meldungen wie diesen: „Täglich werden 15 neue Schwachstellen in Softwareprodukten gefunden" oder „Wir haben jeden Tag zwei bis drei Angriffe auf die Regierungsnetze" oder auch „Jeden Tag werden 40.000 Websites infiziert" – mit Hinweisen also auf aktuelle Gefährdungen der IT- und Cyber-Sicherheit. Im Gegensatz zu solchen schlechten Nachrichten können wir aber auch täglich Fortschritte durch die IT melden. Wir haben in diesem Sektor täglich neue Produkte und Geschäftsmodelle, die das Wirtschaftswachstum unseres Landes befördern. Mit ihrer Anzahl an Beschäftigten befindet sich die IKT-Branche unter den Top 3 der beschäftigungsintensivsten Branchen und die Entwicklungen der sozialen Netzwerke im Internet zeigt die höchsten Zuwachsraten bei den Senioren. Menschen organisieren ihr Leben zunehmend im virtuellen Raum, gerade auch Menschen mit eingeschränkter Mobilität. Diese beispielhaften Entwicklungen zeigen immense gesellschaftliche Fortschritte, die das Internet und die IKT ermöglichen.

Deshalb begrüße ich es sehr, dass diese Sicherheitskonferenz die Überschrift Innovation trägt. Sicherheitstechnologien werden dadurch im Kontext der Innovationsförderung diskutiert. Ich glaube, dass wir diese Kombination brauchen. Wir müssen auf die verschärfte Bedrohungslage im Internet reagieren ohne Innovationen zu behindern. Als Branchenvertreter und Wissenschaftler sollten wir Innovationen in der Sicherheitstechnologie als große Marktchance für Deutschland begreifen. Dies zeigen auch die Ergebnisse der Zukunftsstudie,[1] nach denen die öffentliche Verwaltung und der Gesetzgeber gefordert sind, mehr zu tun. Ich glaube, dass das stimmt. Wir haben in den letzten Jahren aber auch schon einiges getan. Ich will dazu schlagwortartig einige Projekte aus unserem Verantwortungsbereich vorstellen.

Beginnen möchte ich mit der Einführung des neuen Personalausweises. Seit dem 1. November 2010 haben wir ungefähr 1,5 Millionen neue Personalausweise ausgegeben. Die Anfangsschwierigkeiten, die es bei der Produktion und bei der Ausgabe in den 13.000 deutschen Kommunen gab, sind mittlerweile weitgehend überwunden. Die Produktion läuft völlig normal. Inzwischen hat man geringere

---

[1] Siehe S. 6 ff.

Wartezeiten, als man sie beim alten Personalausweis hatte und auch die Software- und Hardwareausstattung bei den Meldeämtern funktioniert. An dieser Stelle haben wir immer das Problem, dass jede deutsche Behörde auf kommunaler Ebene ihre eigene IT hat. Und es ist nicht so einfach, in diese vielfältige Landschaft aus Hardware und Software eine gemeinsame, hochsichere Komponente einzubinden.

Der neue Personalausweis bietet einen Sicherheitsgewinn. Transaktionen sind mit Hilfe des neuen Personalausweises sicherer, als nur softwarebasiert abgesicherte Transaktionen. Selbstverständlich spielt zusätzlich die Sicherheit der Endgeräte eine wichtige Rolle, aber eine hardwarebasierte Sicherheit ist in jedem Fall die bessere Wahl.

Wir arbeiten sehr intensiv daran, die Anwendungen für den neuen Personalausweis zu fördern und zu unterstützen. Zurzeit besitzen ungefähr 60 Unternehmen die Berechtigung, den Personalausweis für ihre Anwendungen zu nutzen. Im Augenblick haben wir ungefähr jede Woche eine neue Anwendung. Das entwickelt sich bis wir eine gewisse Abdeckung erreicht haben. Deshalb mein Appell an Sie alle: Nutzen wir jetzt die Möglichkeiten dieser Technologie und ihrer Infrastrukturen sowohl in der Wirtschaft als auch in der öffentlichen Verwaltung, um Geschäftsprozesse und Anwendungen neu zu gestalten. Ansonsten werden wir Schwierigkeiten mit der Akzeptanz bei den Bürgerinnen und Bürgern haben.

Ein zweites Projekt ist die De-Mail als nachvollziehbare, nachweisbare und vertrauliche Kommunikation über das Internet. Der Deutsche Bundestag wird mit sehr hoher Wahrscheinlichkeit bis Ende Februar das De-Mail-Gesetz verabschieden.[2] Ab April können sich die Provider, die De-Mail anbieten wollen, dann akkreditieren. Die Deutsche Telekom AG, die Deutsche Post AG, die United Internet AG und weitere Provider haben bereits angekündigt, dass sie solche Akkreditierungsanträge sofort stellen werden. Insofern werden wir noch in diesem Jahr ein Angebot von akkreditierten De-Mail-Providern haben.

Mit der De-Mail etablieren wir in Deutschland eine privatwirtschaftliche Struktur, die mit ihrer sicheren, elektronischen Kommunikation einzigartig in Europa ist. Sie wird die E-Mail nicht verdrängen, kann sie aber ergänzen, neue Geschäftsmodelle ermöglichen und Vertrauen schaffen. Insofern werben wir aktuell in Europa sehr stark für die De-Mail, um diese europaweit standardisieren und exportieren können.

Das dritte Beispiel weist in eine andere Richtung. Im Bereich der Sicherheitssysteme fördern wir derzeit sehr stark die Standardisierung. Hier ist es uns in den letzten Jahren gelungen, beim Bundesamt für Sicherheit in der Informationstechnik einen Standard für sichere netzübergreifende Sprachkommunikation zu entwickeln. Außerdem konnten wir einige Hersteller in Deutschland gewinnen, um

---

[2] Das De-Mail-Gesetz ist am 24.2.2011 vom Deutschen Bundestag beschlossen worden (Anm. d. Verf.).

Krypto-Telefone mit einem solchen Standard auszustatten und auf den Markt zu bringen. Zwei Hersteller haben in der Bundesverwaltung über 4.000 Mitarbeiterinnen und Mitarbeiter mit solchen Systemen ausgestattet. Wir werben dafür, dass sich weitere Hersteller anschließen und dies in Bereichen mit hohen Sicherheitsanforderungen zu einem nationalen Standard für Sprachkommunikation machen. Hier entwickelt der Staat auf der einen Seite einen Sicherheitsstandard und sorgt auf der anderen Seite als Nachfrager dafür, dass sich die damit verbundenen Systeme etablieren.

Wir haben in den letzten zwei Jahren sehr viel in die IT-Sicherheit investiert. Von den 500 Millionen Euro aus dem Konjunkturpaket, die wir für IT ausgeben konnten, haben wir 235 Millionen Euro in IT-Sicherheit investiert. Dies umfasste zum Beispiel Krypto-Handys, die Entwicklung sicherer PDAs, zusätzliche Sicherheitsmaßnahmen in den Netzen, Sicherheitskonzepte für Behörden oder auch die Investition von fünf Millionen Euro für Sensibilisierungskampagnen von 30.000 Mitarbeitern in Behörden. Damit haben wir bereits viel getan. Wir wissen aber auch, dass Staaten national und international mehr tun müssen. Dies zeigen Vorfälle wie Stuxnet oder die derzeitige Diskussion in der NATO. Uns ist bewusst, was die Experten in der Zukunftsstudie zur Cyber-Sicherheit gesagt haben. Daher hat sich die Bundesregierung dazu entschieden, eine Cyber-Sicherheitsstrategie für Deutschland zu erarbeiten. Diese wird voraussichtlich noch in diesem Monat vorgestellt.

Mit der Cyber-Sicherheitsstrategie adressieren wir unterschiedliche Bereiche verschiedener Verantwortungsträger. Dazu gehört auch die Verantwortung der Bürger für ihre eigenen Systeme und Unterstützungsangebote für die einzelnen Nutzer, zum Beispiel durch entsprechende Ausbildungen oder eine höhere Verantwortung der Provider. Wir werden uns den Sicherheitsanforderungen natürlich auch selbst stellen und die IT-Sicherheit in den deutschen Behörden erhöhen. Wir werden dazu Strukturen aufbauen, die dem Staat zukünftig einen schnelleren und besseren Zugriff erlauben. Dazu gehört die Einrichtung eines Nationalen Cyber-Abwehrzentrums. Unter der Federführung des Bundesamtes für Sicherheit in der Informationstechnik werden hier alle staatlichen Stellen zur Koordinierung von Abwehrmaßnahmen gegen IT-Vorfälle zusammenarbeiten. Wir werden in diesem Zentrum für einen schnellen und engen Informationsaustausch der unterschiedlichen Sicherheitsbehörden sorgen, um so jederzeit Gegenmaßnahmen koordinieren zu können.

Mit der Cyber-Sicherheitsstrategie wollen wir das Vertrauen in die Sicherheit der IT und in den Schutz der persönlichen Daten stärken und unser Land innovationsfreundlich und wettbewerbsfähig gestalten. Wichtigste Bestandteile sind dabei vertrauenswürdige Systeme und Komponenten. Ich habe dem heutigen Programm entnommen, dass Sie sich heute auch sehr intensiv mit diesen Fragen beschäftigen werden. Wir brauchen diese enge Zusammenarbeit zwischen Wissenschaft und Wirtschaft, wie sie beispielsweise im European Center for Information and

Communication Technologies praktiziert wird. Aber auch die Zusammenarbeit mit dem Staat ist wichtig. Nur so können wir mittel- und langfristig vertrauenswürdige Systeme und Komponenten entwickeln, einsetzen, koppeln und weiterentwickeln und damit eine vertrauenswürdige IT-Landschaft und hohe Cyber-Sicherheit für Deutschland schaffen.

3 Innovative Sicherheitstechnologien: sine-qua-non für safety-kritische Systeme?

Claudia Eckert

Innovative Sicherheitstechnologien: Ein sine-qua-non für safety-kritische Systeme? Meine Botschaft für heute lautet „Ja". Denn safety-kritische Systeme, also Systeme, bei denen es vordringlich um Funktions- und Betriebssicherheit geht, sind zunehmend von IKT abhängig und damit von einer Vielzahl von Daten, die zu ihrer Steuerung und Kontrolle verwendet werden. Der Schutz dieser Daten vor Manipulation, die rechtzeitige Verfügbarkeit von Steuerungsdaten, aber auch die Vertraulichkeit von Daten sind somit eine ganz zentrale Voraussetzungen für die Betriebssicherheit kritischer Systeme und Infrastrukturen. Meine These ist, dass die Bereiche Safety und Sicherheit in Zukunft sehr viel stärker zusammen wachsen müssen, um diesen Abhängigkeiten gerecht zu werden. Sicherheitskonzepte und Sicherheitstechnologien müssen noch viel stärker darauf ausgerichtet werden, safety-kritische Systeme zu unterstützen.

Gerade bei sicherheitskritischen Systemen ist ein Zusammenwachsen von eingebetteten Systemen mit Sensorik und Aktorik mit der jeweiligen physischen Umwelt und den physischen Infrastrukturen zu beobachten. Es entwickeln sich so genannte Cyber Physical Systeme (Bild 1).

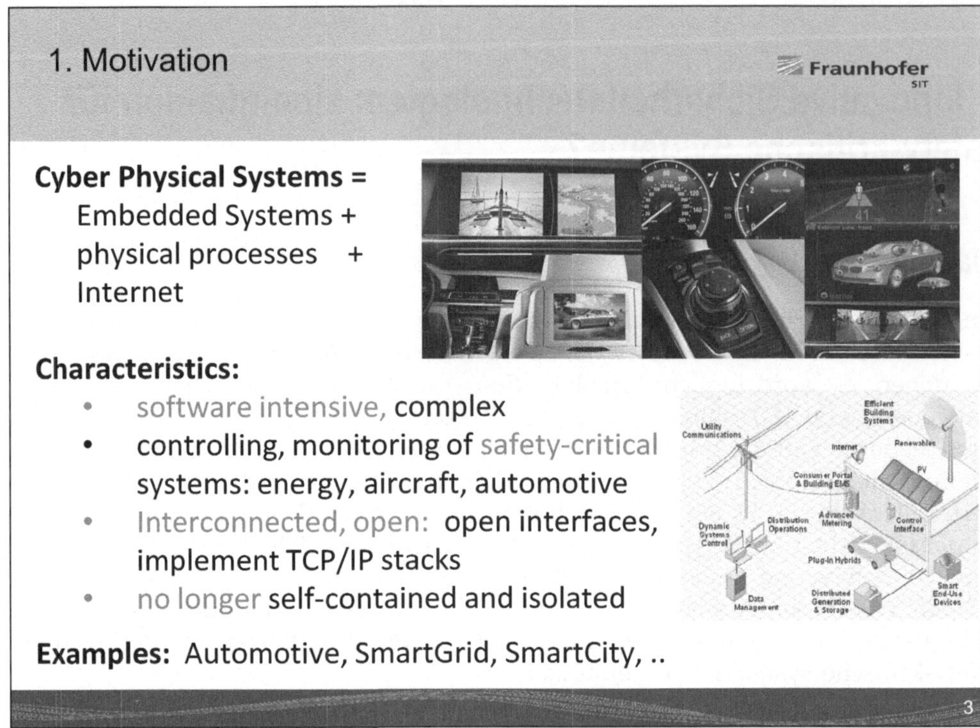

Bild 1

Eingebettete Systeme interagieren mit diesen physischen Infrastrukturen, insbesondere auch über die Anbindung an das Internet. Dies ermöglicht eine direkte Interaktion mit Backend-Systemen, wie unter anderem Datenbanken, komplexen Unternehmenssoftware-Anwendungen und Geschäftsprozessen. Ergänzt werden diese sich entwickelnden Systeme durch eine zunehmende Service-Orientierung bis hin zum Cloud-Computing, um komplexe Anwendungen effizient zur Ausführung zu bringen. Internet-basierte Cyber Physical Systeme und darauf aufbauende Geschäftsprozesse definieren das Internet der Zukunft.

Wodurch sind diese Systeme charakterisiert? Sie sind natürlich sehr stark softwaregetrieben, das heißt, wir müssen die Software beherrschen, die auf diesen Systemen zur Ausführung kommt. Sie sind offen, sie sind vernetzt und sie interagieren in vielfältiger Weise, um eine große Menge von Daten auszutauschen. Damit gelangt man sehr schnell zu den Themen Security und Safety.

Ob die Daten integer und rechtzeitig verfügbar sind, ist bei den klassischen Office-Systemen häufig gar nicht so sehr die Frage, da selten Echtzeit-Deadlines einzuhalten sind. Bei safety-kritischen Cyber Physical Systems (Bild 2), wie Automotive, Energieversorgung, Steuerung von Produktionsanlagen etc. ist das Einhalten von

Zeitvorgaben aber stets eine wichtige Anforderung, so dass eine manipulierte, verzögerte Datenkommunikation gravierende Konsequenzen für die Robustheit und Korrektheit dieser Systeme hat. Durch die zunehmende Vernetzung und IT-Durchdringung steigt die Verwundbarkeit kritischer Systeme beträchtlich.

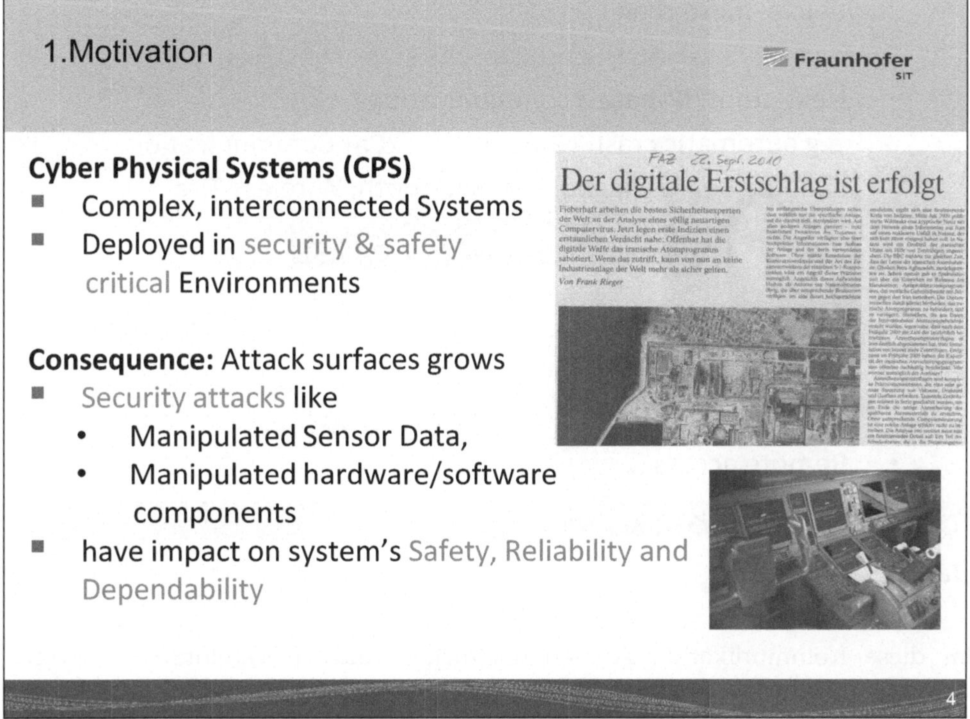

Bild 2

Ich möchte hier zwei klassische Beispiele für Cyber Physical Systems nennen. Zum einen ist dies das Auto und zum anderen die Energieinformationsnetze der Zukunft im Smart Grid.

Das Auto als Cyber Physical System (Bild 3). Einige Bilder aus dem gemeinsamen BMBF-geförderten Projekt SEIS mit BMW sollen die Komplexität verdeutlichen. Im modernen Fahrzeug gibt es bereits heute über 80 elektronische Kontroll-Einheiten, Sensoren (ECU), die in Zukunft nicht nur untereinander, sondern auch mit der Umwelt interagieren werden.

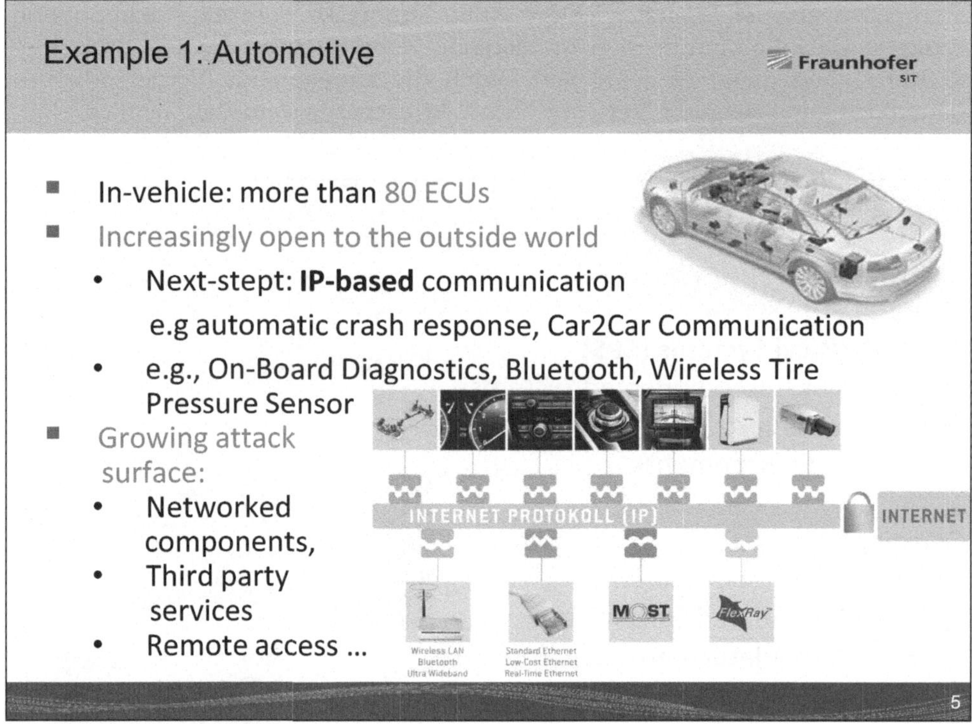

Bild 3

Um diese Kommunikation zu vereinheitlichen und zu vereinfachen, werden zukünftig die eingebetteten Kontroll-Einheiten untereinander und mit der Umwelt das Internet-Protokoll IP „sprechen". Durch eine Vereinheitlichung und Vereinfachung können Komponenten eingespart und Mehrwertdienste durch den Datenaustausch von bislang isoliert betriebenen Komponenten entwickelt werden. Derartige Dienste können auch zur Erhöhung der Fahrgastsicherheit dienen. Gleichzeitig ist das Fahrzeug mit dem Vordringen des IP-Protokolls den Sicherheitsproblemen von IP ausgesetzt. Das bedeutet, dass im Fahrzeugbau neue Sicherheitskonzepte benötigt werden, um dessen Betriebssicherheit zu gewährleisten. In aktuellen Forschungsprojekten erarbeiten wir in München hierfür Lösungen.

Ein anderes Beispiel für Cyber Physical Systems sind Smart Grids als Infrastrukturen, in welchen einzelne Komponenten, wie Smart Meter, Gateway-Komponenten mit der Umwelt, mit Backend-Systemen und mit Energy Clouds zusammenarbeiten werden. Angriffs- und Manipulationsmöglichkeiten der Komponenten oder der ausgetauschten Daten können gravierende Auswirkungen auf die Betriebssicherheit und Robustheit der Energieversorgungssysteme haben.

Um dies zu veranschaulichen, habe ich ein sehr komplexes Bild zu Smart Grids mitgebracht (Bild 4).

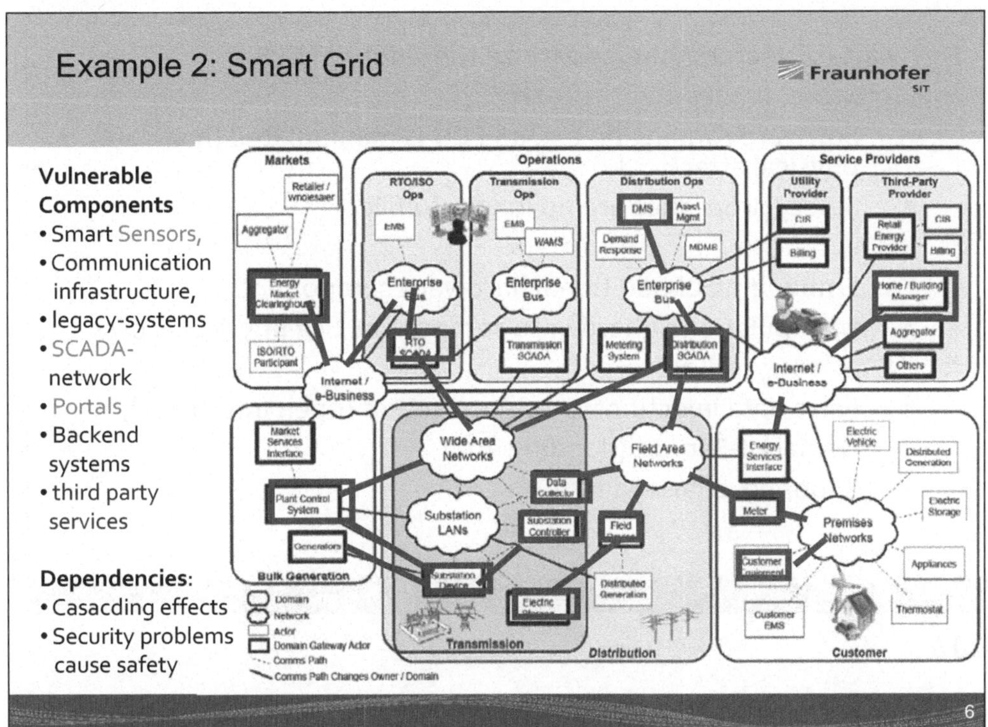

Bild 4

Sie müssen das Bild natürlich nicht in seiner Gesamtheit verstehen, sondern lediglich daraus mitnehmen, dass das Energieinformationsnetz der Zukunft mit seiner Vielzahl von Komponenten und Vernetzungen sehr komplex ist. Durch die Vernetzung entstehen Abhängigkeiten, die kaskadierende Effekte hervorrufen können. Sicherheitsprobleme und Schäden können sich schnell ausbreiten und haben unmittelbare Auswirkungen auf die Robustheit und Betriebssicherheit des Gesamtsystems. Security ist sine qua non für safety-kritische Systeme.

Typische Angriffsszenarien bestehen auf der Softwareebene, auf der Hardwareebene und über das Netz (Bild 5).

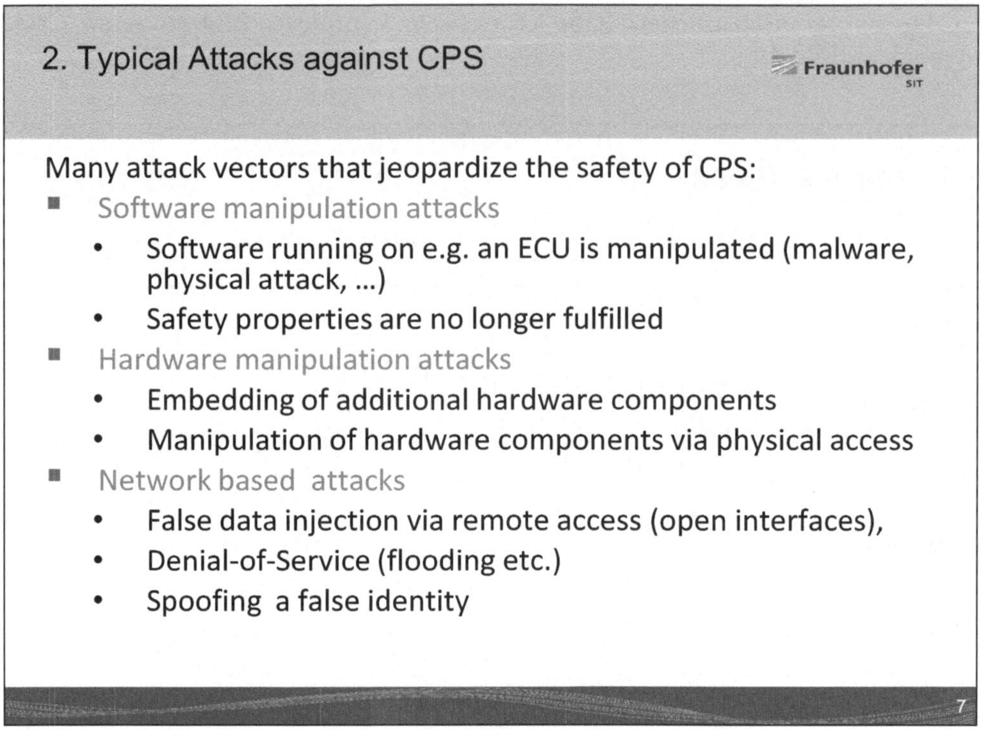

2. Typical Attacks against CPS

Many attack vectors that jeopardize the safety of CPS:
- Software manipulation attacks
    - Software running on e.g. an ECU is manipulated (malware, physical attack, …)
    - Safety properties are no longer fulfilled
- Hardware manipulation attacks
    - Embedding of additional hardware components
    - Manipulation of hardware components via physical access
- Network based attacks
    - False data injection via remote access (open interfaces),
    - Denial-of-Service (flooding etc.)
    - Spoofing a false identity

Bild 5

Auf der Softwareebene versuchen Angreifer beispielsweise über gezielte Änderungen an der Software eine sicherheitskritische Anwendung zu manipulieren. Als Einfallstor dient häufig eine Schwachstelle, so dass man sich über eine kritische Komponente, zum Beispiel einen Betriebssystemdienst oder eine Bezahlfunktion, besondere Rechte verschaffen kann (Bild 6). Dies sind klassische Szenarien, die sowohl in den herkömmlichen Systemen eine Rolle spielen, aber eben ganz besonders in den Cyber Physical Systems, wo Systeme im Einsatz sind, die wenig Sicherheits- und Abschottungsmaßnahmen zur Verfügung stellen.

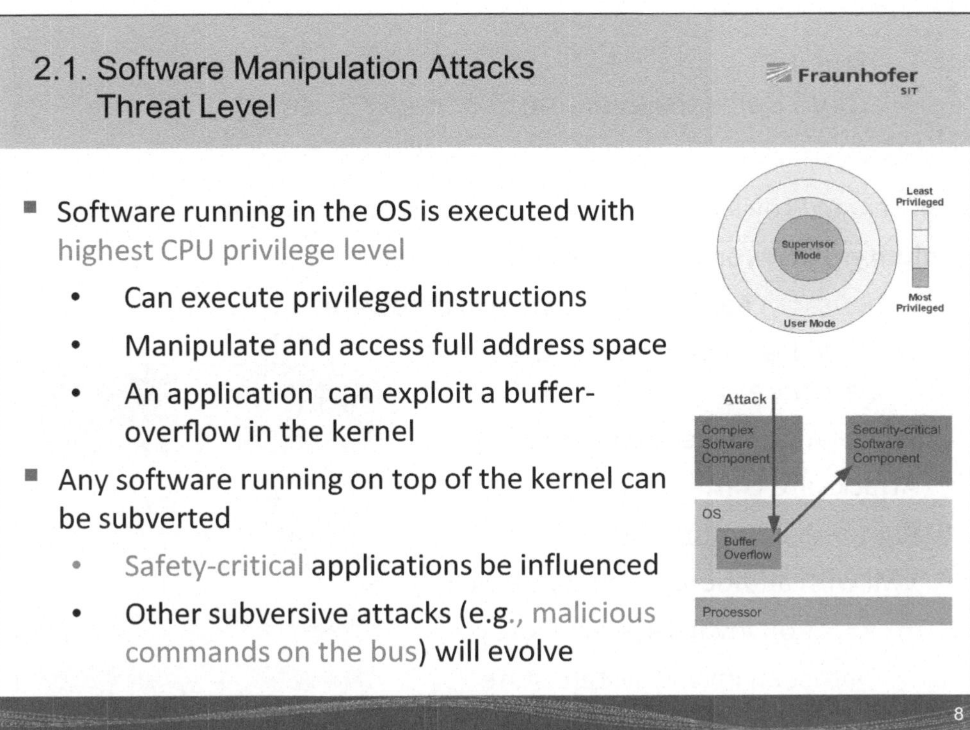

Bild 6

Was kann man dagegen machen? Die Lösungsideen sind im Kern nicht neu. Man verwendet häufig Virtualisierungsansätze, also eine zusätzliche Schicht, einen Hypervisor und versucht, von einander abgeschottete, isolierte und kontrollierbare Ausführungs-Domänen für Anwendungen zu schaffen (Bild 7). Virtual Machines gibt es schon lange. Für das, was wir brauchen, sind die klassischen Ansätze allerdings zu unflexibel. Sie reichen auch nicht weit genug. Die Abtrennung wird irgendwann aufgehoben und dann gibt es doch wieder Gemeinsamkeiten, weil man auf keine vernünftige Hardwareunterstützung zurückgreifen kann. Man benötigt deshalb einen Ansatz, um sowohl an der Software- als auch an der Hardwareecke ansetzen zu können und beide Bereiche mit einem Hardware-Software-Co-Design miteinander zu kombinieren, so dass eine durchgehende Absicherung gegeben ist.

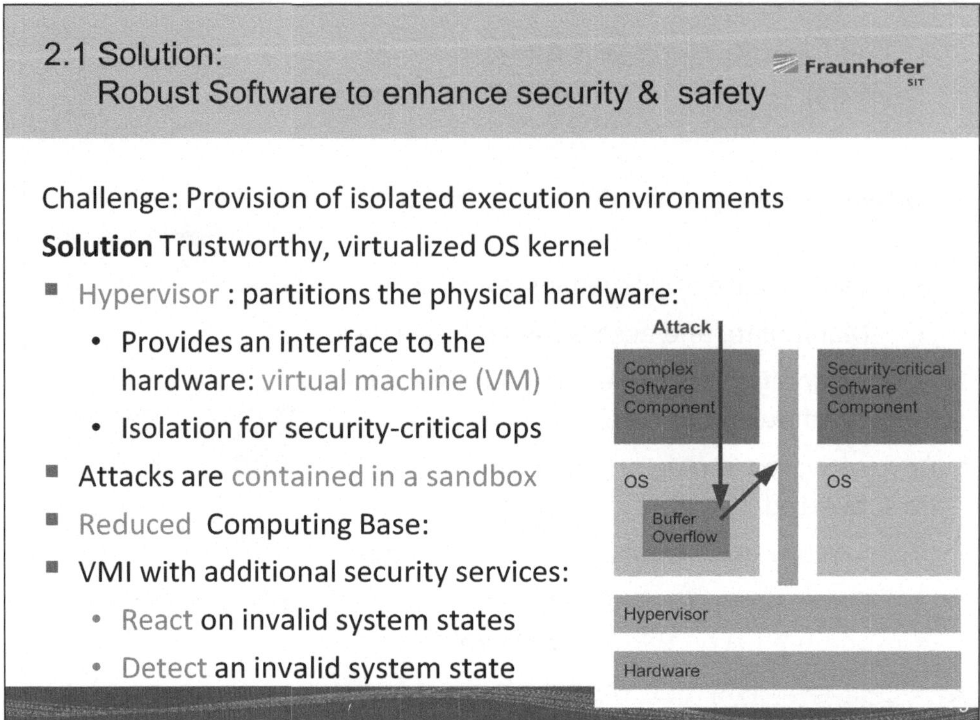

Bild 7

Außerdem wird eine Unterstützung benötigt, um diese Überwachungs- und Kontrolldienste an unterschiedliche Einsatzumgebungen adaptierbar zu machen. Sie müssen als abgesicherte Systeme auch auf kleineren Einheiten einsatzfähig sein. Zusammen mit Partnern entwickeln wir am SIT München dazu angepasste Sicherheitskernels (Bild 8), die ein Sicherheitselement, einen Sicherheitsanker, im Sinne einer vertrauenswürdigen Hardwareunterstützung besitzen.

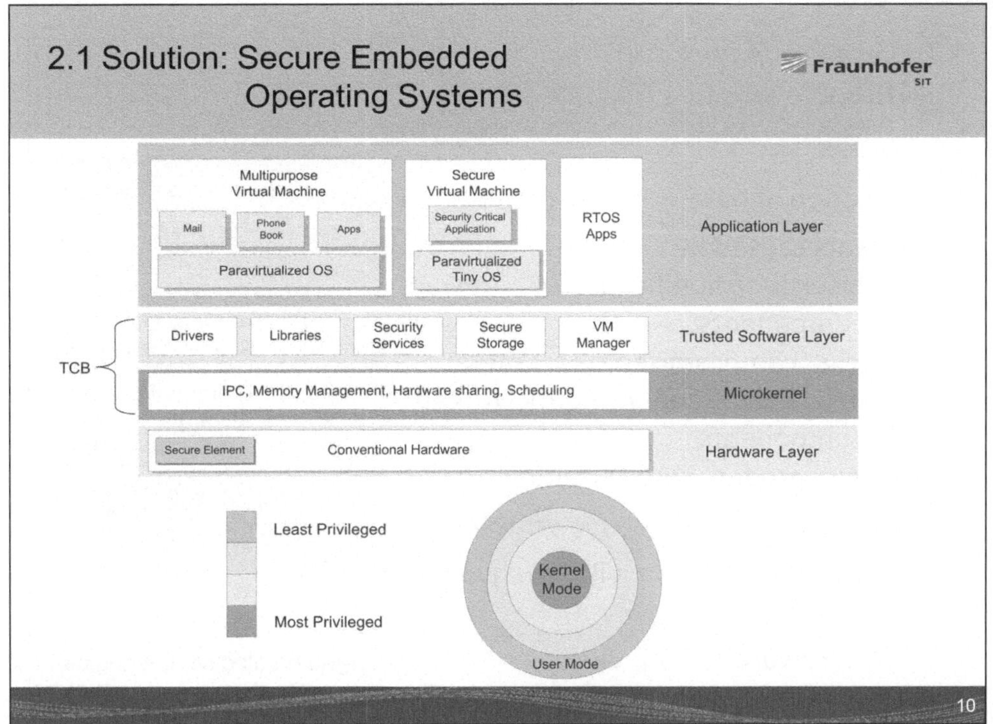

Bild 8

Kommen wir zur Hardwareebene (Bild 9). Dort gibt es viele Angriffsmöglichkeiten, etwa derart, dass ein Virus oder Trojaner eingeschleust oder über Seitenkanalangriffe versucht wird, Schlüssel zu knacken. Ich möchte heute aber vor allem die Frage nach der Vertrauenswürdigkeit der Komponenten und damit letztendlich auch die Komponentenidentität in den Vordergrund stellen. Wie identifizieren sich denn eigentlich Komponenten? Eine Komponente muss ja kein Server oder ähnliches sein, sondern es kann sich auch um einen einzelnen Sensor handeln. In komplexen Systemen gibt es eine Vielzahl von Komponenten, die miteinander sicher und authentisch Daten austauschen und sich dazu eindeutig identifizieren müssen. Benötigt werden effiziente, skalierende Verfahren zum Schlüsselmanagement in Echtzeit. Gefälschte Komponenten können zu einer ganz erheblichen Sicherheitsbedrohung werden, so dass fälschungssichere Komponentenidentitäten und eine sichere Maschine-zu-Maschine-Kommunikation essentiell sind.

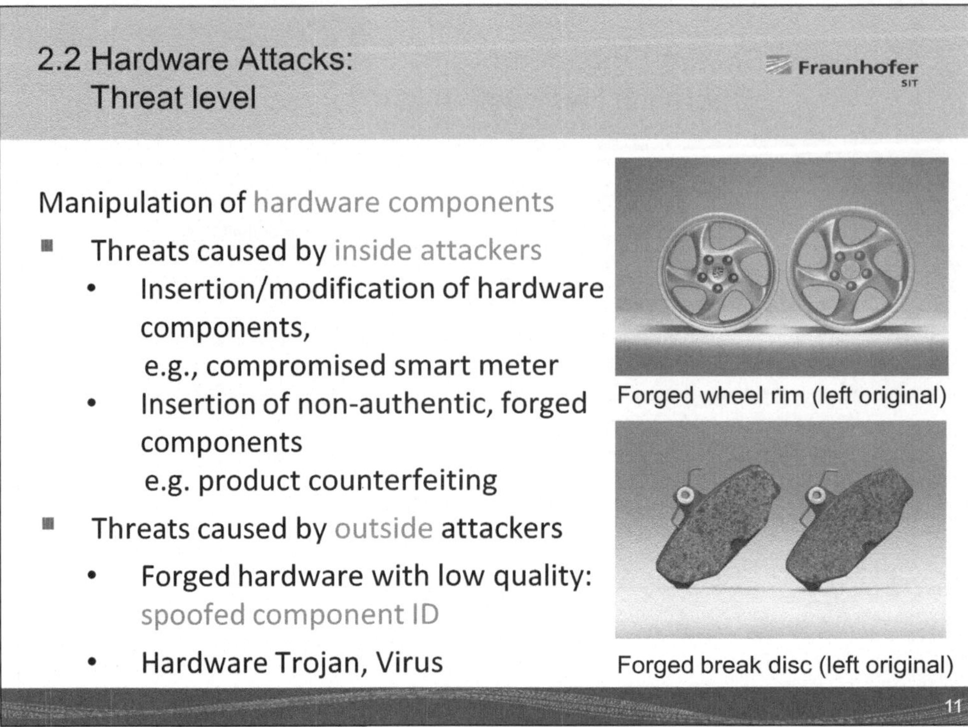

Bild 9

Wie bereits erwähnt benötigt man geeignete Hardware-Sicherheitsmodule (Bild 10). An vielen Stellen werden einfach zu konfigurierende FPGAs benötigt, die leichtgewichtige Kryptografie erfordern, so dass zumindest so etwas wie Elliptic Curve Cryptography oder ein sicherer Schlüsselspeicher zur Verfügung steht. Unterschiedliche Szenarien mit unterschiedlichen Sicherheitsanforderungen erfordern abgestufte Schutzkonzepte auf der Basis solcher anpassbaren Hardware-Sicherheitsmodule.

2.2 Solution: Hardware Security Modules

Challenges:

- Trustworthy systems require a trust anchor
- Standard security modules (e.g., TPM) cannot be used in resource-poor environments
- Different scenarios require adapted modules
- Integrating HSMs in any kind of embedded system

Solution:

- Efficient and lightweight cryptography (e.g., ECC) on FPGA or microcontroller
- Secure element for integration in FPGA System-on-Chps

Bild 10

Derartige FPGA-Module haben wir am SIT München entwickelt und decken damit ein ganzes Spektrum ab. Einfache Module erfüllen nur minimale Sicherheitsanforderungen und umfassen zum Beispiel lediglich ein AES-Modul, während komplexe Module eine Kombination von qualitativ hochwertigen Sicherheitskonzepten beinhalten und damit eine vollwertige vertrauensvolle Umgebung bereit stellen. Entsprechend differenzierte und in ihrer Mächtigkeit angepasste Sicherheitsmodule kommen beispielsweise im Automotive-Umfeld zum Einsatz (Bild 11). Meine Botschaft hier ist, dass man einfach konfigurierbare Basissicherheitsanker benötigt, auf denen man dann weiter aufsetzen kann.

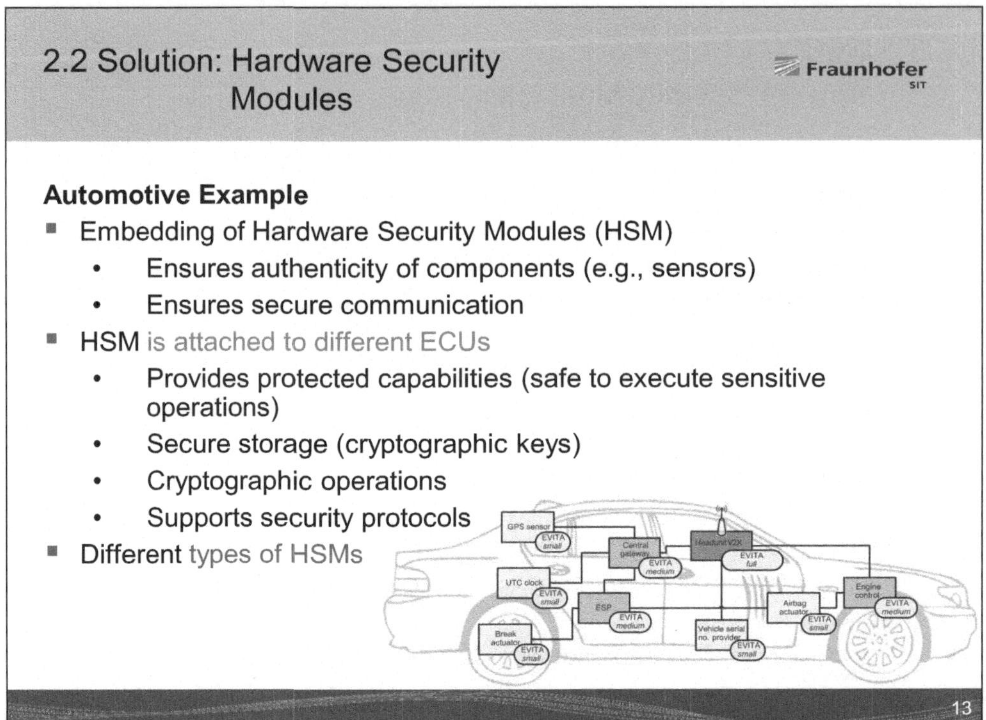

Bild 11

Ich möchte an dieser Stelle noch einmal kurz auf das zentrale Thema der Identität eingehen. In den Systemen von Morgen, in denen eine Vielzahl unterschiedlicher Komponenten kooperiert und die korrekte Funktionalität eines Systems von der Authentizität der beteiligten Komponenten maßgeblich abhängt, kommt der nicht fälschbaren und effizient prüfbaren Identität von Komponenten und Produkten eine zentrale Rolle zu. Wird beispielsweise ein gefälschter Airbag eingebaut, der seine Funktionalität nicht korrekt wahrnimmt, dann ist damit unmittelbar ein Safety-Problem verbunden. Wenn die Bremsscheiben nicht mehr funktionieren, weil sie gefälscht sind, dann folgt daraus wiederum unmittelbar ein Safety-Problem. In den offenen, vernetzten Cyber Physical Systems von Morgen ergeben sich durch die Möglichkeit, das unbemerkt gefälschte Komponenten real oder virtuell (gespoofte Identitäten) eingebracht werden, ganz erhebliche Sicherheits- und damit auch Safety-Probleme. Gefälschte Produkte und Komponenten sind auch eine besondere Bedrohung im Maschinenbau, beispielsweise in Auto- matisierungsanlagen.

Die Frage ist, ob eine Sicherheitstechnologie entwickelt werden kann, die eine Art Biometrie für Objekte darstellt und mit der sich Objekte eindeutig identifizieren lassen. Weiterhin stellt sich die Frage, welche Protokolle benötigt werden, so dass diese Identitätsprüfungen einfach in vorhandene Anwendungen integrierbar sind. Die Antwort oder der Antwortversuch auf diese Fragen ist schon länger bekannt. Das sind die Physical Unclonable Functions (PUFs), die es in verschiedenen Varianten und Forschungs- und Entwicklungsstadien gibt (Bild 12).

Bild 12

Wir beschäftigen uns an meinem Institut in München ebenfalls seit einiger Zeit mit der PUF-Technologie. Wir entwickeln konkrete Lösungen, um zu zeigen, dass diese Technologie tatsächlich ein praktikabler Ansatz ist, den man als Sicherheitstechnologie zur Identifikation von Komponenten und damit letztendlich zur Erhöhung der Sicherheit inklusive Safety verwenden kann. Die Idee bei diesem Ansatz ist, sich auf die spezifischen Eigenschaften einzelner Objekte zu konzentrieren. Diese Eigenschaften entstehen bei der Produktion der Objekte und zeichnen sie eindeutig aus. Diese Art von physikalischer Information kann man sich zu Nutze machen, weil beispielsweise jedes Objekt eine individuell unterschiedliche Spannungsaufnahme aufweist oder einen Lichteinfall individuell, abhängig von seiner Materialbeschaffenheit reflektiert. Diese individuellen Verhaltensunterschiede sind messbar und charakterisieren das Objekt eindeutig.

Wie kann man sich das jetzt zu Nutze machen? Wir haben an meinem Münchner Institut spezielle PUFs entwickelt, aus deren physikalisch eindeutigen Charakteristika wir beispielsweise einen kryptografischen Schlüssel abgeleitet haben (Bild 13, Bild 14), mit dem man dann wieder wie gewohnt arbeiten, also symmetrische Verschlüsselungsoperationen, Hashwertberechnungen etc. durchführen kann.

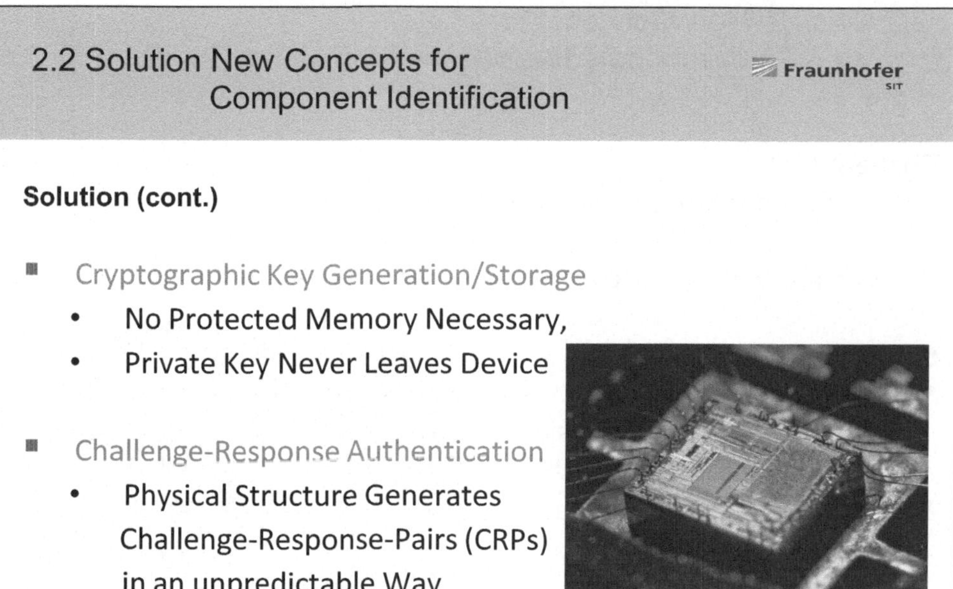

Bild 13

Die zentrale Idee dieses Ansatzes ist, dass ein Schlüssel nicht gespeichert werden muss und damit die gespeicherten Daten möglicherweise Ziel von Angriffen sind. Schlüssel können on-demand generiert werden und sind eindeutig dem Objekt zugeordnet. Dies lässt sich für die Authentisierung der Objekte im Rahmen von Challenge-Response-Protokollen ausnutzen.

2.2 Solution New Concepts for Component Identification

- **Implementation based on Ring Oscillators (RO PUF)**
- **Implemented on a Xilinx Spartan 3E**
  - Generates a Unique 128-bit Cryptographic Key by Using a Fuzzy Extractor and 1021 Ring Oscillators
  - Cancels Noise in PUF Response (because of Environmental Influences)
  - Uniform Distribution of Created Keys using a Universal Hash Function

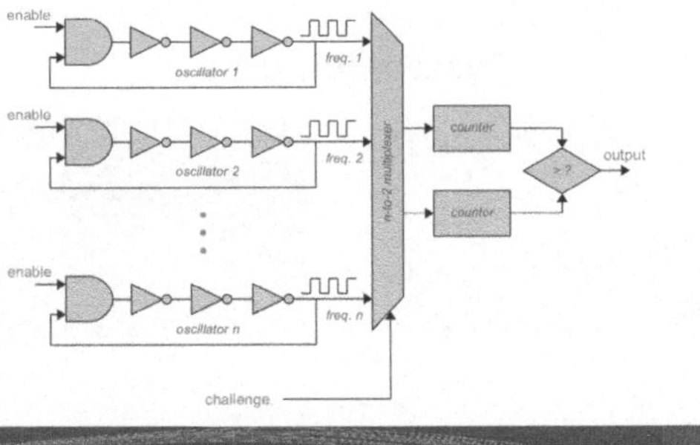

16

Bild 14

Die zugrunde liegende Idee ist damit sehr einfach. Man konzentriert sich auf nichtkopierbare Eigenschaften eines Objekts und errechnet daraus Informationen, die in weiteren Schritten dann in herkömmlichen Protokollen oder auch angepassten Protokollen zur Komponentenidentifizierung verwendet werden können. In dieser Technologie mit all ihren Varianten sehen wir viel Potenzial in der Welt der Cyber Physical Systems, um Safety und Security miteinander zu verheiraten und Datenintegrität, Authentizität und Objektidentität zu erreichen (Bild 15).

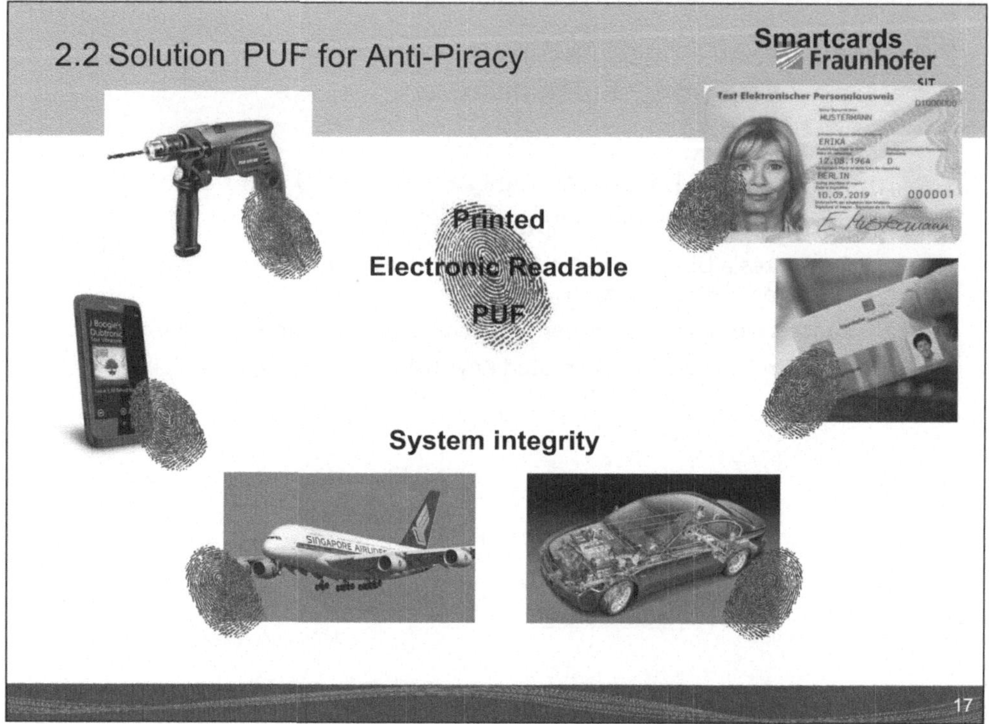

Bild 15

Der dritte Problembereich, den ich nun noch etwas ausführen möchte, sind netz-
werkbasierte Attacken (Bild 16). Offene Kommunikationsnetze bilden natürlich ein
Einfallstor für Angriffe par excellence. Über die Datennetze kann Malware eingeschleust oder es kann versucht werden, klassische Schwachstellen von Web-
Anwendungen wie CSS auszunutzen, um Web-basierte Services zu attackieren. In
den komplex vernetzten Systemen gilt es also dafür zu sorgen, dass derartige
Angriffe frühzeitig erkannt und abgewehrt werden. Erfolgreiche Angriffe könnten
zu Verfügbarkeitsproblemen oder zu manipulierten Systemen führen und damit
wiederum gravierende Safety-Probleme verursachen. Dem Bereich der Malware
Detection kommt somit eine hohe Bedeutung zu. Die frühzeitige Erkennung
potenzieller Angriffe und die damit verbundene Frage, wie man sich schützen
kann und wie darauf reagiert werden muss, damit die Betriebsfunktionalität und
die Funktionssicherheit gewahrt bleibt, ist ein großes Problem. Es gibt schon eine
ganze Reihe von Ansätzen, wie man Viren, Würmer, Trojaner und so weiter
erkennen kann. Die Trefferraten bei den Erkennungsverfahren sind allerdings
verbesserungswürdig.

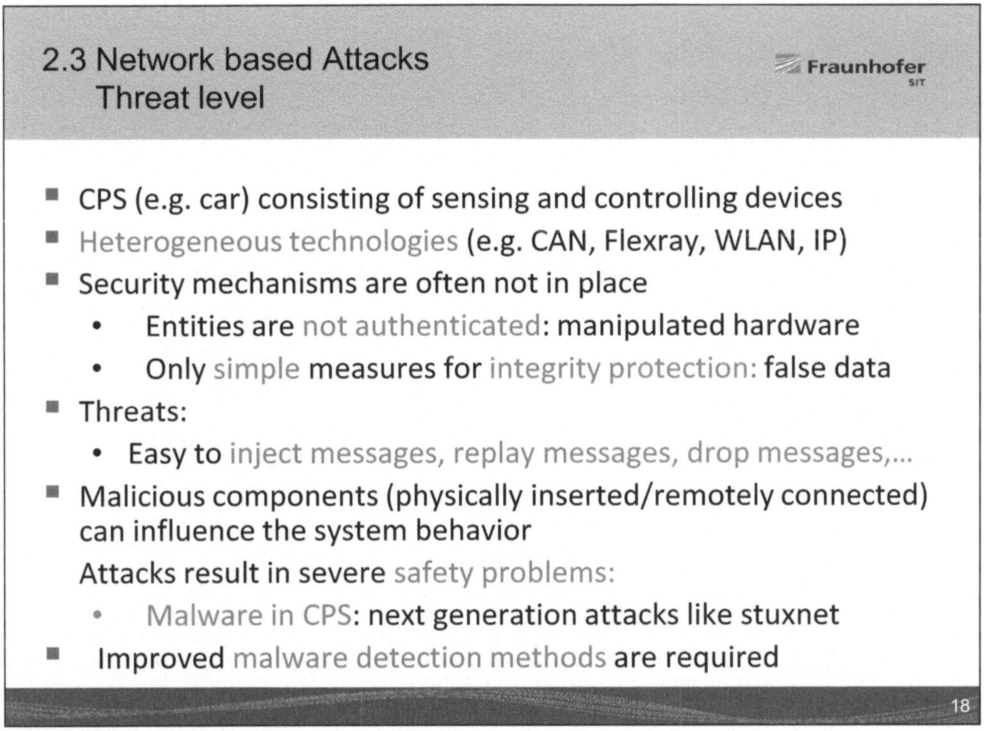

2.3 Network based Attacks
Threat level

Fraunhofer SIT

- CPS (e.g. car) consisting of sensing and controlling devices
- Heterogeneous technologies (e.g. CAN, Flexray, WLAN, IP)
- Security mechanisms are often not in place
  - Entities are not authenticated: manipulated hardware
  - Only simple measures for integrity protection: false data
- Threats:
  - Easy to inject messages, replay messages, drop messages,...
- Malicious components (physically inserted/remotely connected) can influence the system behavior

  Attacks result in severe safety problems:
  - Malware in CPS: next generation attacks like stuxnet
- Improved malware detection methods are required

18

Bild 16

Zur Verbesserung der Erkennungsleistung haben wir verschiedene Ansätze erarbeitet. Ich möchte Ihnen heute Arbeiten vorstellen, bei denen wir versucht haben, einen eher klassischen Ansatz zur Malware-Detection mit Verfahren aus dem maschinellen Lernen zu verheiraten (Bild 17). Dazu haben wir ein Honeynet aufgesetzt, um ein System mit Schwachstellen zu emulieren und analysieren die aufgezeichneten Angriffe, die versuchen, die vermeintlichen Schwachstellen auszunutzen. Das derart modellierte und emulierte System könnte natürlich auch ein dediziertes System sein, wie beispielsweise ein SCADA-Netz im Smart Grid-Umfeld. Unser Honeynet ist gekoppelt mit einer kompletten Tool-Chain, so dass die Angriffe analysiert, geclustert und dargestellt werden und Hinweise zu einer angemessenen Reaktion gegeben werden. Der wichtigste Punkt ist die Clusterung, also die Verfahren zur Erkennung von Angriffen und deren Einordnung in eine Angriffsklasse.

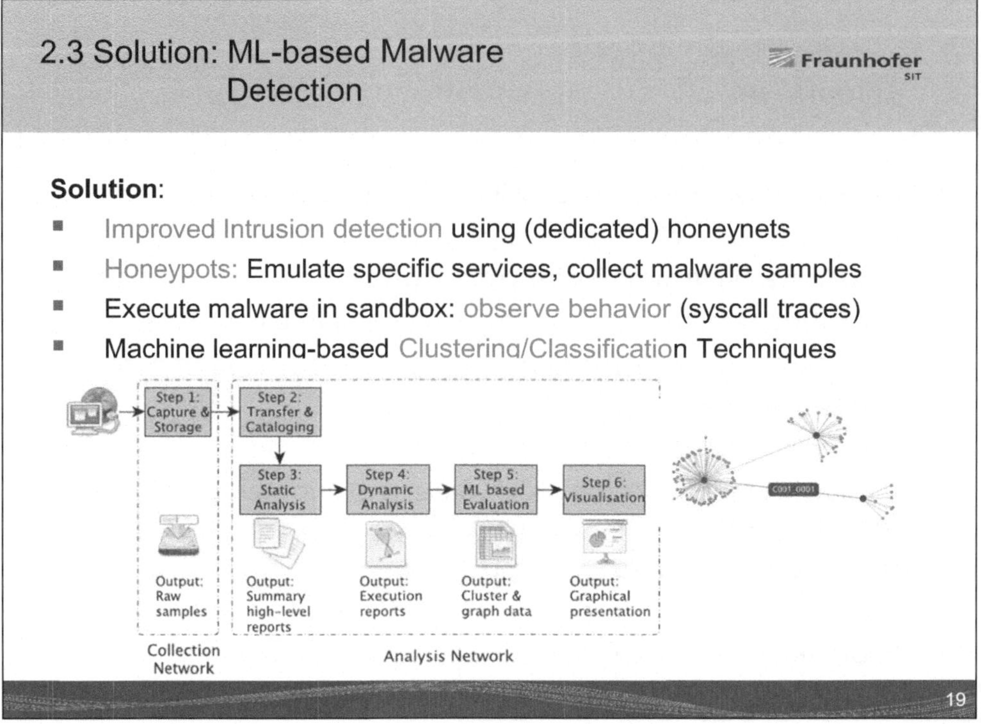

Bild 17

Um zu erkennen, ob Datenpakete, die über das Netz übertragen werden, Schadcode enthalten, werden bereits seit längerer Zeit in verschiedenen Forschungsaktivitäten maschinelle Lernverfahren eingesetzt. Mit diesen Techniken kommt man zwar schon sehr weit, aber leider noch nicht weit genug. Deshalb haben wir uns eine Erweiterung der verfolgten Ansätze überlegt.

Ich möchte gern versuchen, Ihnen den Ansatz, welchen wir verfolgen, anhand eines Beispiels zu erklären (Bild 18). Wir analysieren den Datenverkehr, der über das Netz kommt und inspizieren den Inhalt der Datenpakete. Die Datenpakete beinhalten in ihrem jeweiligen Payload SystemCalls. Interessant aus Sicht der Angriffsfrüherkennung sind nun Folgen von solchen Systemaufrufen, also Syscall Traces. Die Syscall Traces entsprechen einer Folge von Ereignissen. Ein Fachmann könnte bei der Analyse der Abfolge der einzelnen Calls eine Semantik erkennen. Er würde beispielsweise nicht einfach nur „openFile", „closeFile" erkennen, sondern er würde erkennen, dass die Folge der Ereignisse darauf hinweist, dass zum Beispiel ein Grafikprogramm gestartet wurde und dass es sich um ganz klassisch zu diesem Grafikprogramm gehörende Operationen handelt. Der im Bild 18 dargestellte Trace 3 beschreibt einen solchen Trace, der Normalverhalten bei

Grafikoperationen entspricht. Gemäß dem Trace 3 ist eine Bilddatei über die Netzschnittstelle (Socket) empfangen worden. Die Bilddatei wurde geöffnet, angeschaut und dann abgespeichert. Wenn man also eine Idee von den semantischen Zusammenhängen zwischen Einzelereignissen besitzt, dann kann man Ereignisse, auch wenn sie nicht direkt hintereinander in Datenpaketen empfangen wurden, in einen semantischen Zusammenhang setzen. Dieser semantische Zusammenhang ermöglicht es, mit hoher Treffergenauigkeit zu bestimmen, ob Folgen von Ereignissen normalem, also erwartetem Verhalten entsprechen, oder Auffälligkeiten aufweisen, die es frühzeitig zu bearbeiten gilt.

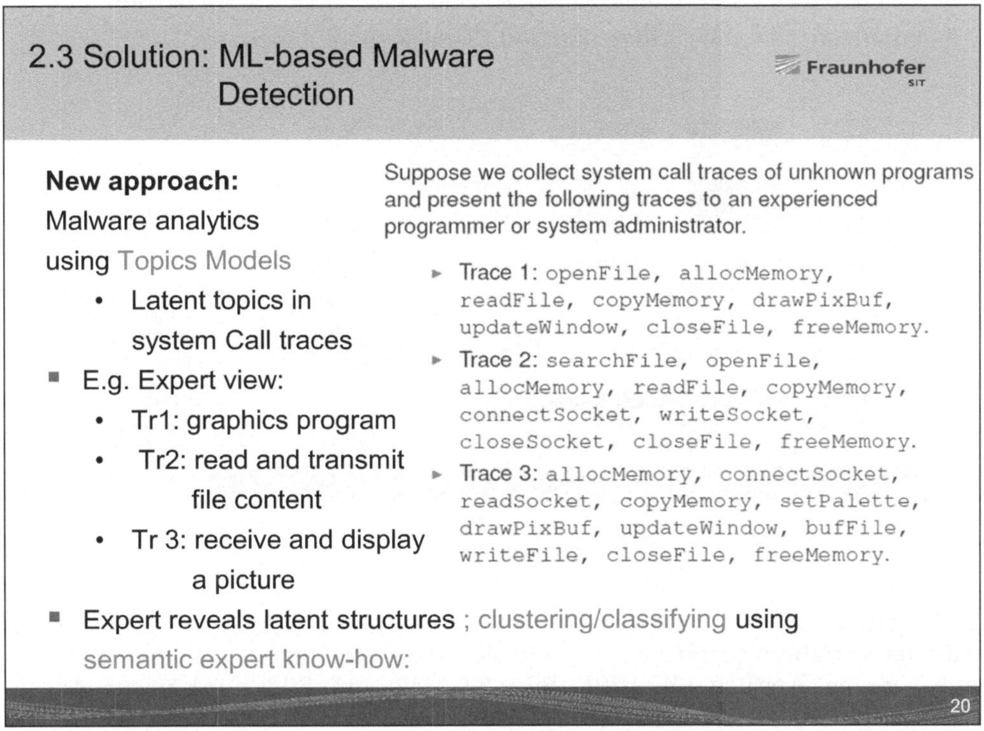

Bild 18

Das ist genau der Ansatz, den wir mit unseren Forschungsarbeiten verfolgen. Wir versuchen automatisiert, einen Semantikbezug zwischen Ereignissen herzustellen und das Ergebnis bildlich darzustellen. Das verwendete Konzept hierfür sind die so genannten Topics. Man kann Topics vordefinieren, welche übliche Aktivitäten darstellen (Bild 19). Wenn man beispielsweise 40 oder 50 solcher Topics definiert, erhält man schon ein sehr genaues Bild über das erwartete Verhalten auf einem System. Wir haben ein Verfahren entwickelt, welches „semantisch intelligent" mit diesen Topics arbeitet und versucht, mit automatisierten Techniken die Einschätzung des Experten nachzuvollziehen.

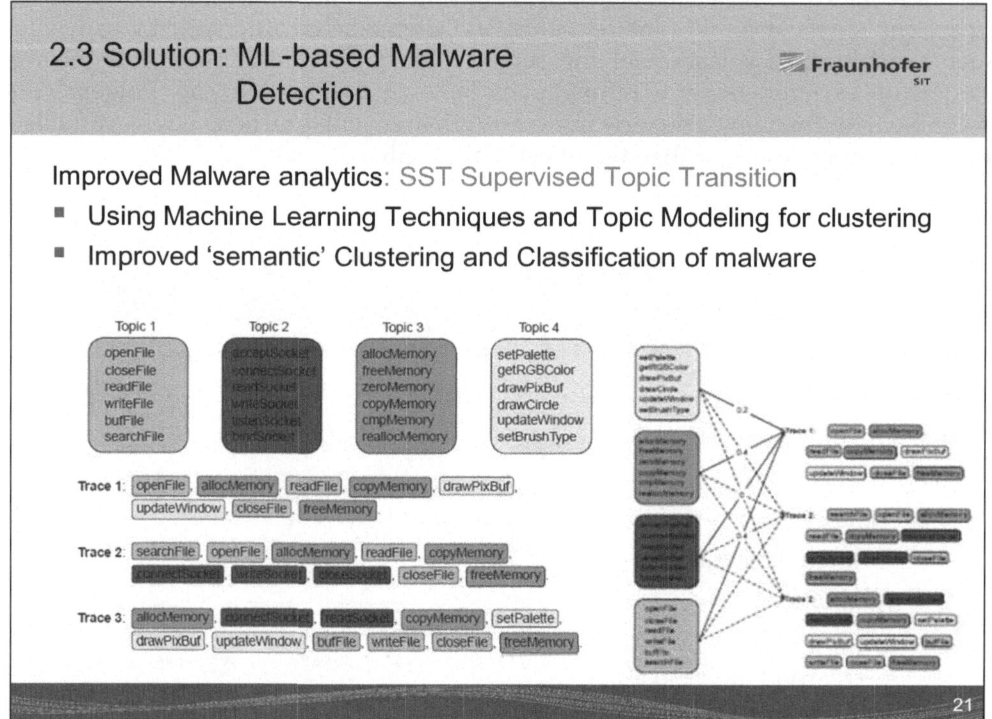

Bild 19

Wir haben unser Verfahren erprobt und die Ergebnisse mit den Ergebnissen bekannter Verfahren verglichen. Es zeigt sich, dass unser Ansatz in vielen Punkten die bekannten Ansätze übertrifft (Bild 20). Hier im Bild wird unser Ansatz „Supervised Topic Transition (SST)" durch die blaue Linie dargestellt. Die Auswertung zeigt, dass mit dem semantischen Ansatz eine sehr hohe Erkennungsrate erzielt werden kann, die Fehlalarmrate niedrig ist und auch die Rate der nicht erkannten Angriffe sehr niedrig ist.

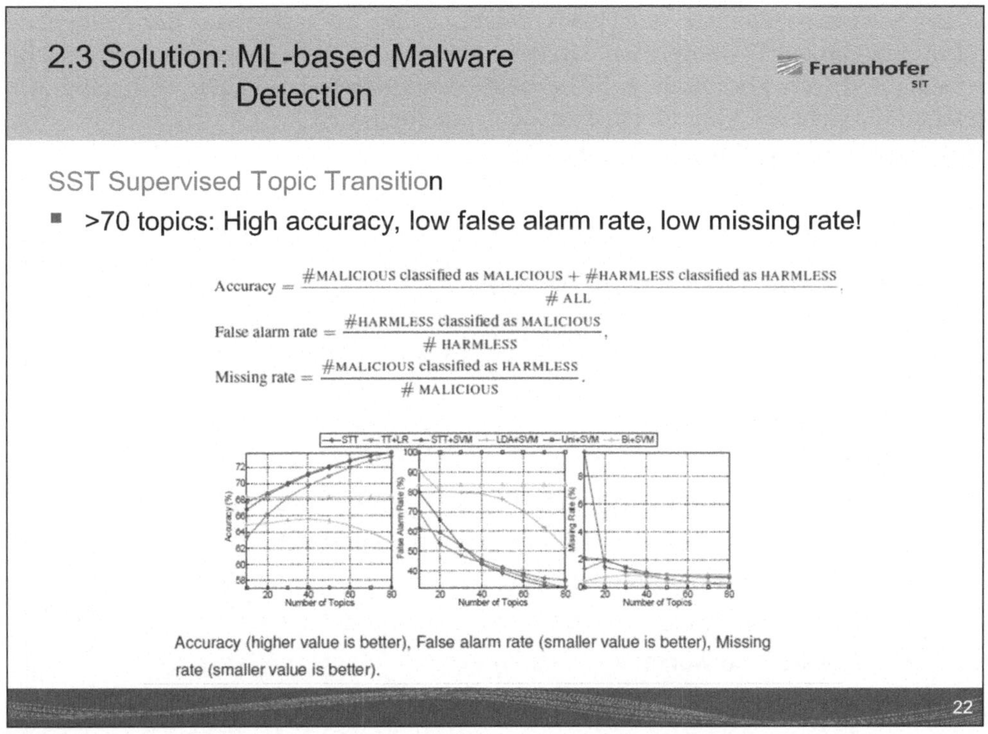

Bild 20

Ich denke, dass dieser Ansatz noch viele Möglichkeiten beinhaltet, um ganz dedizierte Topics zu modellieren, um in verschiedenen Umgebungen Angriffe auf kritische Systeme gezielt erkennen zu können. In Umgebungen wie zum Beispiel im Automobil oder Smart Grid wird es ganz unterschiedliche Rahmenbedingungen geben und darauf könnte man ein solches System dediziert zuschneiden, so dass die Chance besteht, mögliche Angriffe frühzeitig zu erkennen und damit die Betriebssicherheit zu gewährleisten.

Meine Botschaft zum Abschluss (Bild 21) ist, dass im Future Internet, das geprägt sein wird durch Cyber Physical Systems, die Betriebssicherheit, also Safety dieser Systeme in hohem Maße von der IT-Sicherheit abhängig ist. Deshalb lautet meine Botschaft, dass wir Safety und Security nicht mehr getrennt voneinander, sondern gemeinsam betrachten und vorantreiben müssen. Deshalb nenne ich es auch „S²". Wir benötigen gemeinsame Modelle und Testumgebungen, um die Wechselwirkungen und Abhängigkeiten zwischen Security und Safety präzise zu erfassen, zu analysieren und zu beherrschen. Ich denke, dass wir in diesem Bereich bereits viele gute Ansätze haben. Wir sind auch in Deutschland sehr gut aufgestellt, um genau an dieser Stelle neue und innovative Technologien zu entwickeln. Und zwar auf der Softwareebene, auf der Hardwareebene, im Co-Design, auf der Netzebene und in den ganzen Testbereichen. Ich sehe hier eine große Chance für die deutsche Wirtschaft, durch kombinierte Sicherheits- und Safety-Lösungen frühzeitig die Weichen für sichere Cyber Physical Systeme zu stellen.

Ich bedanke mich für Ihre Aufmerksamkeit.

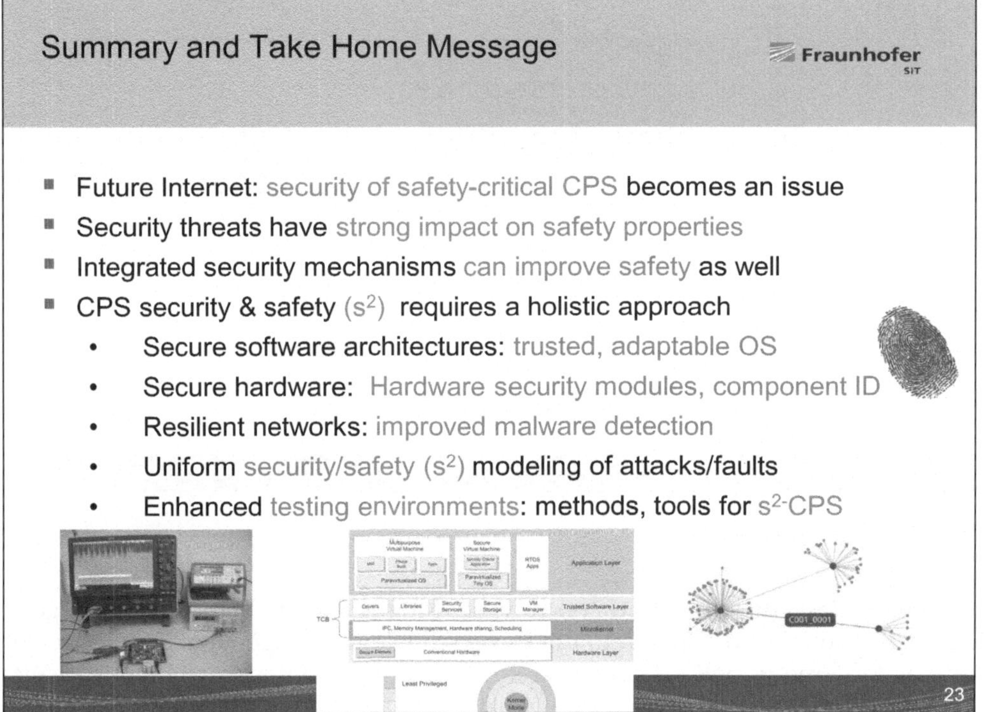

Bild 21

Klaus-Dieter Wolfenstetter

Vielen Dank. Ich denke, dass wir mit dieser Präsentation einen ersten Einblick in die neuen Schwerpunktgebiete bekommen haben, welche Sie in München möglicherweise ausbauen werden. Das gehört ja auch zum Tagesthema. Gibt es Fragen oder Kommentare aus dem Publikum?

Teilnehmer

Ich möchte es einmal so formulieren: Security und Safety sind ja traditionell zwei ganz verschiedene Gebiete, mit ganz verschiedenen Communities, mit ganz unterschiedlichen Konferenzen und so weiter. Und jetzt einmal die ganz naive Frage: Wie gehen wir denn operational vor, um das hinzubekommen?

Claudia Eckert

Ich spanne die Leute aus der Safety-Community und der Security-Community zusammen. Das ist der Standortvorteil von München, dass sich dort die Safety- und Security-Experten befinden. Wir entwickeln jetzt diese Modelle zusammen. Wir bringen erst einmal die Dinge aus beiden Bereichen zusammen, die bereits bestehen. Zum Teil haben ja die Safety- und die Security-Leute bereits in die jeweils anderen Bereiche investiert und auch schon verschiedene Dinge integriert. Sie sind aber an einen Punkt angelangt, wo sie mit ihrem Know-how am Ende waren und dort beginnt nun das Operative. In München gibt es Institute und Lehrstühle an den verschiedenen Fakultäten mit sich ergänzender Expertise. Wir versuchen, gemeinsam einen Aufschlag zu machen. Mir ist klar, dass dies auch früher schon andere Gruppen versucht haben. Nichtsdestotrotz bin ich der Meinung, dass gerade auch im Bereich der Eingebetteten Systeme sich die Welten der Safety und Security bereits sehr viel stärker als früher aufeinander zubewegt haben. Dies wird auch den operativen Ausgangspunkt unserer gemeinsamen Arbeiten im München bilden. Wir haben bereits gemeinsame Aktivitäten, zum Beispiel im Projekt agendaCPS gestartet und werden diese Aktivitäten mit konkreten Vorhaben unter anderem aus dem Automotive- oder Smart Grid-Umfeld weiter voran treiben.

Teilnehmer

Man muss erst ein paar Mal scheitern, bevor es funktioniert.

Claudia Eckert

Ja, das ist leider wahr. Aber nicht zuletzt der Stuxnet im letzten Jahr hat die Verwundbarkeit von safety-kritischen Infrastrukturen auch auf Entscheider-Ebene klar gemacht. Die Probleme sind ins allgemeine Bewusstsein gerückt. Es tut jetzt richtig weh. Das ist die Chance, um etwas zu bewegen.

4 Forschung für IT-Sicherheit

Fabian Kohler

Ich möchte Ihnen in meinem Vortrag zunächst die Motivation erläutern, warum wir aus Sicht des Bundesministeriums für Bildung und Forschung das Thema IT-Sicherheit für forschungswürdig erachten und dann einen Überblick über die Forschung für IT-Sicherheit geben. Im Anschluss daran möchte ich etwas detaillierter die momentan laufenden Calls 1 und 2 für IT-Sicherheit beleuchten und auf die dazugehörigen Projekte eingehen. Außerdem werde ich die derzeitige Bearbeitung der Skizzen der Kompetenzzentren für IT-Sicherheit ansprechen und zum Abschluss einen Ausblick auf die Calls 3 und 4 geben, welche hoffentlich noch in diesem Jahr veröffentlicht werden.

Ich habe in Vorbereitung auf diesen Vortrag ein wenig im Internet nach Meldungen zum Thema IT-Sicherheit gesucht. Wie man sehen kann, vergeht kein Tag, an dem nicht irgendwelche Meldungen über Schwachstellen in sozialen Netzwerken, Angriffe auf Industrie, auf die persönlichen Daten und so weiter auftauchen (Bild 1). Diese Liste könnte man beliebig fortsetzen.

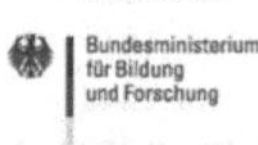

IT-Sicherheit
Berlin, 10.02.2011
BMBF

Motivation

PROJEKTTRÄGER FÜR DAS
Bundesministerium
für Bildung
und Forschung

09.02.2011 „One third of internet user get computer virus in EU", Intern. Business Times

07.02.2011 „Elf Millionen Deutsche Opfer von Hackern", dpa

07.02.2011 „Cyber-Angriffe: Wettrüsten im Datennetz", Frankfurter Rundschau

27.01.2011 „Cyber-Krieg im Fokus der Münchner Sicherheitskonferenz", derStandard

27.01.2011 „50 Millionen Computer-Viren bekannt", DiePresse.com

25.01.2011 „Angriffe aus dem Internet", tagesschau

21.01.2011 „Brain: Erster Virus für MS-DOS wird 25 Jahre alt", chip online

20.01.2011 „Facebook hat Ärger mit Spam-Mails", Welt Online

19.01.2011 „Stuxnet – Computervirus aus Israel und USA?", rp-online

18.01.2011 „Internetkriminalität stieg um 40 Prozent" nachrichten.at

To be continued…

3

Bild 1

Im Hinblick auf diese vielen Meldungen zu Verwundbarkeiten ist es auch nicht verwunderlich, dass die Bundeskanzlerin Angela Merkel anlässlich der Münchner Sicherheitskonferenz mit Blick auf Cyber-Angriffe zu dem Schluss kommt, dass es diverse Herausforderungen gibt, auf die wir noch keine abschließende Antwort haben (Bild 2).

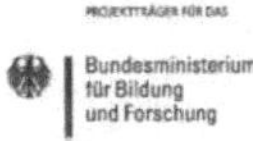

Bild 2

An dieser Stelle komme ich auf die Vorsorge des Staates zu sprechen. Man kann den Staat hier in die Pflicht nehmen. Das haben wir bereits in der Einleitung anhand der Zukunftsstudie gesehen und man kann sich die Punkte anschauen, warum dem so ist (Bild 3). Die Gesellschaft und die Wirtschaft hängen in kritischer Weise von einem funktionierenden Internet ab. Wenn plötzlich die Netze zusammenbrechen, dauert es nicht lange, bis die Regale in den Läden leer sind, wir nicht mehr kommunizieren können und es zu kritischen Situationen kommt. Ich glaube, wir alle hier sind uns dessen bewusst. Das schließt natürlich auch die Infrastrukturen wie beispielsweise die Elektrizitätsnetze und den Straßenverkehr ein. Ich sehe dann auch ein Grundrecht auf sichere Kommunikation, wobei hier natürlich auch die Frage aufkommt, vor wem diese Kommunikation sicher sein soll und ob es dann nicht doch Menschen gibt, die auf diese Daten zugreifen dürfen. Das ist aber eine politische Diskussion. Außerdem ist die wirtschaftliche Bedeutung der IT-Sicherheit relativ hoch angesiedelt, denn die IT-Sicherheit ist ein großer Markt, der viel Potenzial für unsere Unternehmen in Deutschland bietet.

Die Bedrohungslage ändert sich eigentlich ständig und nichts wächst so schnell wie der IT-Markt und nichts verändert sich so schnell wie die Informations- und

Kommunikationstechnologien. Cyber-Angriffe sind mittlerweile Teil der organisierten Kriminalität, die mit erheblichem Gefährdungspotenzial voranschreitet. Mittlerweile betreiben Kriminelle eigene Forschungslabore, um jeden Tag die neuesten Angriffe launchen zu können. Was wird nun angegriffen? Es erfolgen Angriffe gegen staatliche Einrichtungen. Spionage ist hier ein wichtiger Aspekt. Es erfolgen Angriffe gegen eingebettete Systeme. Man kann sich Bot-Netze im Internet der Dinge vorstellen, wo kleine Sensorknoten gehackt werden und vieles mehr. Und nicht zuletzt erfolgen Angriffe gegen Industrieanlagen. Wir haben alle noch Stuxnet in Erinnerung. Zusammenfassend lässt sich sagen, dass IT-Sicherheit durch die rasant kurzen Innovationszyklen ein zentrales Forschungsthema für das Bundesministerium für Bildung und Forschung geworden ist.

Bild 3

Aus diesem Grund gibt es, in enger Zusammenarbeit und Abstimmung zwischen dem Bundesministerium für Bildung und Forschung und dem Bundesministerium des Innern, ein Arbeitsprogramm IT-Sicherheitsforschung (Bild 4). Zwei Kommentare von Annette Schavan und von Wolfgang Schäuble sollen an dieser Stelle noch einmal darauf hinweisen, wie wichtig das Thema für uns ist. Annette Schavan sagte dazu: „Die IT-Sicherheitsforschung soll helfen, Bürgerinnen und Bürger, Unternehmen und den Staat vor illegalen Zugriffen zu schützen und die Wettbewerbsfähigkeit des Forschungs-, Produktions- und Arbeitsplatzstandortes Deutschland im Bereich IT-Sicherheit zu stärken". Wolfgang Schäuble, der zu diesem Zeitpunkt noch im Bundesministerium des Innern war, sagte dazu: „Die durchgängige Verfügbarkeit und Vertraulichkeit von Informations- und Kommunikationstechnologien ist insbesondere bei den kritischen Infrastrukturen unverzichtbar für unsere Sicherheit. Eine gezielte Forschung auf dem Gebiet der IT-Sicherheit ist notwendig, um die IKT-Infrastrukturen vor den derzeitigen und möglichen neuen Bedrohungen zuverlässig zu schützen".

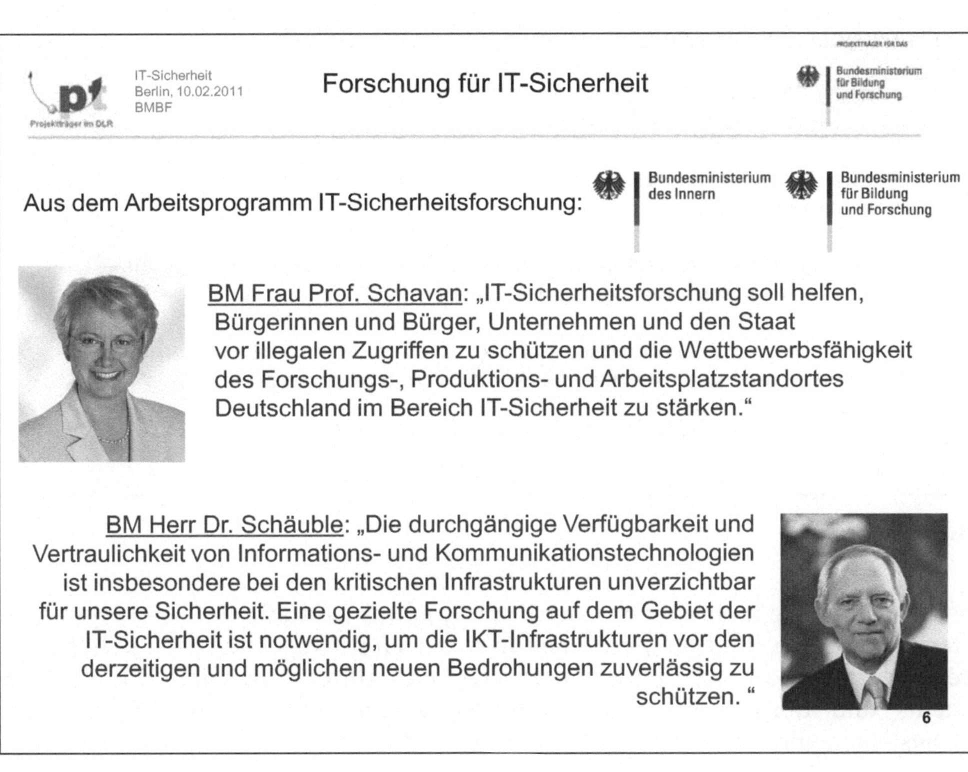

Bild 4

Die beiden Ministerien haben daraufhin vier Ziele der Zusammenarbeit definiert (Bild 5). Zum einen geht es um die Schaffung der Grundlagen für die Entwicklung überprüfbarer und durchgehend sicherer IKT-Systeme. Es ist ein ganz wichtiger Aspekt, dass es eine durchgängige Sicherheit gibt und nicht nur Sicherheitsinseln, die dann vielleicht nicht sicher verbunden werden. Das zweite ist die Erforschung neuer Ansätze bei der Analyse und Absicherung von IKT-Systemen. Hier wird ein positiver Effekt für die Wettbewerbsfähigkeit darin gesehen, die Forschungs-ergebnisse weiter zu verwerten, wo dies möglich ist.

Bild 5

Diese großen Ziele innerhalb des Arbeitsprogramms sind mit vier Schwerpunkten untersetzt worden (Bild 6): „Sicherheit in unsicheren Umgebungen", „Schutz von Internet-Infrastrukturen", „Eingebaute Sicherheit", zum Beispiel FPGA, Embedded Systems und dergleichen, und „Neue Herausforderungen zum Schutz von IKT-Systemen und der Identifikation von Schwachstellen".

Das Arbeitsprogramm IT-Sicherheitsforschung findet im Rahmen von IKT 2020 statt. Es hat eine Laufzeit von fünf Jahren und ein Budget von 30 Millionen Euro. Ich vermute, diese 30 Millionen Euro stimmen so nicht mehr. Das Budget ist definitiv erhöht worden. Aus der Sicht des Bundesministeriums für Bildung und Forschung wird das Arbeitsprogramm vor allen durch die Referate „IT-Systeme" und „Kommunikationssysteme; IT-Sicherheit" betrieben.

Bild 6

Die Sicherheit in unsicheren Umgebungen ist der erste Schwerpunkt innerhalb des Arbeitsprogramms IT-Sicherheitsforschung (Bild 7). Ziel ist die Absicherung großer IKT-Umgebungen. Diese lassen sich in ihrer Gesamtheit nicht mehr schützen, weil sie viel zu komplex sind und durch die Anbindung von mobilen Netzen und Geräten noch heterogener werden. In diesem Schwerpunktthema wird daran gearbeitet, wie auch in unsicheren Umgebungen noch sichere Verbindungen aufgebaut werden können. Das Schwerpunktthema „Sicherheit in unsicheren Umgebungen" unterteilt sich in die Themen „Sicherheit in der Mobilen Welt" und „Informationssicherheit in Sensorknoten".

IT-Sicherheit
Berlin, 10.02.2011
BMBF

Forschung für IT-Sicherheit

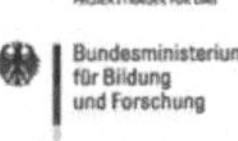

Bundesministerium
für Bildung
und Forschung

Schwerpunkte im Arbeitsprogramm „IT-Sicherheitsforschung"

Sicherheit in unsicheren Umgebungen:
Eine Absicherung großer IKT-Umgebungen (z.B. Internet) ist aufgrund der Komplexität de facto nicht mehr möglich. Die Sicherheit von IKT-Systemen, insbesondere von mobilen Systemen, soll deshalb auch in unsicheren Umgebungen gewährleistet werden.

- „Sicherheit in der Mobilen Welt"

- „Informationssicherheit in Sensorknoten"

9

Bild 7

Das nächste Schwerpunktthema ist „Schutz von Internet-Infrastrukturen" (Bild 8). Man nimmt hier realistischerweise an, dass sich die Internet-Infrastrukturen nicht vollständig schützen und absichern lassen. Man kann aber zumindest versuchen, die Internet-Infrastrukturen gegen Epidemien zu schützen. Hier bietet sich unter anderem Anomalieerkennung an, damit die Infrastrukturen etwas autonomer werden und selbständig erkennen, wenn ein Angriff erfolgt. Aus diesem Grund ist dieses Schwerpunktthema in die Themen „Technologien zur Angriffsprävention" und „Autonome Systeme und Infrastrukturen" unterteilt worden.

Schwerpunkte im Arbeitsprogramm „IT-Sicherheitsforschung"

<u>Schutz von Internet-Infrastrukturen</u>
Eine vollständige Absicherung von IKT-Systemen gegen Angriffe ist nicht möglich, aber die Systeme können gegen „Epidemien" geschützt werden. Dazu müssen Angriffe erkannt, Schadsoftware isoliert, eine Weiterverbreitung verhindert und Dritte rechtzeitig informiert werden.

- „Technologien zur Angriffsprävention"

- „Autonome Systeme und Infrastrukturen"

10

Bild 8

Das dritte Schwerpunktthema lautet „Eingebaute Sicherheit" (Bild 9). Systeme nachträglich abzusichern ist immer mit großem Aufwand verbunden. Wenn man es schafft, nachweislich sichere Systeme von Anfang an bauen zu können, dann wäre ein großer Schritt getan. Ob das Ganze dann wirklich beweisbar wird, ist ebenfalls ein großes Forschungsthema. Dabei geht es um die Erforschung von nachgewiesenen Sicherheitsniveaus. Innerhalb des Schwerpunktthemas „Eingebaute Sicherheit" gibt es die drei Unterthemen „Innovative Sicherheitsmechanismen für heterogene Plattformen", „Sicherheitsaspekte bei FPGA und deren Einbettung", sowie „Hostbasierte Anomalieerkennung auf Rechnersystemen".

 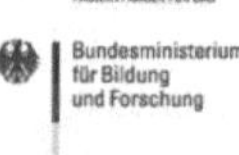

Forschung für IT-Sicherheit

Bundesministerium
für Bildung
und Forschung

Schwerpunkte im Arbeitsprogramm „IT-Sicherheitsforschung"

<u>Eingebaute Sicherheit</u>

Die nachträgliche Absicherung von IKT-Systemen ist extrem aufwendig und vielfach gar nicht möglich. IKT-Systeme sollen deshalb von vornherein so konzipiert und entwickelt werden, dass sie (beweisbar) über ein definiertes IT-Sicherheitsniveau verfügen.

- „Innovative Sicherheitsmechanismen für heterogene Plattformen"

- „Sicherheitsaspekte bei FPGA und deren Einbettung"

- „Hostbasierte Anomalieerkennung auf Rechnersystemen"

11

Bild 9

Das vierte Schwerpunktthema ist „Neue Herausforderungen zum Schutz von IKT-Systemen und der Identifikation von Schwachstellen" (Bild 10). Das ist eine etwas größere Klammer mit ein bisschen mehr Weitblick. Hier gibt es die Unterthemen „Neue Analyseansätze bei Seitenkanalangriffen", „Entwicklung analytischer und forensischer Werkzeuge" und die „Quanteninformatik". Die Quanteninformatik wird zusätzlich auch noch im Bereich des Quantencomputing und Schlüssel-austauschs, zum Beispiel Bankentransfers, gefördert.

 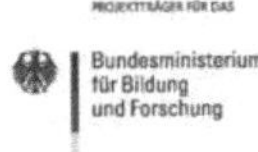

IT-Sicherheit
Berlin, 10.02.2011
BMBF

Forschung für IT-Sicherheit

Schwerpunkte im Arbeitsprogramm „IT-Sicherheitsforschung"

Neue Herausforderungen zum Schutz von IKT-Systemen und der Identifikation von Schwachstellen
Um speziellen und zukünftig vielleicht möglichen Angriffen entgegen wirken zu können, müssen zur Absicherung von IKT-Systemen auch neuartige Techniken, Methodigen und Ansätze entwickelt werden.

- „ Neue Analyseansätze bei Seitenkanalangriffen"

- „Entwicklung analytischer und forensischer Werkzeuge"

- „Quanteninformatik"

12

Bild 10

Im ersten Call des Arbeitsprogramms wurden die drei Themen „Sicherheit in der mobilen Welt", „Analyseansätze bei Seitenkanalangriffen" und „Werkzeuge für Analyse und Forensik" ausgeschrieben (Bild 11). Für diesen Call wurden 93 Skizzen eingereicht, das Interesse war also sehr groß. Alle eingereichten Skizzen hatten eine sehr hohe Qualität. Durch ein Gutachtergremium wurden zwölf Verbundvorhaben ausgewählt, die dann in die Förderung gekommen sind. Diese zwölf Verbundvorhaben werden mit einer Summe von etwa 15 Millionen Euro gefördert.

 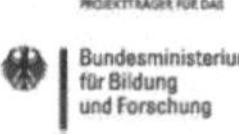

IT-Sicherheit
Berlin, 10.02.2011
BMBF

IT-Sicherheit: Call 1

Bundesministerium
für Bildung
und Forschung

Call 1

Inhalte:

- Sicherheit in der mobilen Welt
- Analyseansätze bei Seitenkanalangriffen
- Werkzeuge für Analyse und Forensik

Eingereichte Skizzen:

- 93 Skizzen

Gefördert:

- 12 Verbundvorhaben
- Fördersumme rund 15 Mio €

13

Bild 11

Ich möchte im Folgenden einen kurzen Überblick über die zwölf Verbundvorhaben geben, die im Rahmen des ersten Calls gefördert werden. Die Daten dazu stammen größtenteils aus unserer Förderdatenbank. Das Projekt EXSET steht für Excellence in Security Evaluation Testing (Bild 12). Darin geht es um den nachhaltigen Wissensaufbau bezüglich fortgeschrittener physikalischer Angriffe und die fundamentale Steigerung der Qualität bei der Prüfung von Sicherheitsmechanismen durch Anhebung der Prüfmethoden in akkreditierten Prüflaboren. Das heißt, wir benötigen eine Infrastruktur, mit der wir unsere Methoden nachweislich testen können.

Das Projekt RESIST beschäftigt sich mit Methoden und Werkzeugen zur Absicherung eingebetteter und mobiler Systeme gegen Angriffe der nächsten Generation. Hier geht es, wie der Name vermuten lässt, um Seitenkanalangriffe. Das Ganze wird durch eine mathematische Theoriebildung unterstützt.

 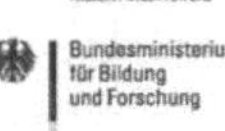

IT-Sicherheit
Berlin, 10.02.2011
BMBF

IT-Sicherheit: Call 1

Bundesministerium
für Bildung
und Forschung

EXSET: Excellence in Security Evaluation Testing

- Uni Bochum, HS Bonn-Rhein-Sieg, TÜV NORD, T-Systems
- ~0,9 Mio € Förderung
- Nachhaltigen Wissensaufbau bzgl. fortgeschrittener physikalischer Angriffe, fundamentale Qualitätssteigerung bei der Prüfung von Sicherheitsmechanismen durch Anhebung der Prüfmethoden in akkreditierten Prüflaboren

RESIST - Methoden und Werkzeuge zur Absicherung eingebetteter und mobiler Systeme gegen Angriffe der nächsten Generation

- FhG-SIT, TU Darmstadt, Uni Bochum, escrypt GmbH, Giesecke & Devrient, Infineon, Rohde & Schwarz
- ~ 2.78 Mio € Förderung
- Seitenkanalanalyse von IT-Systemen, Adaptionsmöglichkeiten bekannter Angriffe, mathematische Theoriebildung

14

Bild 12

SCAAS steht für Side Channel Analysis for Automotive Security (Bild 13). Hier geht es um Seitenkanalanalysen für Sicherheitseinbindungen in der Automobilindustrie. Wir kennen Projekte wie sim^{TD} (Sichere Intelligente Mobilität – Testfeld Deutschland), wonach Fahrzeuge bald mehr mit IP-Netzen ausgestattet werden und da sind diverse neue Angriffsvektoren denkbar. Im Projekt SCAAS wird untersucht, wie sicher solche Technologien sind.

Im Projekt PhotonDA (Photonische Differentielle Seitenkanalanalyse) geht es um eine Seitenkanalanalyse, um einen DES-Schlüssel eines kommerziell verwendeten Chips zu extrahieren.

Bild 13

Das Projekt SiS beschäftigt sich mit der Entwicklung eines Security Tokens zur Sicherstellung der Systemintegrität in Selbstbedienungsautomaten (Bild 14). Security Token hört sich erst einmal nach viel Papier an. Es ist aber wichtig, dass man eine nachweisliche Sicherheit seines Produktes in irgendeiner Weise belegen kann.

Im Projekt SMOG (Schutz mobiler Endgeräte vor Angriffen über die Luftschnittstelle) werden verschiedene Verteidigungsmechanismen entwickelt, die verhindern sollen, dass Daten über eine Luftschnittstelle abgegriffen werden.

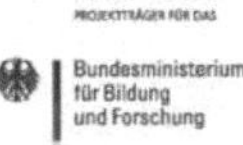

SiS: Entwicklung eines Security Tokens zur Sicherstellung der Systemintegrität in Selbstbedienungsautomaten

- WINCOR NIXDORF, Sagem Orga, Uni Paderborn, Achelos GmbH
- ~ 0,7 Mio € Förderung
- Entwicklung eines ganzheitlichen Konzepts zur Sicherstellung der Integrität von Geldausgabeautomaten.

SMOG: Schutz mobiler Endgeräte vor Angriffen über die Luftschnittstelle

- GSMK, Recurity Labs
- ~ 0,4 Mio € Förderung
- Modularer Schutz des Mobiltelefons gegen Manipulationen der Luftschnittstelle, wie z.B. lokal begrenztes illegals GSM- oder UMTS-Netz

16

Bild 14

ASMONIA steht für Angriffsanalyse und Schutzkonzepte für Mobilfunkbasierte Netzinfrastrukturen unterstützt durch kooperativen Informationsaustausch (Bild 15). Die Idee dahinter: Man will die Systeme kooperativ zusammenarbeiten lassen.

Das Projekt ESUKOM (Echtzeit-Sicherheit für Unternehmensnetze durch Konsolidierung von Metadaten) geht in eine ähnliche Richtung. Im Fokus steht die Absicherung von Unternehmensnetzen bei der Kommunikation in unsichere Netze oder mit unsicheren Netzen. Dabei soll der Gesamtzustand des Unternehmensnetzes abgebildet werden, um auf die Sicherheitslage schließen zu können.

 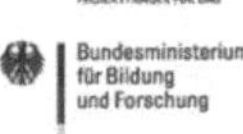

IT-Sicherheit
Berlin, 10.02.2011
BMBF

IT-Sicherheit: Call 1

ASMONIA: Angriffsanalyse und Schutzkonzepte für Mobilfunkbasierte Netzinfrastrukturen unterstützt durch kooperativen Informationsaustausch

- NSN, FhG, EADS, RWTH-Aachen, FH Augsburg, Enno Rey Netzwerke
- ~ 2.8 Mio € Förderung
- Schutz von Telekommunikationsnetzen und zugehörigen Anwendungen

ESUKOM: Echtzeit-Sicherheit für Unternehmensnetze durch Konsolidierung von Metadaten

- DECOIT, Fh Hannover, FhG, mikado Soft, NCPengineering
- ~ 1.0 Mio € Förderung
- Sicheres Unternehmensnetz bei Kommunikation mit unsicheren Netzen, Metadatenbasis zur Abbildung des gesamten aktuellen Zustandes eines Unternehmensnetzes

17

Bild 15

Mobil-SOLID-SINA steht für das Projekt Mobile IPsec-Infrastrukturen auf SINA-Basis (Bild 16). Darin soll die vom Bundesamt für Sicherheit in der Informationstechnik beauftragte Architektur SINA (Sichere Inter-Netzwerk Architektur) um die Nutzung von VPN-Technologien und die Einbindung von mobilen Teilnehmern auf Basis von IPSec-gestützten ad-hoc-Netzen erweitert werden.

Im Projekt MobWorm geht es um Prognosen und Strategien zur Absicherung gegen Mobile Malware. Auch hier stehen mobile Endgeräte im Fokus.

IT-Sicherheit: Call 1

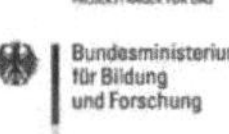

<u>Mobil-SOLID-SINA: Mobile IPsec-Infrastrukturen auf SINA-Basis</u>

- Secunet, TU Ilmenau
- ~ 0.5 Mio € Förderung
- Erweiterung der vom BSI beauftragten "Sichere Inter-Netzwerk Architektur (SINA)" zur Verarbeitung von hoch schützenswerten Informationen in unsicheren Netzen. Nutzung von VPN-Technologie, Einbindung mobiler Teilnehmer auf Basis von IPSec-gestützten ad-hoc Netzen

<u>MobWorm: Mobile Malware: Prognosen und Strategien zur Absicherung</u>

- Uni Bochum, Uni Mannheim, G-Data, zynamics
- ~ 0.7 Mio € Förderung
- Nutzung aktueller Smartphones zum Ausführen von Anwendungen mit sicherheitsrelevanten Daten. Verfahren zur Detektion und Abwehr von Schadsoftware in mobilen Endgeräten, Studium der Verbreitungswege und Untersuchung neuartiger Angriffstechniken.

18

Bild 16

Das Projekt Sec2 (Secure Ad-hoc On Demand Virtual Private Storage) beschäftigt sich mit dem Speichern von Daten in der Cloud und ihrer Nutzung auf mobilen Endgeräten (Bild 17).

SKIMS steht für Schichtenübergreifendes kooperatives Immunsystem für mobile, mehrseitige Sicherheit. Auch in diesem Projekt stehen die mobilen Endgeräte im Fokus. Es soll ein kooperatives Immunsystem zur Speicherung und zum Austausch sensibler Daten auf mobilen Endgeräten erforscht werden, welches gleichzeitig die limitierte Rechenleistung und die Ressourcenschonung dieser Geräte berücksichtigt.

 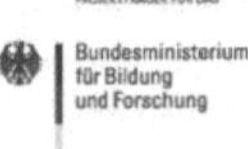

Bild 17

Der Call 2 zum Arbeitsprogramm IT-Sicherheitsforschung ist aktuell in der Bewilligung (Bild 18). Das heißt, die Projekte laufen noch nicht. Ich greife hier also etwas vor. Die Themen dieses Calls sind „Technologien zur Angriffsprävention und Frühwarnung", „Sicherheitsmechanismen für heterogene Plattformen" und „Sicherheitsaspekte bei FPGA". Es wurden insgesamt 68 Skizzen eingereicht, die eine große Bandbreite an Themen abdecken und eine relativ hohe Qualität aufweisen. Sie wurden durch einen Gutachterprozess geleitet und dabei sind zehn Verbundvorhaben herausgekommen, die mit insgesamt 8 Millionen Euro gefördert werden.

Ich möchte kurz die Projekte innerhalb dieses Calls nennen. Sie befinden sich zurzeit noch in der Bewilligungsphase und werden zwischen März und Mai starten.

IT-Sicherheit: Call 2

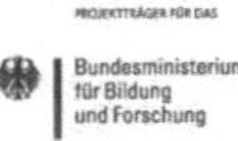

Call 2

Inhalte:

- Technologien zur Angriffsprävention und Frühwarnung
- Sicherheitsmechanismen für heterogene Plattformen
- Sicherheitsaspekte bei FPGA

Eingereichte Skizzen:

- 68 Skizzen

Aktuell in Bewilligung:

- 10 Verbundvorhaben
- Fördersumme rund 8 Mio €

20

Bild 18

PADIOFIRE steht für Parallelisierte Anwendungserkennung in Overlaynetzen für Firewalls (Bild 19). In diesem Projekt soll ein Firewallsystem zur semantischen Analyse von geschachtelten Anwendungsprotokollen am Beispiel von Web 2.0-Netzen entwickelt werden. Interessant ist dabei der Datenschutzaspekt: Es muss geklärt sein, ob per Deep-Packet-Inspection die Pakete überhaupt analysiert werden dürfen oder nicht.

Das Projekt IDSv6 (Angriffsprävention und validierte Absicherung von IPv6-Netzen) zielt auf die Neu- und Weiterentwicklung von Analyse- und Penetrationstools zur Absicherung von IPv6-Netzen.

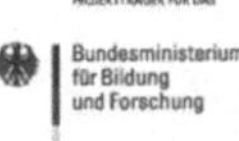

PADIOFIRE: Parallelisierte Anwendungserkennung in Overlaynetzen fuer Firewalls

- Uni Erlangen-Nürnberg, GeNUA
- ~ 0.2 Mio € Förderung
- Entwicklung eines Firewallsystems zur semantischen Analyse von geschachtelten Anwendungsprotokollen am Beispiel von Web 2.0 Diensten.

IDSv6: Angriffsprävention und validierte Absicherung von IPv6-Netzen

- Uni Potsdam, EANTC, HS Beuth
- ~ 0.4 Mio € Förderung
- Neu- und Weiterentwicklung von Analyse- und Penetrationstools zur Absicherung von IPv6 Netzen.

21

Bild 19

Im Projekt MoBe (Moderne Botnetzerkennung) geht es um die Entwicklung skalierbarer Werkzeuge zur Erkennung moderner Botnetze (Bild 20). Die Projektpartner wollen Honeypots weiterentwickeln, um solche Daten schnell abgreifen zu können. Da sich unter den Projektpartnern auch ein Provider befindet, ist die Chance relativ hoch, dass es gut und schnell in die Umsetzung geht.

ProtoTo (Durchgängige Entwicklung von Sicherheitsprotokollen) beschäftigt sich mit der formalen Verifikation der Korrektheit und Sicherheit von kryptographischen Protokollen. Das wird gemäß den international anerkannten Bewertungsmaßstäben des „Common Criteria"-Katalogs durchgeführt.

IT-Sicherheit: Call 2

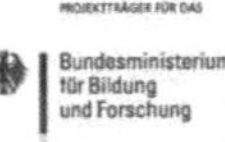

MoBE: Moderne Botnetzerkennung

- Fh Gelsenkirchen, Uni Bochum, G-Data, Vodaphone
- ~ 1.0 Mio € Förderung
- Entwicklung von skalierbare Werkzeugen zur Erkennung moderner Botnetze durch verteilte Merkmalsextraktion und Honeypots unter Einhaltung von Datenschutzanforderungen.

ProtoTo: Durchgängige Entwicklung von Sicherheitsprotokollen

- DFKI, TU Darmstadt, KOBIL Systems, Sirrix
- ~ 0.9 Mio € Förderung
- Entwicklung von Methoden der formalen Verifikation der Korrektheit und Sicherheit von kryptographischen Protokollen unter Berücksichtigung der international anerkannten Bewertungsmaßstäbe des „Common Criteria" Katalogs.

22

Bild 20

DynFire steht für Dynamisches Firewalling in heterogenen Umgebungen (Bild 21). Da ist als Stichwort Gebäudenetze zu nennen. Mit Kühlschränken, Kaffeemaschinen, Dachlichtsteuerungen, Klimaanlagen und sonstiger Gebäudetechnik sind sehr heterogene Systeme miteinander vernetzt, deren Kommunikation über personen- und rollenspezifische Firewall-Regelsätze abgesichert werden sollen.

UMABASA steht für Unclonable Material-Based Security Architecture. Ein interessanter Forschungs- und Produktansatz, bei dem es um die Erforschung unklonbarer Strukturen zur Absicherung moderner Chipkarten geht.

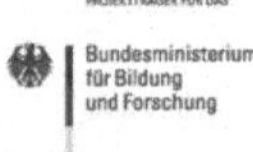

Bild 21

Das Projekt FPGA-TRNG beschäftigt sich mit der zuverlässigen Erzeugung von echten Zufallszahlen für die Schlüsselerzeugung auf hochsicheren FPGA-Plattformen (Bild 22). Das ist ein wichtiges Thema, wenn die gesamte Sicherheitsfunktionalität auf einem Chip gebündelt werden soll.

Im Projekt SeSaM (Secure and Safe Microkernel Made in Germany) geht es um die Erweiterung der PikeOS-Architektur um neue Sicherheitsfunktionalitäten, um höhere Evaluation Assurance Level (EAL) zu erreichen. Die Anwendungen liegen in der zivilen und militärischen Telekommunikation und zum Beispiel auch in der Avionik, wo hohe Sicherheitsstandards benötigt werden.

 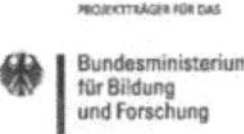

<u>FPGA-TRNG: Zuverlässige Erzeugung von echten Zufallszahlen in FPGAs</u>

- TU Dresden, secunet, Siemens
- ~ 0.55 Mio € Förderung
- Entwicklung von „True Random Number Generators" (TRNG) für die Schlüsselerzeugung auf hochsicheren FPGA-Plattformen.

<u>SeSaM: Secure and Safe Microkernel Made in Germany</u>

- Sysgo, DFKI, EADS, FhG
- ~ 1.0 Mio € Förderung
- Erweiterung der PikeOS-Architektur um Sicherheitsfunktionalitäten, Entwicklung eines Security Target zur modularen Zertifizierung von Mikrokern und Virtualisierungsschicht, erreichen höherer EAL-Stufen (zivile/militärische TK, Bankterminals oder Flugzeugelektronik)

24

Bild 22

Die beiden letzten Projekte, die ich hier im Rahmen des Call 2 vorstellen möchte, sind SAaaS und PROSEC (Bild 23). Bei SAaaS (Security Audit as a Service) geht es um einen Auditdienst als Service. Ziel ist die regelmäßige Durchführung von Sicherheitsaudits.

Ziel des Projekts PROSEC (Proaktive Sicherheit für konvergente Kommunikation) ist es, mit Techniken des maschinellen Lernens autark und selbst lernende Sicherheitsmechanismen zu etablieren. Sie sollen schneller reagieren als der Mensch und somit die Netze besser absichern.

 IT-Sicherheit
Berlin, 10.02.2011
BMBF

IT-Sicherheit: Call 2

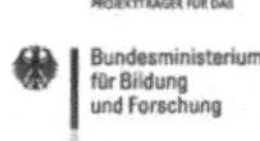 Bundesministerium
für Bildung
und Forschung

SAaaS: Security Audit as a Service (SAaaS)

- HS Furtwangen, Schutzwerk, ToasterNET
- ~ 0.3 Mio € Förderung
- Entwicklung eines „Audit Dienst als Software as a Service" zur automatischen und regelmäßigen Durchführung von Sicherheitsaudits z.B. bei VMs oder in der Cloud auf Basis von Signaturanalyse und Anomalieerkennung.

PROSEC: Proaktive Sicherheit für konvergente Kommunikation

- TU Berlin, Alcatel-Lucent, idalab
- ~ 1.5 Mio € Förderung
- Entwicklung proaktiver Konzepte der IT-Sicherheit mit Techniken des maschinellen Lernens zum autarken, selbstlerndenden und vorausschauenden Schutz von (Cloud-)Diensten, der Infrastruktur und der Endgeräte.

25

Bild 23

Das war ein schneller Überblickt über die Projekte, welche in den Calls 1 und 2 laufen. Das Programm wird natürlich weiterentwickelt und den neuen Gegebenheiten entsprechend angepasst. Es steht auch im Programm zur IT-Sicherheitsforschung, dass es sich um ein lernendes Projekt handelt, welches immer wieder angepasst werden muss. Unterstützen sollen uns dabei die Kompetenzzentren für die IT-Sicherheitsforschung. Dabei handelt es sich um eine Ausschreibung zum Aufbau von Kompetenzzentren mit regionalem Charakter zum gezielten Ausbau der Forschung zur IT-Sicherheit in Deutschland (Bild 24). Fokussiert werden sollen die wichtigsten Herausforderungen auf dem Gebiet der IT-Sicherheit mit klarem Anwendungsbezug. Es sollen langfristige Strategien entwickelt werden. Im Mittelpunkt steht also die strategische Ausrichtung, welche dann mit Projekten unterfüttert werden soll. Die Laufzeit dieser Kompetenzzentren beträgt vier Jahre. Nach dem dritten Jahr wird eine Evaluierung vorgenommen und die Förderung eventuell um weitere vier Jahre verlängert. Es sollen bis zu drei Zentren gefördert werden. Mehr als zehn Skizzen wurden fristgerecht eingereicht. Diese befinden sich aktuell im Begutachtungsprozess. Wir hoffen, Anfang März die Gewinnerskizzen bekannt geben zu können, so dass wir relativ schnell in die Förderung gehen können. Ich glaube, dass mit diesen Kompetenzzentren eine relativ gute Struktur geschaffen wird, um neue Angriffe und neue Trends schnell erkennen zu können und um die Forschung in Deutschland auf dem Gebiet IT-Sicherheit voranzubringen.

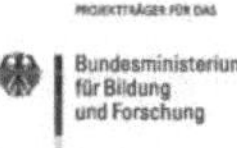

Inhalt

- Schaffung von Kompetenzzentren mit regionalem Charakter
- Forschung zur IT-Sicherheit in Deutschland gezielt ausbauen
- Fokussiert auf die wichtigsten Herausforderungen auf dem Gebiet der IT-Sicherheit mit klarem Anwendungsbezug
- Entwicklung langfristige Strategien
- Konkrete Projekte zur Bewältigung aktueller und zukünftiger Herausforderungen
- Gefördert werden bis zu 3 Zentren für 4 (+ 4) Jahre

Aktuelle Bekanntmachung:

- Deadline war 31.01.2011
- > 10 Skizzen fristgerecht eingereicht
- Skizzen aktuell in Begutachtung
- Gutachtersitzung Ende Februar
- Bekanntgabe der Gewinnerskizzen: Anfang März

27

Bild 24

Ich möchte nun noch einen Ausblick auf die Calls 3 und 4 zur IT-Sicherheit geben und kann hier schon einmal die dazugehörigen Themen nennen (Bild 25). Der 3. Call wird voraussichtlich noch im ersten Quartal 2011 veröffentlicht. Die Themen sind „Autonome Systeme und Infrastrukturen" und „Anomalieerkennung auf Rechnersystemen". Der 4. Call ist auch schon in Bearbeitung und ist für die zweite Jahreshälfte 2011 geplant. Die Themen stehen noch unter Vorbehalt, werden aber sehr wahrscheinlich „Informationssicherheit in Sensorknoten" und „Quanteninformatik" sein.

Damit möchte ich meine Zusammenfassung der IT-Sicherheitsforschung aus Sicht des Bundesministeriums für Bildung und Forschung abschließen und bedanke mich für Ihre Aufmerksamkeit.

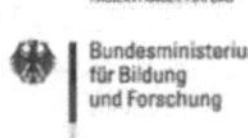

3. Call

- **Bekanntmachung in Vorbereitung (1. Quartal 2011)**
- **Themen**
  - **Autonome Systeme und Infrastrukturen**
  - **Anomalieerkennung auf Rechnersystemen**

- **4. Call**
- **Bekanntmachung geplant für 2. Jahreshälfte 2011**
- **Themen (unter Vorbehalt)**
  - **Informationssicherheit in Sensorknoten**
  - **Quanteninformatik**

29

Bild 25

Teilnehmer

Wie sollen diese Sicherheitszentren aussehen?

Fabian Kohler

Die Planung sieht vor, dass die Zentren wie ganz normale Forschungsprojekte gefördert werden. Allerdings ist die Ausgestaltung ein wenig anders, da diese auf eine langfristige strategische Planung ausgerichtet sein sollen. Die Kompetenzzentren sollen sich in den ersten drei bis vier Jahren einen gewissen Standard erarbeiten und dann langsam in die Selbständigkeit übergehen, spätestens jedoch nach acht Jahren. Das heißt, die Konzepte müssen auch aufzeigen, wie sich diese Zentren selbst tragen können. Es fängt mit einer ganz normalen Projektförderung an. Inhaltlich entwickelt man aber eine Strategie, um daraus konkrete Projekte ableiten zu können, die bereits von Anfang an bearbeitet werden sollen. Soweit ich es überblicken kann, haben es die Antragsteller verstanden und auch umgesetzt.

Teilnehmer

Was sind denn konkrete internationale Projektkonstellationen zu Sicherheitsthemen? Was macht oder was initiiert das BMBF europaweit oder noch weiter gestreckt?

Fabian Kohler

Das ist ein ganz wichtiger Punkt, denn ohne die Standardisierung und vor allem die internationale Standardisierung kommen wir im ganzen IKT-Bereich und im Bereich der IT-Sicherheit nicht weiter. Einer der geforderten Punkte ist die Darstellung der internationalen Vernetzung und Bestrebungen, in die Standardisierung zu gehen. Dies sind allerdings Rahmenbedingungen, die wir für alle Forschungsprojekte voraussetzen. Das heißt, ohne den Blick auf die Standardisierung braucht man eigentlich kaum noch anzufangen, da man ansonsten nur kleine Insellösungen erzeugt, welche sich im Markt nicht durchsetzen werden. Daher ist Standardisierung ein wichtiger Aspekt, der in jedem Fall berücksichtigt werden muss.

Teilnehmer

Sie haben anfangs von einem Grundrecht auf sichere Kommunikation gesprochen. Expressis verbis steht ein solches Grundrecht nicht in unserer Verfassung. Woraus interpretieren Sie das?

Fabian Kohler

Das ist meine persönliche Interpretation, die ich auch in meine tägliche Arbeit einfließen lasse. Ob ich damit durchkomme, weiß ich nicht, aber ich persönlich halte das für einen sehr wichtigen Punkt. Ein Grundrecht auf sichere Kommunikation ist aber, soweit mir bekannt ist, kein offizieller Standpunkt des Bundesministeriums für Bildung und Forschung.

5 Neue Anforderungen an den Datenschutz

Johannes Landvogt

Der vorangegangene Beitrag hat sich bereits mit der Forschungslandschaft des Bundesministeriums für Bildung und Forschung auseinandergesetzt und es wurden konkrete Projekte und Vorhaben vorgestellt. Ich möchte auf einer etwas höher aggregierten Ebene ansetzen. Der Gesetzgeber steht immer wieder vor neuen Aufgaben. Die Datenschützer des Bundes und der Ländern sind nur die Umsetzer der gesetzgeberischen Vorlagen und ich möchte im Verlauf meines Vortrags auch einen Appell an den Gesetzgeber richten, dies zu bedenken. Ich möchte heute kurz auf die derzeitige Situation eingehen und erläutern, wie sicher denn unsere Kommunikation heute ist. Ich komme auch auf das Thema Grundrecht zu sprechen und darauf, was Vertraulichkeit und Integrität heute wert sind, wenn Sie sich soziale Netzwerke, Web 3.0 oder Schlagworte wie Tracking und das allgegenwärtige Cloud Computing ansehen.

Welche gesicherten Lösungen haben wir denn heute (Bild 1)? Wir haben den elektronischen Personalausweis und wir haben eine Vorlage für das De-Mail-Gesetz. Aber wir haben es noch nicht. Deshalb laufen Diskussionen immer noch auf PKI [1] -Strukturen. Wir haben bei den Landes- und Bundesdatenschutzbeauftragten immer noch einen gesicherten Austausch mit PGP[2]. Wir haben nach wie vor Defizite bei der Anwendung der qualifizierten elektronischen Signatur (QES). Das heißt, die Sicherheitslandschaft ist längst noch nicht so, wie wir sie uns wünschen oder erhoffen.

---

[1] Public Key Infrastructure

[2] Pretty Good Privacy

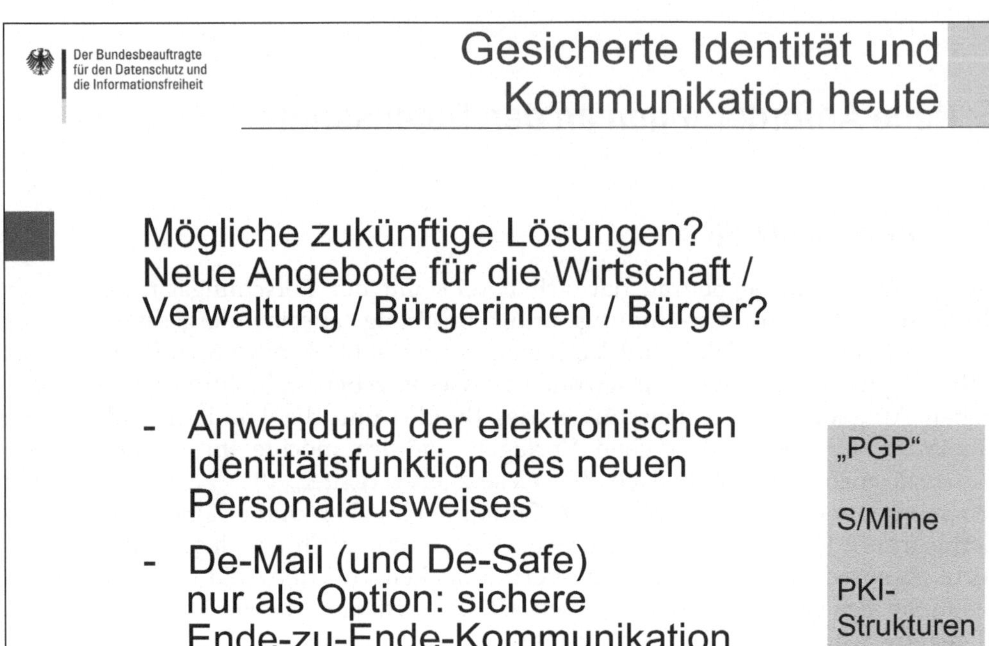

Bild 1

Als ein Beispiel möchte ich den Medienwechsel nennen, den wir heute haben (Bild 2). Früher standen die Veröffentlichungen im Lokalteil von Zeitungen, heute finden wir diese im Internet. Soweit ich weiß, stehen dort bereits Privatinsolvenzen. Es ist schon ein deutlicher Unterschied, was die Qualität solcher Veröffentlichungen betrifft, denn letztlich haben wir bis heute keine vernünftigen Regelungen dafür, dass das Internet oder andere Informationstechnologien ganz generell etwas vergessen. Wir haben auch in der Durchsetzbarkeit von Unversehrtheit oder Aktualität unserer Daten oft nur sehr wenige Möglichkeiten oder oft nur sehr problematische Ansätze. Ein anderes Beispiel sind öffentliche Ausschreibungen und viele ähnliche Dinge. Sie sind heute auch mit gesicherten, integritätserhaltenden Maßnahmen kaum mehr aus dem Netz wegzudenken.

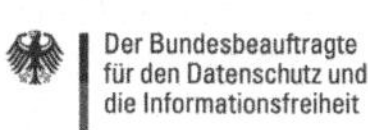

Bild 2

Wir führen schon eine weit über zehn Jahre andauernde Diskussion darüber, was denn jetzt das Äquivalent zum eigenhändig unterschriebenen Papierdokument ist (Bild 3). Mal im Internet, mal am sicheren Terminal, mal mit dem neuen Personalausweis, mal mit der qualifizierten elektronischen Signatur, mal mit irgendwelchen Hardwaretoken, mal mit Software und, um etwas ganz simples zu nennen, mit einem Faxsimilieabdruck auf irgendeinem Brief. Wo steht das Ganze eigentlich? Aus meiner Sicht leistet der Gesetzgeber hier nicht unbedingt das, was er leisten müsste. Er müsste eigentlich für mehr Klarheit sorgen. Es gibt dafür verschiedene Ansätze. Zum Beispiel gibt es beim E-Government von Bund und Ländern die Diskussion darüber, die Schriftformerfordernis ein Stück weit zurückzunehmen, wo sie nicht wirklich gebraucht wird.

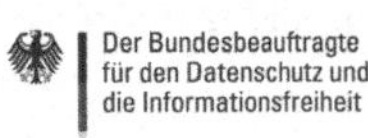

Bild 3

Das Grundrecht auf sichere Kommunikation leitet sich aus den Artikeln 1 und 2 des Grundgesetzes her in Form einer Gewährleistung der Vertraulichkeit und Integrität informationstechnischer Systeme (Bild 4). So hat es das Bundesverfassungsgericht formuliert. Aus meiner Sicht ist dies ein neuer und wichtiger Grundsatz.

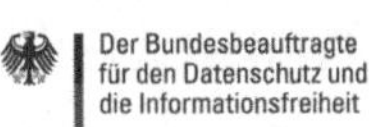

Ein neues Grundrecht (BVerfG)

Bild 4

Vor diesem Hintergrund stellt sich die Welt aus meiner Sicht heute so dar, dass wir die Fortschritte, welche wir bei Datenschutz und Sicherheit erzielen, fast nicht spüren und dass wir organisatorisch in diesem Umfeld immer noch Mängel haben. Es stellt sich die Frage, wie die Weiterentwicklung aus Sicht eines Datenschützers aussehen kann. Aus diesem Grund ist eine Arbeitsgruppe bei den Bundes- und Landesbeauftragten tätig gewesen und hat versucht, eine Weiterentwicklung der technisch-organisatorischen Regelungen vorzunehmen. Einer der wichtigsten Punkte dabei ist die Entwicklung von elementaren, das heißt verständlichen und praxistauglichen Schutzzielen (Bild 5). Das ist es, was wir als Datenschützer immer als geeignet ansehen, wenn es um die Definition des gesetzlichen Rahmens geht.

Bild 5

Die elementaren Schutzziele, wie wir sie aus der Sicherheitsecke her kennen sind Verfügbarkeit, Vertraulichkeit, Integrität, Transparenz, Zweckbindung und Intervenierbarkeit. Ich bin der Meinung, dass wir beim Thema Cloud Computing unser Augenmerk viel zu sehr auf die Vertraulichkeit richten. Die Verfügbarkeit und die Integrität sind genauso wichtig und außer durch vertragliche Absicherung ist es ganz schwierig, solche Dinge überhaupt in den Griff zu bekommen (Bild 6). Wenn Sie dazu eine Idee haben oder das Bundesministerium für Bildung und Forschung eine Ausschreibung machen würde, um diese Dinge auch technisch etwas besser absichern zu können, dann wäre das schon sehr hilfreich. Werden Ihre Daten in der Cloud beispielsweise falsch abgespeichert und landen dann irgendwo in Südosteuropa oder Asien – und es sind Prozesse vorstellbar, bei denen Sie das erst nach einem Jahr oder im Rentenalter bemerken – dann wird dieser Fehler nur ganz schwer wieder zu beheben sein. Zwar kann man dann immer noch sagen, dass in Asien niemand Ihre Daten lesen konnte, aber wenn Ihr Rentenanspruch damit auf Null gesunken ist, sieht das schlecht für Sie aus.

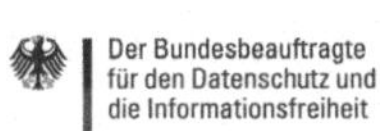

Bild 6

Unter Transparenz (Bild 7) versteht man, dass die Erhebung und Verarbeitung in personenbezogenen Verfahren nachvollziehbar, überprüfbar und bewertbar ist. Diese Transparenz muss mit einem zumutbaren Aufwand realisiert werden können. Wir haben auch heute schon im Bundesdatenschutzgesetz Formulierungen zu stehen, die immer das Gebot der Wirtschaftlichkeit im Blick haben. Ich denke, in den Ländern ist das so ähnlich.

Die Zweckbindung ist genau das, was wir heute schon oft diskutiert haben. Es müsste gleichzeitig aber auch ein abstraktes Schutzziel für die Zweckbindung geschaffen werden, damit klar ist, wofür die Daten erhoben, verarbeitet und gespeichert werden. An dieser Stelle kann man sich auch über technische Lösungen unterhalten, die sicherstellen sollen, dass der Zweck sozusagen an den Daten haftet. Als Beispiel sind hier Register zu nennen. Im Bereich der Bundesverwaltung, bei großen öffentlichen Registern, gibt es oft den Anspruch, aus anderen als den ursprünglichen Gründen die gespeicherten Daten durchzusehen. Es steht also die Frage im Raum, warum man den Kunden oder Bürger noch einmal befragen und seine Daten erheben soll, wenn diese bereits vorliegen. Es besteht Interesse daran, den Zweck von Daten einfach umzuwidmen. Genau das will man mit der Festlegung einer Zweckbindung auf Dauer verhindern.

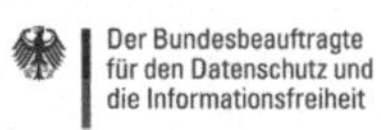

Bild 7

Die Intervenierbarkeit (Bild 8) ist aus meiner Sicht das abstrakteste Schutzziel. Hinsichtlich der Möglichkeit von Betroffenen, ihre Rechte ausüben zu können, sehe ich nur die Instrumente Sanktionen und Kontrolle. Ich sehe nur ganz wenige technische Möglichkeiten, die sich hier anwenden lassen. Natürlich kann man darüber nachdenken, die Sanktionsregelungen, die in der letzten Novelle des Bundesdatenschutzgesetzes verschärft worden sind und wo einige Dinge deutlicher formuliert wurden, noch auszuweiten. Sofern aber eine technologische Basis für solche Interveniermöglichkeiten bereitsteht, ist diese aus meiner Sicht klar vorzuziehen.

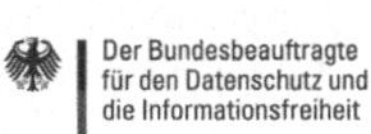

Bild 8

Die Schutzziele sollten nachhaltig sein und sie sollten auch so abstrakt formuliert sein, dass sie zum Beispiel in einem Gesetz stehen können und nicht jeder kleinen oder größeren Modernisierung der Technik angepasst werden müssen. Wünschenswert ist außerdem die Ableitung von Maßnahmen, die sich aus diesen Schutzzielen ergeben (Bild 9). Dazu kann ich mir die Entwicklung von Katalogen vorstellen, die spezifisch zu den Schutzzielen konkrete und möglicherweise auch auf bestimmte Szenarien, Produkte oder Technologien bezogene Datenschutzmaßnahmen auflisten, analog zu einem IT-Grundschutzkatalog. Das ist schon ein sehr hoher Anspruch. Wir als kleine Behörde sind weit von der Entwicklung solcher Kataloge entfernt. Die Förderung der Kataloge durch flexible, praxistaugliche IT-Verfahren ließe sich so ausbauen, dass Datenschutzaudits unterstützt werden. Datenschutzaudits sind ja ein Dauerthema, welches die Bundesregierung bereits seit zwei Legislaturperioden vor sich herschiebt. Wir haben einen Datenschutzkatalog und wir haben auch auditfähige Bausteine und entsprechende Hinweise in diesen Katalogen und da wäre es vorstellbar, dass man so etwas auch für den Datenschutz nutzt. Aus technisch-organisatorischer Sicht sind außerdem Konzepte wie Systemdatenschutz, Privacy by Design und Privacy by Default zu beachten, die möglicherweise auch in einer geeigneten Form Eingang in die Modernisierung des Datenschutzes finden müssen. Es geht darum, IT-Systeme von Anfang an so zu gestalten, dass sie den Datenschutzanforderungen entsprechen.

Bild 9

Ich möchte an dieser Stelle einige Beispiele zur Modernisierung des Datenschutzes geben (Bild 10). Die Implementierbarkeit der Löschbarkeit ist für mein Verständnis eine Konsequenz, welche sich aus der Modernisierung des Datenschutzrechts heraus ergeben muss. Versuchen Sie heute einmal, Ihre Daten bei einem großen Provider zu löschen. Das geht nur schriftlich per Post. Hier muss geklärt werden, wie man von Anfang an das Löschen von Daten, Konten oder ähnlichen Dingen realisieren kann. Wo haben wir das heute im Internet? Nirgendwo.

Der nächste Punkt ist die technische Umsetzbarkeit von Betroffenenrechten. Ich denke da an ganz einfache Dinge wie Auskunftsrechte. Diese müssen zukünftig viel deutlicher als heute gegeben sein. Unternehmen und Behörden haben heute die Daten ihrer Kunden oder Bürgerinnen und Bürger in einer webtauglichen Form vorzuliegen. Warum soll ich mich also beispielsweise nicht bei meinem

Finanzamt informieren können, welche Daten es über mich gespeichert hat. Und warum soll nicht auch die Möglichkeit bestehen, falsche Daten korrigieren zu können wenn man Kenntnis davon erlangt. Das gilt beispielsweise genauso für den Arbeitsgeber, aber auch für viele andere Bereiche.

Der neue Personalausweis ist ein guter Ansatz für ein Identitätsmanagement. Das ist aber längst noch nicht genug. Ich besitze ja heute, wie wir alle, mehr als 10 oder 20 Identitäten. Da stellt sich natürlich die Frage, wie ich einerseits selbst damit umgehen kann und wo ich andererseits zumindest auf diese personalisierte Identität wirklich verzichten kann. Die Sorge der Datenschutzbeauftragten ist ja, dass mit der Technologie, zum Beispiel des neuen Personalausweises, das Thema der pseudonymen und anonymen Nutzung noch weiter in den Hintergrund gedrängt wird.

Bild 10

Das letzte Beispiel ist die revisionsfeste Protokollierung. Der Datenschutz befindet sich heute in einem Spannungsfeld. Auf der einen Seite haben wir die Protokollierung im Sinne von Kontrollinstrumenten für den behördlichen, betrieblichen

Datenschutzbeauftragten und für Datenschutzkontrollstellen. Auf der anderen Seite entstehen noch einmal viele personenbezogene Daten, die möglicherweise in Unternehmen, Behörden und an anderen Stellen herumliegen, ohne dass eine vernünftige Regelung zum Umgang mit diesen Daten besteht. An dieser Stelle benötigen wir stärkere Regelungen, wie wir mit diesen Daten auf Dauer umgehen und für welche Zwecke wir sie letztendlich aufheben.

Ein neues Datenschutzrecht muss die eben angerissenen technischen Themen und Entwicklungen berücksichtigen (Bild 11). Das ist leichter gesagt, als getan. Ich denke, wir alle einschließlich des Bundesministeriums für Bildung und Forschung, tun uns mit der Prognose technischer Entwicklungen schwer. Daher benötigen wir die Formulierung allgemeiner Schutzziele, um die Integration von technischen Neuerungen in dieser Form in das Datenschutzrecht zu gießen. Das ist insgesamt keine leichte Aufgabe, aber der Bundesinnenminister hat angekündigt, dass er in Sachen Modernisierung des Datenschutzrechts ein Stück weit vorangehen will.

Vielen Dank meine Damen und Herren.

Bild 11

Teilnehmer

Wie geht es denn jetzt weiter mit der Modernisierung des Datenschutzrechts?

Johannes Landvogt

Der Bundesbeauftragte für den Datenschutz und die Informationsfreiheit und die Landesbeauftragten haben Anfang des Jahres ein Eckpunktepapier zur Modernisierung des Datenschutzrechts veröffentlicht. Dieses Papier stellt einen gewissen Appellcharakter an das Bundesministerium des Innern dar, welches als die zuständige Stelle dafür verantwortlich ist, die Modernisierung des Datenschutzrechts voranzubringen. Ich kann allerdings keine Prognose zum Stand der Planung treffen. Es ist so, dass bereits die vorhergehende Bundesregierung den § 9a im Bundesdatenschutzgesetz zu stehen hatte, welcher besagt, dass der Datenschutzaudit durch ein weiteres Gesetz geregelt wird. Die vorhergehende Bundesregierung als Gesetzgeber hat das auch als hohes Ziel definiert. Dann ist eine Legislaturperiode lang nichts passiert und auch in dieser Legislaturperiode wird bei der Modernisierung des Datenschutzrechts hinsichtlich Datenschutzaudit meiner Meinung nach nichts passieren. Das bedeutet, dass ich keine Prognose darüber wagen werde, ob wir nun eine Gesetzesnovelle bekommen, die daraus besteht, dass der Bundesinnenminister wie mit seiner veröffentlichten rote Linie vielleicht einzelne Schritte und kleinere Verbesserungen oder Korrekturen vornimmt oder ob eine grundsätzliche und ganzheitliche Überarbeitung des Datenschutzrechts vorgenommen wird, wie es von Datenschutzeinrichtungen seit langem gefordert wird.

Teilnehmer

Wie sieht das bezogen auf Europa aus? Was geschieht mit der EU-Richtlinie zum Datenschutz?

Johannes Landvogt

Es gibt natürlich auch Diskussionen über die Modernisierung der EU-Richtlinie zum Datenschutzgesetz. Dazu gibt es aber auch unterschiedliche Einschätzungen. Es gibt Datenschutzstellen, die das für eine gute Sache halten. Es gibt aber auch Institutionen, die in einer Modernisierung der EU-Richtlinie die Gefahr der Abschwächung von Datenschutzvorgaben sehen. Ich bin über den Sachstand nicht ausreichend informiert, aber es gibt durchaus das Ansinnen der Europäischen Kommission zur Modernisierung dieser Datenschutzrichtlinie.

Teilnehmer

Wie hoch ist denn das Budget der Bundes- und Landesbeauftragten für Datenschutz? Was gibt die Bundesrepublik Deutschland eigentlich für den Datenschutz aus?

Johannes Landvogt

Das ist eine gute Frage, die ich aber leider gar nicht so genau beantworten kann. Ich werde jetzt also keine wirklichen Zahlen nennen können. Es sieht so aus, dass der Bundesbeauftragte für den Datenschutz und die Informationsfreiheit den Kontrollbereich für alle Institutionen inne hat, die zum Bund gehören, alle Institutionen der Sozialversicherung, also alle Ersatzkassen und Rentenversorgungssysteme, sowie den Telekommunikationsbereich mit etwa 300 Unternehmen. Er leistet seine Aufgaben in diesem Umfeld mit etwa 70 Mitarbeitern. Dies entspricht im Wesentlichen unserem Budget. Außerdem haben wir einen relativ großen Reisetitel, da diese Behörden und Institutionen über ganz Deutschland verteilt sind. Außerdem haben wir seit ungefähr einem Jahr ein Forschungsbudget im Umfang von etwa 100.000 Euro. Dieses Budget ist für dieses Jahr aber bereits fest verplant. Es beinhaltet Forschung für technologische Themen. Darin geht es unter anderem um die Überlegung, ob wir im Internet eine Suche nach Datenschutzverletzungen in bestimmten Anwendungsfällen stärker automatisiert durchführen wollen. Es geht dabei aber auch um die Forschung im rechtlichen Bereich, wie zum Beispiel die Verbesserung der Qualität von Evaluationen bei Gesetzesvorhaben. In diesem Bereich laufen zurzeit drei oder vier Forschungsvorhaben.

Ich muss noch erwähnen, dass wir vor Kurzem um zehn Mitarbeiter gewachsen sind. Dies liegt im Wesentlichen daran, dass wir seit Neuestem auch für die Kontrolle und Unterstützung bei Datenschutzfragen zum Sozialgesetzbuch II zuständig sind.

Teilnehmer

Sie haben eben mehrfach die Notwendigkeit technischen Datenschutzes angesprochen. Wie eng ist denn Ihre Zusammenarbeit mit dem Bundesamt für Sicherheit in der Informationstechnik? Das BSI hat sich ja zum Beispiel im Rahmen der De-Mail bereits besonders hervorgetan und es so weit gebracht, dass der De-Mail-Verkehr sozusagen unter seiner Fach- und Rechtsaufsicht ablaufen wird. Beim letzten Hearing gab es viele Bedenken, dass der Datenschutz dabei zu kurz kommt. Wie werden diese Bedenkenträger bedient?

Johannes Landvogt

Die Aufgaben des Bundesamtes für Sicherheit in der Informationstechnik sind im BSI-Gesetz geregelt, welches im August 2009 novelliert wurde. Nach diesem Gesetz ist das BSI zur Unterstützung des Bundesbeauftragten für den Datenschutz und die Informationsfreiheit verpflichtet. Wir nutzen das auch, indem wir uns fachlich austauschen. Wir haben dabei auch keinerlei Berührungsängste, sondern gehen gezielt auf das BSI zu, wenn wir beispielsweise eine Expertise benötigen, um Fragestellungen im Detail klären zu können. Umgekehrt läuft das ebenso. Ich kann also nur bestätigen, dass die Zusammenarbeit mit dem BSI an dieser Stelle sehr gut läuft. Mit der De-Mail haben ja sowohl das BSI als auch der Bundesbeauftragte für den Datenschutz und die Informationsfreiheit eine neue Aufgabe erhalten. Das BSI ist zuständig hinsichtlich der Sicherheitskonzepte der De-Mail-Provider und der BfDI hinsichtlich der Datenschutzkonzepte. Der weitere Prozess sieht dann so aus, dass ein Unternehmen, welches als De-Mail-Provider auftreten möchte, beim BSI den „Sicherheitsstempel" und beim BfDI den „Datenschutzstempel" beantragen muss, bevor es De-Mail anbieten kann.

6 Neue Identitätskarten – aktuelle Trends und ein Blick in die Zukunft

Thomas Löer

Sichere Identitäten spielen in unserer modernen Informationsgesellschaft eine wichtige Rolle. Entsprechend sind weltweit neue Generationen von Identitätsdokumenten gefragt und viele Länder investieren derzeit in hochsichere Personalausweise, Reisepässe und Führerscheine. Innovative Konzepte mit einer Kombination aus klassischem Sicherheitsdruck und elektronischen Komponenten machen die Dokumente fälschungssicher und erhöhen den Schutz der sensiblen Daten (Bild 1).

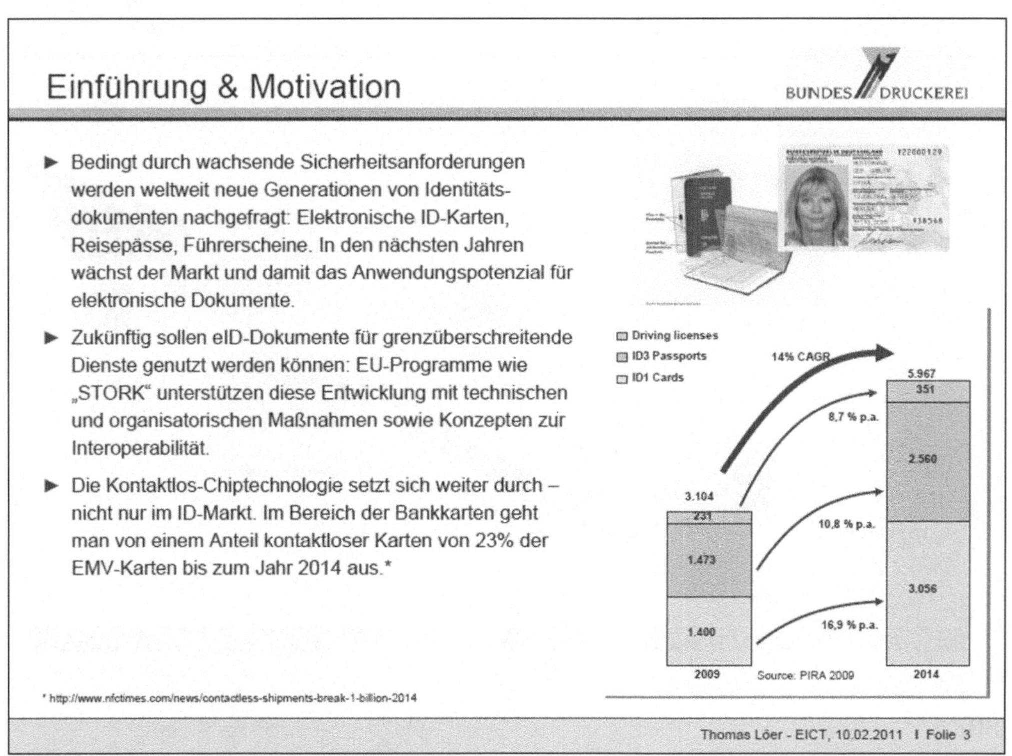

Bild 1

„Sichere Identitäten" zu gewährleisten ist eine der großen Herausforderungen des 21. Jahrhunderts. Dazu müssen innovative Systeme, die mit den wachsenden Sicherheitsanforderungen der globalen Informationsgesellschaft Schritt halten können, neu erdacht und umgesetzt werden. Gleichzeitig wird die Nutzung elektronischer Identitäten im digitalisierten Alltag zunehmend zum Prüfstein eines modernen Sicherheitsverständnisses. Wenn Menschen rund um den Globus reisen, via Internet kommunizieren oder elektronisch gestützte Transaktionsprozesse nutzen, müssen leistungsfähige Netzwerke und Systeme heute mehr denn je zum Schutz persönlicher Daten bereit stehen.

Deutschland hat auf diesem Weg bereits wichtige Meilensteine gesetzt (Bild 2). 2005 wurde der elektronische Reisepass eingeführt, 2010 folgte der neue Personalausweis und in diesem Jahr werden mit einer neuen Version des EU-Kartenführerscheins und mit dem elektronischen Aufenthaltstitel gleich zwei weitere Projekte umgesetzt.

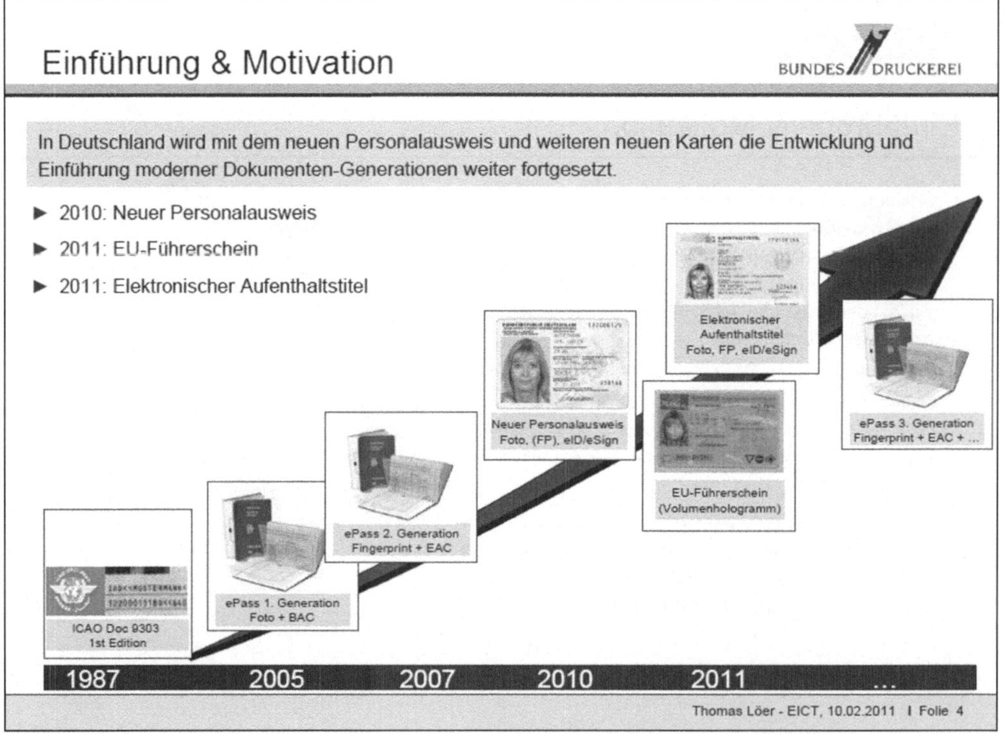

Bild 2

Jedes dieser ID-Projekte setzt neue Maßstäbe in Sachen Sicherheit. So punktet zum Beispiel der neue Personalausweis mit einem innovativen Dokumentenkonzept, das physische und elektronische Sicherheit auf Basis modernster Technologien und Standards garantiert (Bild 3). Beispielgebend sind auch die Gesamtarchitektur des Systems sowie die Schaffung gesetzlicher und organisatorischer Rahmenbedingungen.

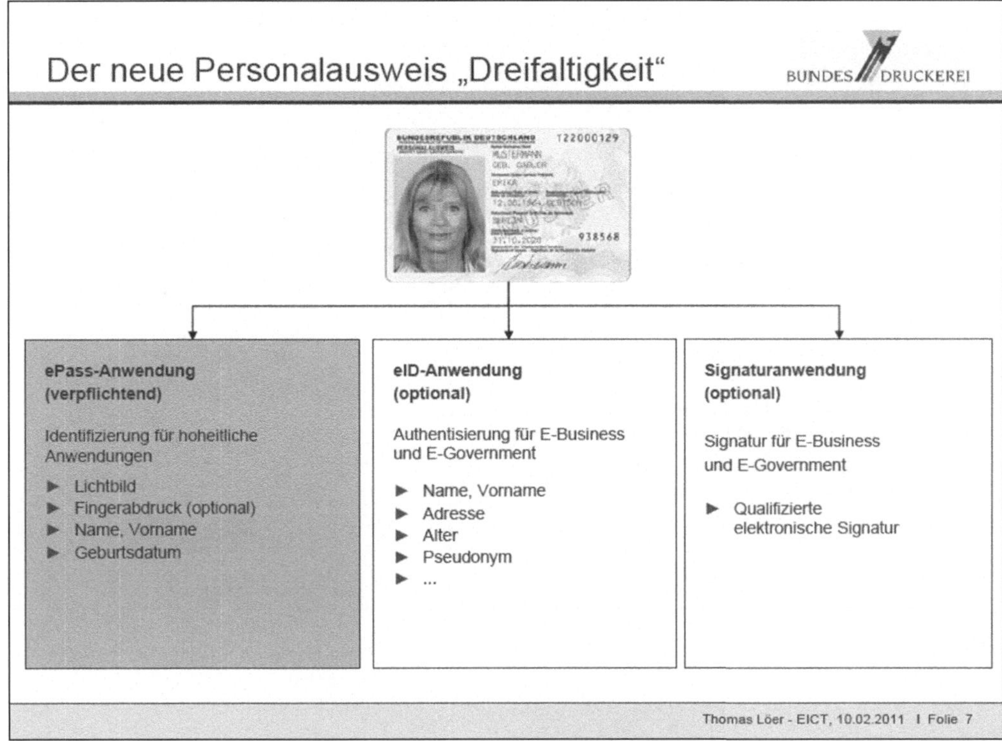

Bild 3

Innovatives Dokumentenkonzept

Der neue Personalausweis, den die Bundesdruckerei in Berlin herstellt, hat ein modernes ID-1-Format (Scheckkartengröße) und besteht aus einer langlebigen Polycarbonat-Karte mit einem kontaktlosen Chip (Bild 4). Integriert sind bewährte und neue Sicherheitsmerkmale, wie zum Beispiel das Identigramm® – ein weltweit einmaliges Kopierschutzmerkmal, das auch für den Nutzer einfach erkennbar ist. Weitere Merkmale sind optisch variable Farben, mehrfarbige Guillochen, UV-Sicherheitsmerkmale wie Mikroschriften oder floureszierende Melierfasern, ein personalisierter Sicherheitsfaden, eine Oberflächenprägung, ein Laserkippbild sowie taktile Merkmale (Bilder 5-9).

Der neue Personalausweis

Der neue Personalausweis setzt Maßstäbe in Sachen Sicherheit: Mit einem innovativen Dokumenten-konzept, das physische und elektronische Sicherheit auf Basis modernster Technologien und Standards garantiert, der Gesamtarchitektur des Systems sowie der Schaffung gesetzlicher und organisatorischer Rahmenbedingungen.

Der neue Personalausweis:

► Modernes, handliches ID-1 Format (Scheckkartengröße)

► Langlebige Polycarbonat-Karte

► Bewährte und neue Sicherheitsmerkmale,
  wie z.B. Identigram®, Innosec® Fusion

► Integration eines kontaktlosen Chips

► Neue elektronische Sicherheitsmechanismen,
  wie z.B. PACE-Protokoll

► Elektronischer Identitätsnachweis und Elektronische Signatur
  für E-Government- und E-Business-Anwendungen

► Der Identitätsnachweis erfolgt über „traditionelle" optische
  sowie neue elektronische Funktionen

Thomas Löer - EICT, 10.02.2011 I Folie 6

Bild 4

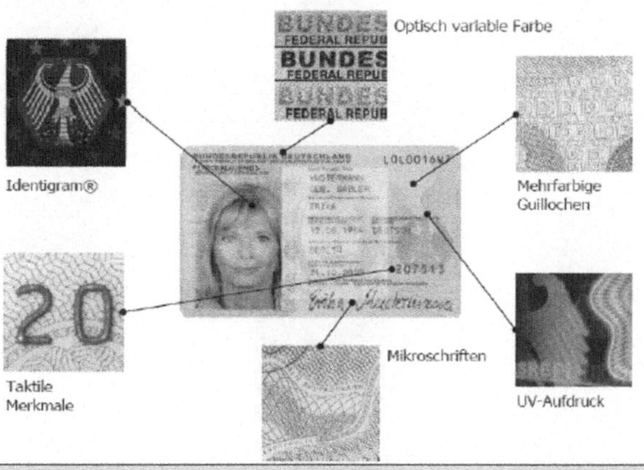

Der neue Personalausweis
BUNDES DRUCKEREI
Der neue Personalausweis ist ein High-Tech-Dokument, das neben der kontaktlosen Chip-Technologie eine Vielzahl von Sicherheitsmerkmalen enthält. Dabei ist das Identigram® eines der präsentesten Merkmale, das für den Nutzer einfach erkennbar ist.
► Sicherheitsmerkmale der Kartenvorderseite
Optisch variable Farbe
Identigram®
Mehrfarbige Guillochen
Taktile Merkmale
Mikroschriften
UV-Aufdruck
Quelle: BKA
Thomas Löer - EICT, 10.02.2011 I Folie 8

Bild 5

Der neue Personalausweis
BUNDESDRUCKEREI
► Sicherheitsmerkmale der Kartenrückseite
Laserkippbild
31.10.10
Mikroschriften
Mehrfarbige Guillochen
Oberflächen-prägung
Melierfasern
Personalisierter Sicherheitsfaden
Quelle: BKA
Thomas Löer - EICT, 10.02.2011 I Folie 9

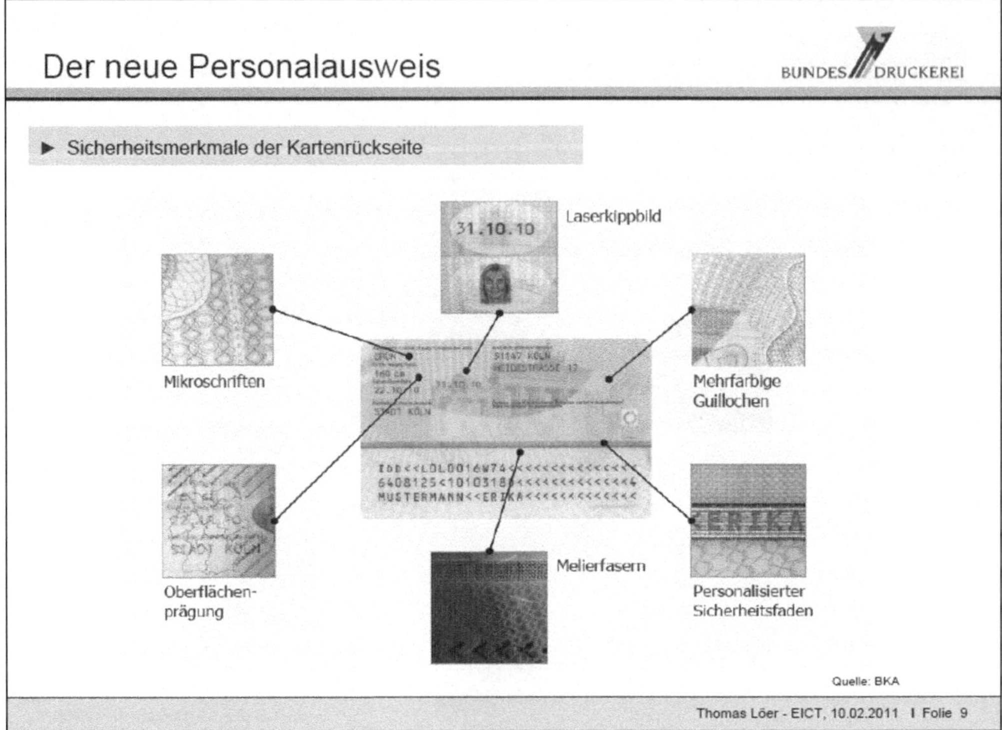

Bild 6

Der neue Personalausweis
BUNDESDRUCKEREI
▶ Identigram®: Weltweit einmaliges Kopierschutzmerkmal
Kinematische
Bewegungsstrukturen
Holografisches
Portrait
Holografische
Seriennummer
Kontrastumkehr
3D-
Bundesadler
Mikro- und
Makroschriften
Maschinell
prüfbare Struktur
Holografische Wiederholung der
Namenszeile (1. MLZ)
Quelle: BKA
Thomas Löer - EICT, 10.02.2011 I Folie 10

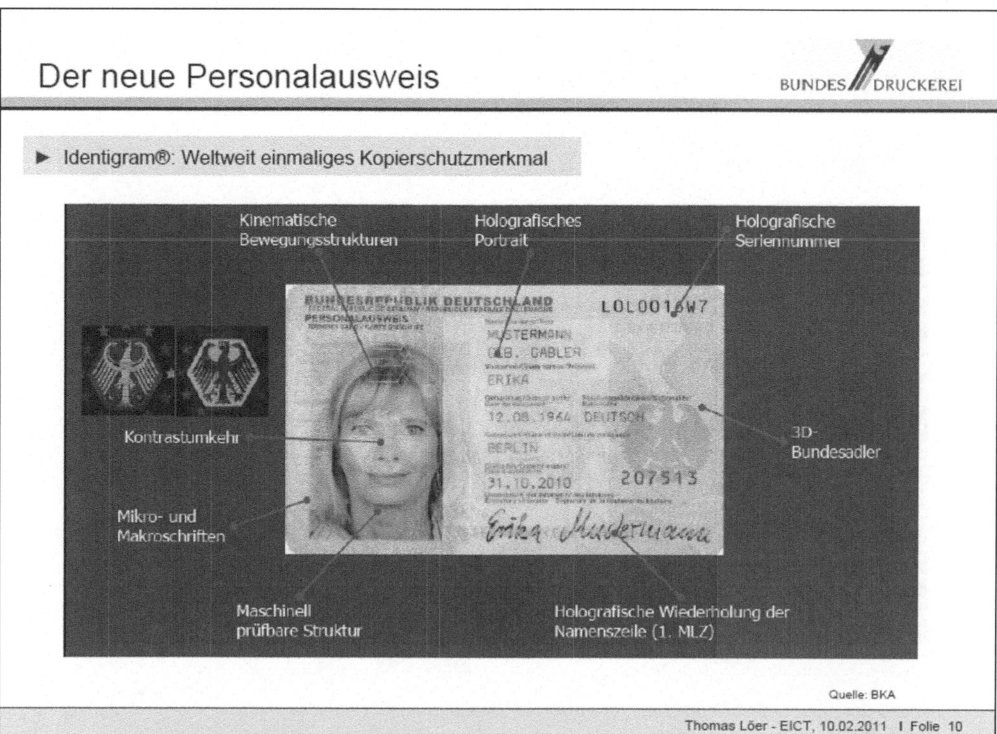

Bild 7

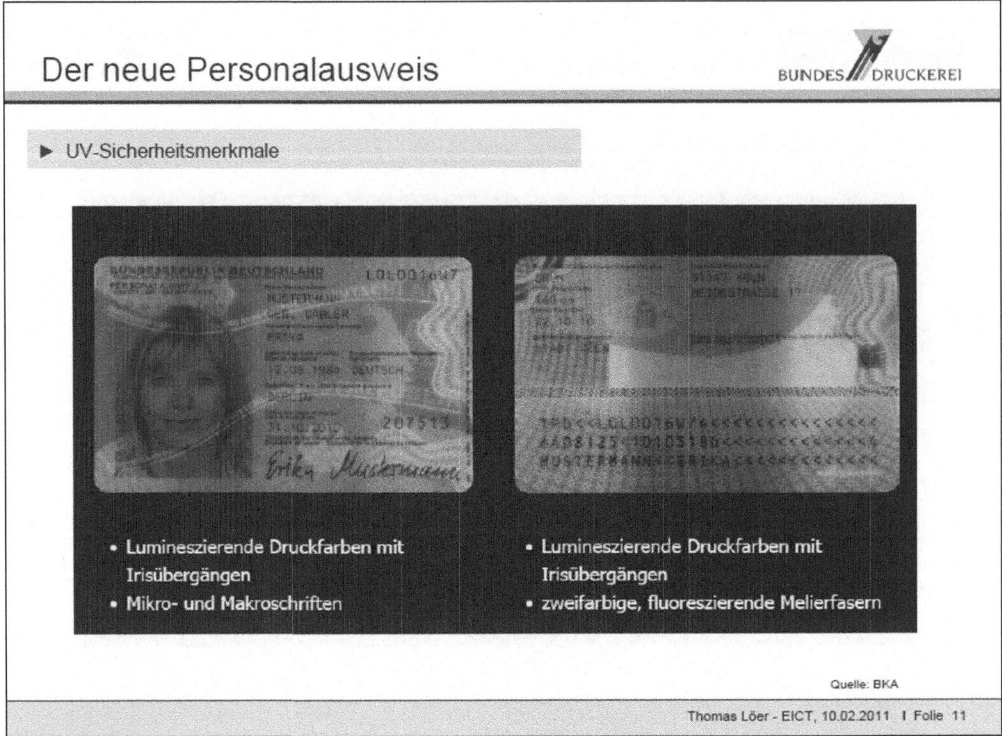
Der neue Personalausweis
BUNDES DRUCKEREI
▶ UV-Sicherheitsmerkmale
• Lumineszierende Druckfarben mit
  Irisübergängen
• Mikro- und Makroschriften
• Lumineszierende Druckfarben mit
  Irisübergängen
• zweifarbige, fluoreszierende Melierfasern
Quelle: BKA
Thomas Löer - EICT, 10.02.2011 I Folie 11

Bild 8

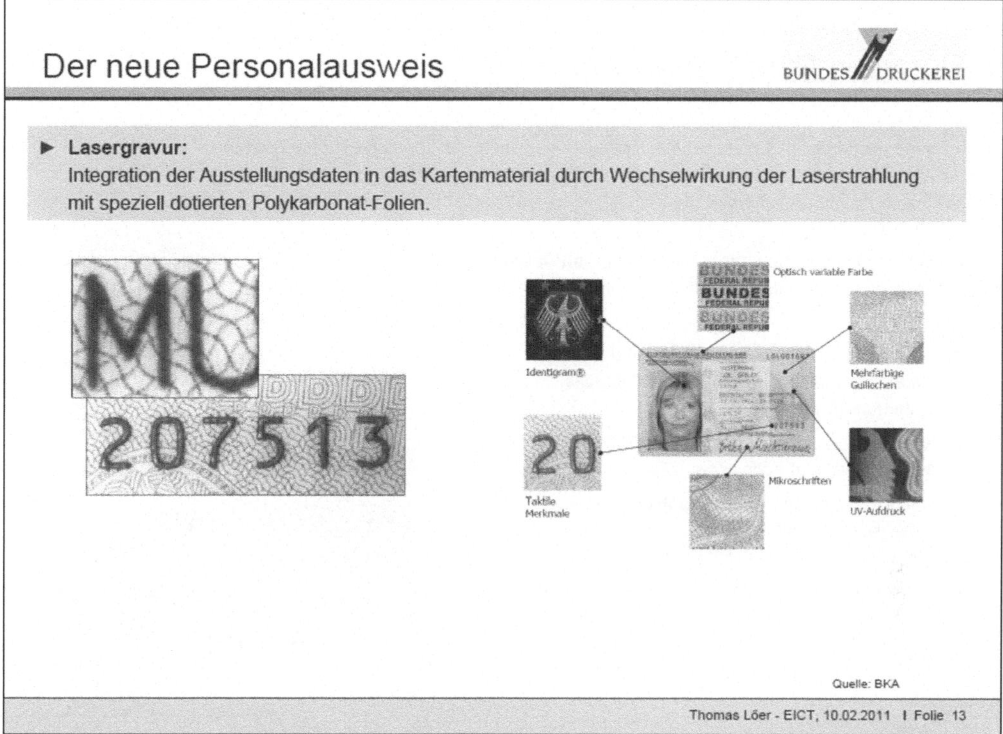

Bild 9

Erstmalig eingesetzt wurde die von der Bundesdruckerei entwickelte innovative Farbpersonalisierungstechnologie „InnosecFusion®" (Bild 10). Diese Technologie für hochsichere Karten mit Polycarbonat-basierten Tinten ermöglicht brillante Farbbilder und gleichzeitig höchste Sicherheit. Bilddaten und Kartenkörper bilden einen unlösbaren Verbund und damit Schutz vor Manipulationsversuchen. Durch spezielle materialkompatible Tintenformulierung können die Ausstellungsdaten des Dokuments direkt in das Kartenmaterial integriert werden. Dies geschieht durch eine Wechselwirkung der Laserstrahlung mit speziell dotierten Polykarbonat-Folien. Durch die softe PC-Substrat-Oberfläche kann die Tinte in die Folienschicht und den Kartenkörper eindringen. Im Ergebnis kann der Kartenkörper nicht mehr delaminiert werden.

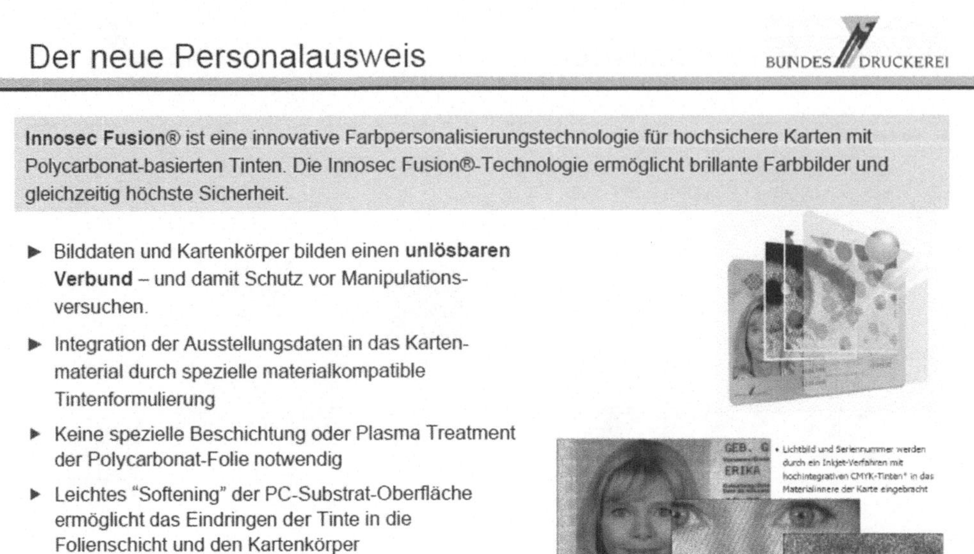

Bild 10

Beim neuen Personalausweis wurden neue elektronische Sicherheitsmechanismen, wie das PACE-Protokoll („Password Authenticated Connection Establishment"), umgesetzt und Möglichkeiten zum elektronischen Identitätsnachweis und der elektronischen Signatur für eGovernment- und eBusiness-Anwendungen geschaffen.

Produktion des neuen Personalausweises

Jetzt möchte ich noch einen Einblick in unsere Produktion geben (Bild 11). Oben rechts im Bild 11 ist der Spezialtintenstrahldrucker abgebildet. Unten links ist die Laminiermaschine zu sehen. Symbolisch dargestellt ist die Applikation des Hologramms auf die Karte.

Bild 11

Bild 12 zeigt die Lasergravuranlagen und Kartenstanzen. Oben rechts im Bild ist ein Turm zu sehen, in welchem die Karten elektrisch personalisiert werden. Dies geschieht im Parallelbetrieb von jeweils zehn Leseköpfen, damit ein entsprechender Durchsatz erreicht wird. Die Produktion ist auf etwa 50.000 Karten pro Tag ausgelegt.

Bild 12

ID-Dokumente der Zukunft

Die alleine für die beiden deutschen ID-Projekte ePass und neuer Personalausweis aufgebauten Infrastrukturen machen deutlich, welchen komplexen Anforderungsprofilen moderne Systemlandschaften genügen müssen, um Bürgern, Behörden und allen zuständigen Kontrollinstanzen das geforderte Maß an Datenschutz und Datensicherheit zu garantieren. Schon heute wird das erworbene Wissen für die Entwicklung der nächsten und übernächsten Generation hochsicherer ID-Karten genutzt. So enthält die zweite Generation des EU-Kartenführerscheins, die ab diesem Jahr ausgegeben wird, neben bewährten Sicherheits- und Designelementen weitere neue Merkmale. Dazu zählt ein vollflächiges Volumenhologramm mit kinematischem Kippeffekt (Bild 13), ein Sicherheitsfaden mit integrierter Mikroschrift auf der Kartenrückseite oder der lasergravierte Name des Karteninhabers in Mikroschrift in vertikaler Position zum Bild (Bild 14).

EU-Führerschein
BUNDES DRUCKEREI
▶ Volumenhologramm / Hologrammstreifen
Quelle: BKA
Thomas Löer - EICT, 10.02.2011 I Folie 17

Bild 13

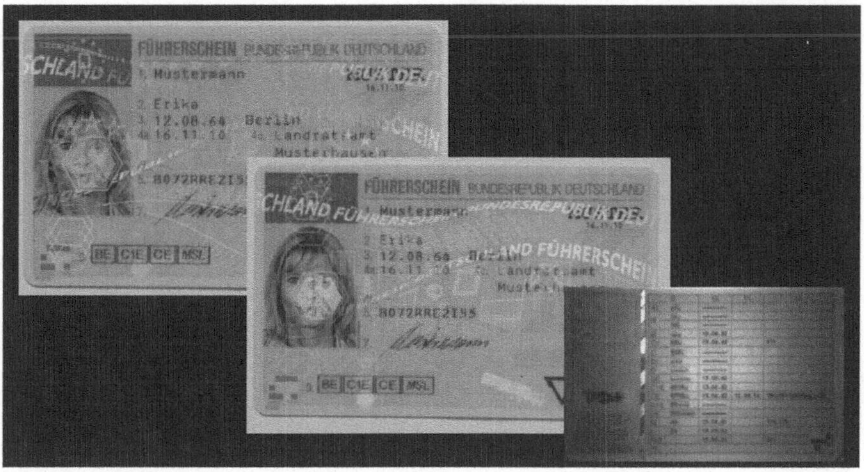

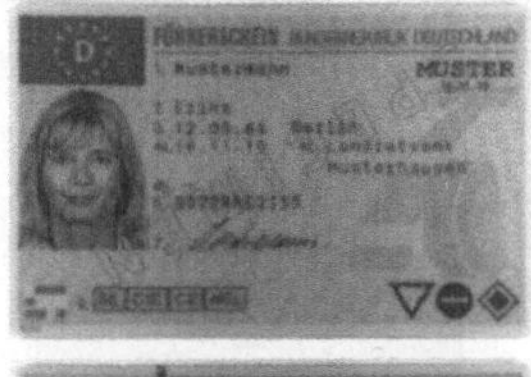
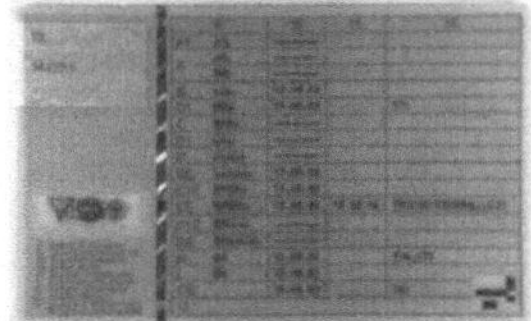

Bild 14

Mit der Entwicklung verschiedenster neuer Sicherheitsmerkmale für den physischen Kartenkörper wird der Fälschungsschutz zukünftig weiter erhöht. Trends dabei sind ein hoher Grad der Individualisierung des Dokumentes – mit diversen personalisierten Dokumenten-Merkmalen – sowie die Verschmelzung der Features und Layer zu einem hochintegrativen Kartenverbund. In der Zukunft könnte beispielsweise zusätzlich zum „normalen" Passbild ein halbtransparentes Fenster im Kartenkörper das Passfoto des Inhabers zeigen (Bild 15). Denkbar ist auch ein zweites Bild – das so genannte „Ghost Image" des Dokumenteninhabers – in die Datenseite einzubringen (Bild 16). Eine weitere Zukunftsperspektive ist, personen- beziehungsweise dokumentenbezogene Informationen, wie Name oder Kartennummer, auf den seitlichen Kartenrand zu personalisieren (ebenfalls Bild 15).

Trends & Zukunftsperspektiven

Mit der Entwicklung verschiedenster neuer Sicherheitsmerkmale für den physischen Kartenkörper wird der Fälschungsschutz weiter erhöht. Allgemeine Trends im Bereich der Karten sind ein **hoher Grad der Individualisierung des Dokumentes – mit diversen personalisierten Dokumenten-Merkmalen – sowie die „Verschmelzung" der Features und Layer zu einem hochintegrativen Kartenverbund.**

▶ **„Window"-/Fenster-Merkmal**

- Halb-transparentes Fenster im Kartenkörper zeigt das Passfoto des Inhabers

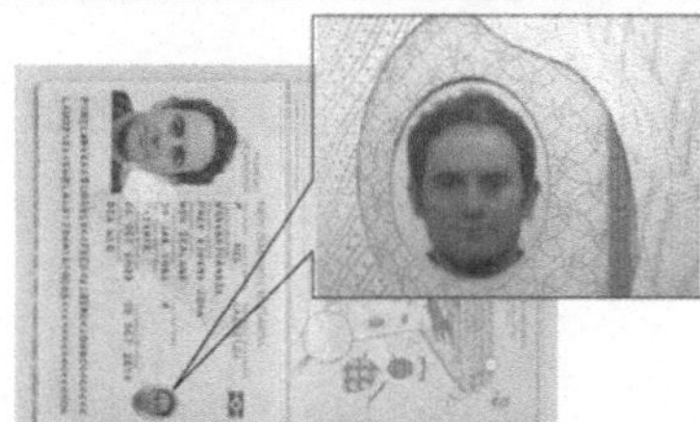

▶ **Personalisierter Kartenrand**

- Personen- bzw. dokumentenbezogene Informationen wie der Name oder die Kartennummer werden auf den Kartenrand personalisiert.

Thomas Löer - EICT, 10.02.2011 I Folie 19

Bild 15

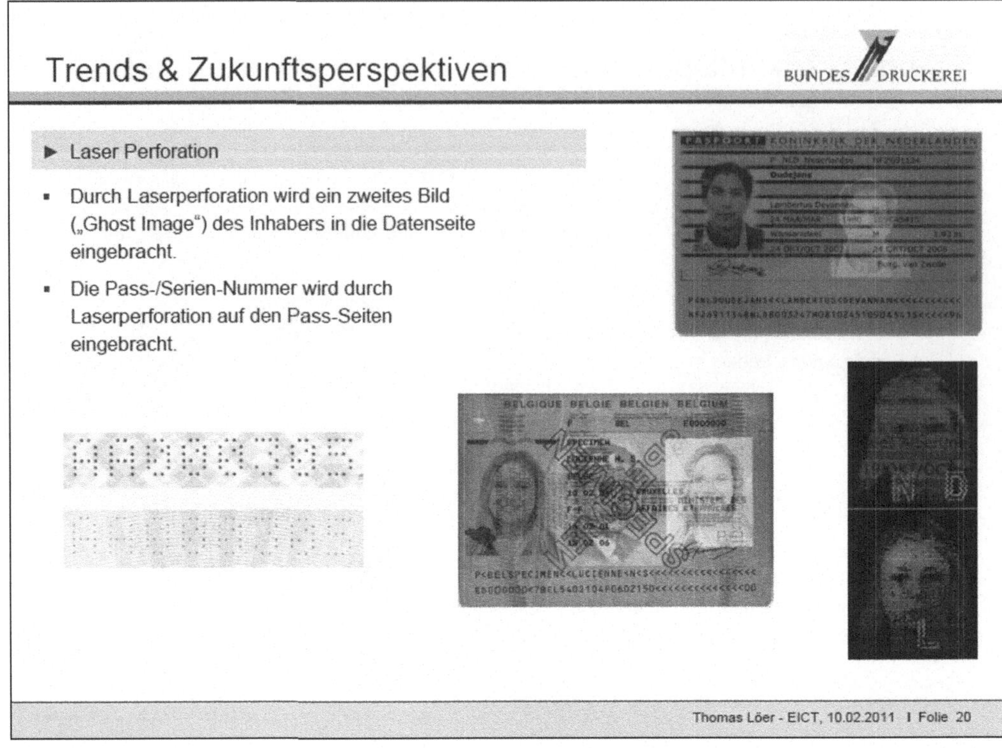

Bild 16

Bild 17 zeigt eine Zusammenstellung, wie sich auf der einen Seite Daten digital und elektronisch schützen lassen und wie man auf der anderen Seite das Ganze drucktechnisch umsetzen kann.

Trends & Zukunftsperspektiven

► Analogien von Sicherheitsmechanismen in ID-Dokumenten

Angriffsszenarien / Typische Dokumenten-Delikte		Schutzmechanismen / Prüfmöglichkeiten	
		Digital / Elektronisch (Chip-Mechanismen & Infrastruktur)	Analog / Physisch (Dokument/Karte)
Document Fraud / Identity Fraud	Verfälschung / Manipulation oder Totalfälschung	Passive Authentication (Chip-Daten sind authentisch) Prüfmechanismen via PKI (Zertifikate)	Innosec Fusion®, Laserpersonalisierung, Identigram®, OVI, Hologramme, Guillochenschutzunterdruck
	Kopie	Active Authentication (Chip ist nicht geklont)	Anti-Copy-Sicherheitsmerkmale, z.B. Mikroschrift, Irisdruck
	Unberechtigter Zugriff / Nutzung von Personendaten	BAC, EAC, PACE	Sicheres Aufbewahren der Karte bzw. „Geschlossenes Passbuch", Hinterlegungsverbot (neu), Aushändigung nur an berechtigte Personen
	„Look-alike"	Biometrische Verifikation durch Vergleich Pass-Bild / Live-Bild	Hohe Bildqualität, Redundante Darstellung des Lichtbildes z.B. als Identigram® oder CLI
	Mißbrauch von (Blanko)-Dokumenten	Hoheitliche Signatur des Dokumentes / Chips mit Zertifikatsprüfung	Innosec® Fusion, personalisierte Dokumenten-Merkmale, Einbringen eines digitalen Siegels im Personalisierungsverfahren

Thomas Löer - EICT, 10.02.2011 I Folie 21

Bild 17

Displays in Dokumenten sind eine konsequente Weiterentwicklung im Bereich eIdentity. Sie sind das bislang fehlende Bindeglied zwischen den optischen Merkmalen des klassischen Sicherheitsdrucks und dem integrierten Chip (Bild 18). Displays stellen ein einzigartiges Sicherheitsmerkmal gegen Dokumenten-fälschungen und Identitätsdiebstahl dar und bieten neue Möglichkeiten für eID-Anwendungen. So können Chipdaten, wie Adresse, Visa-Angaben oder Einmal-Passwörter – so genannte „One-Time-Pad" (OTP) – visualisiert werden. Bei Transaktionen kann der Status angezeigt werden. Ein farbiges 3D-Bild würde das traditionelle Foto ersetzen und durch die Video-Identifikation verbleiben sensible biometrische Informationen im Dokument und müssen künftig nicht mehr zum Verifikationssystem übertragen werden. Außerdem ermöglichen Displays die Anzeige von Manipulationsversuchen und zusätzliche forensische Prüfungen.

Trends & Zukunftsperspektiven

BUNDESDRUCKEREI

Display-on-Card: Konsequente Weiterentwicklung & Neue Anwendungen

- ▶ Displays in Dokumenten sind eine **konsequente Weiterentwicklung** im Bereich eIdentity und ermöglichen **neue Anwendungen**.

- ▶ Sie sind das (bisher fehlende) **Bindeglied zwischen den optischen Merkmalen des klassischen Sicherheitsdruckes und dem integrierten Chip.**

- ▶ Displays sind ein einzigartiges Sicherheitsmerkmal gegen **Dokumentenfälschungen und Identitätsdiebstahl** und bieten neue Möglichkeiten für **eID-Anwendungen**

- ▶ **Nutzen & Mehrwert** der Technologie:
  - Visualisierung von Chipdaten, wie Adresse, Visa-Angaben oder Anzeige von Einmal-Passwörtern (sog. OTP)
  - Status-Anzeige von Transaktionen
  - Brillante Bildwiedergabe: Ersatz des traditionellen Fotos durch ein farbiges 3-D-Bild
  - "Video-Identifikation" im Dokument: Sensible Daten müssen nicht zum Verifikationssystem übertragen werden
  - Anzeige von Manipulationsversuchen
  - Zusätzliche forensische Prüfmöglichkeiten

Thomas Löer - EICT, 10.02.2011 I Folie 23

Bild 18

Die Display-on-Card-Technologie bedient alle Sicherheitslevel (Bild 19): Sie enthält sichtbare Information (wie Adressdaten oder Visa-Informationen), optische Kommunikation (wie zum Beispiel ein dynamisches Sicherheitsmerkmal und Wasserzeichen) und nutzt Sicherheitsmaterialien (wie exklusive personalisierte Materielien).

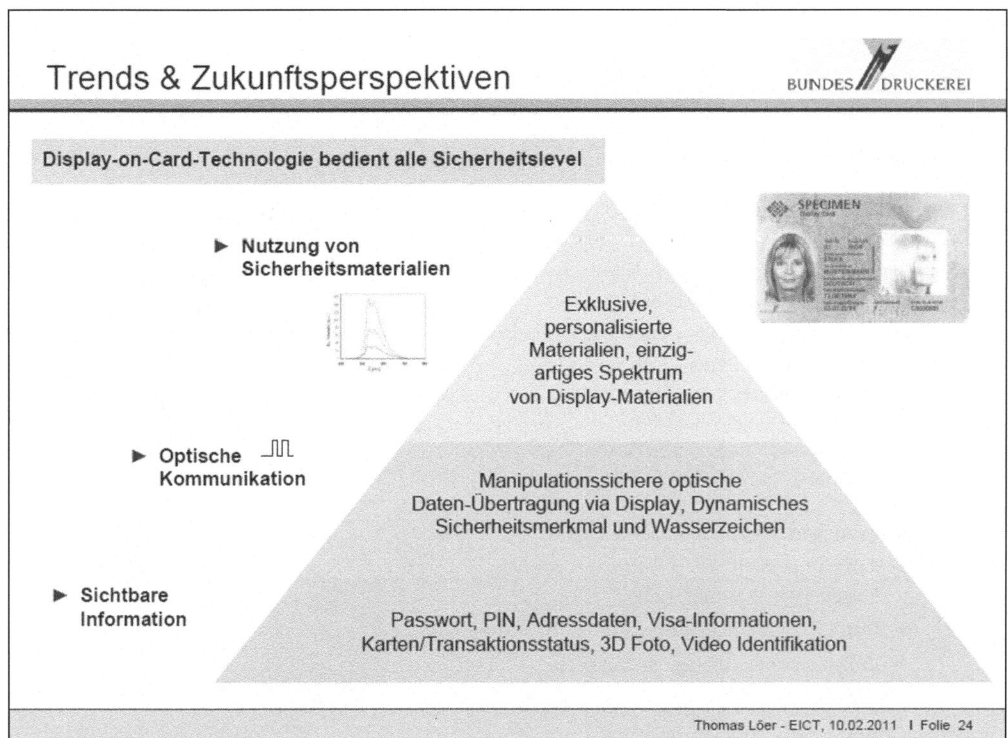

Bild 19

Displays im Bundesdruckerei-Betriebsausweis

Um die Funktionsfähigkeit dieser neuen Technologie zu demonstrieren und Erfahrungen in einem realen Umfeld zu sammeln, setzt die Bundesdruckerei die Display-Technologie in ihrem eigenen Betriebsausweis ein (Bild 20). Der kontaktlose Betriebsausweis besteht aus einem PC-Kartenkörper mit gedruckter Antenne und einem Sicherheitschip nach ISO 14443, der ohne interne Batterie auskommt. In den Kartenkörper ist ein flexibles ePaper-Display integriert, das Chipdaten nutzerfreundlich visualisiert. Für die farbige Personalisierung wird die Eigenentwicklung InnosecFusion® eingesetzt. Die verwendeten OLED-Displays (OLED = Organic Light Emitting Diodes) sind besonders dünn und flexibel und verbrauchen wenig Strom (Bild 21). Bilder und Videos werden in brillanter Farbe wiedergegeben. Weitere Anwendungsmöglichkeiten für diese Technologie wären beispielsweise der Fahrzeugschein (Anzeige des Autokennzeichens) oder Besucherausweise bei Großevents (Statusanzeige).

Trends & Zukunftsperspektiven
BUNDES DRUCKEREI
Display-on-Card in der Anwendung: Bundesdruckerei-Betriebsausweis
► Kontaktloser Betriebs-Ausweis
► PC-Kartenkörper
► Gedruckte Antenne & Sicherheitschip
► Farbpersonalisierung mit Innosec® Fusion
► Kontaktloser Chip ISO 14443, keine interne Batterie
► Integriertes flexibles ePaper Display
    • Nutzerfreundliches Interface zur
      Visualisierung der Chipdaten
    • PIN, Passwort für sicheren Online-Zugang (VPN)
    • Sichtbarer Kartenstatus, Abteilungsname
► Weitere Anwendungsmöglichkeiten
    ► Fahrzeugschein: Anzeige Kfz-Kennzeichen;
      Elektronische Kfz-Ummeldung
    ► Event: Status des Besuchers
    ► ID-Dokumente: Anzeige der Adresse
Thomas Löer - EICT, 10.02.2011 I Folie 25

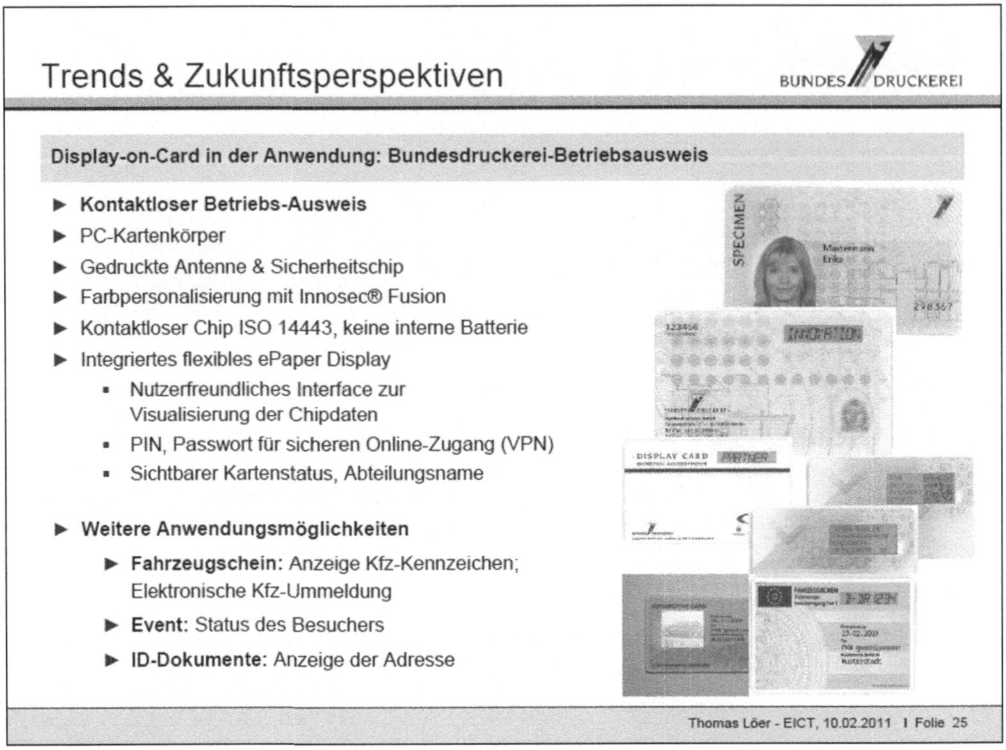

Bild 20

Trends & Zukunftsperspektiven

BUNDES DRUCKEREI

Display-on-Card

► **Vorteile der OLED-Technologie:**

- Dünn, flexibel, geringer Stromverbrauch
- Brillante Farbe und Video
- Gedruckte Materialien
- Dokumenten-Manipulation verursacht Display-Ausfall
- 'Video identification on card': Sensible biometrische Informationen bleiben in der Karte / im Chip

► **Einzigartige Sicherheitsfeatures**

- Maschinenlesbare Daten
- Optische Datenkommunikation via Display
- Forensische Information

► **Exzellente Technologie für kontaktlose ID-Karten**

Display size	2"
Resolution	240 x RGB x 320 (200ppi)
Color depth	8 bit RGB (260K)
Brightness	200cd/m2
Contrast (dark room)	10,000:1
Color gamut	NTSC > 100%
Thickness	50µm

World's thinnest flapping AMOLED display

SAMSUNG

MOBILE DISPLAY

*OLED: Organic Light Emitting Diodes

Thomas Löer - EICT, 10.02.2011 I Folie 26

Bild 21

Ein weiteres großes Zukunftsthema ist die mobile Identifikation per Handy. Die Vereinheitlichung der internationalen Standardisierung im Sinne des „Near Field Communication"-Standards (NFC) wird dazu führen, eID-Karten auch mit einem Mobiltelefon nutzen zu können. Damit könnten in Zukunft eID-Karten beziehungsweise eID-Services in mobilen Szenarien eingesetzt werden. Die Bundesdruckerei treibt diese Entwicklung in den zuständigen europäischen Normungs-Komitees und im international agierenden NFC-Forum voran (Bild 22).

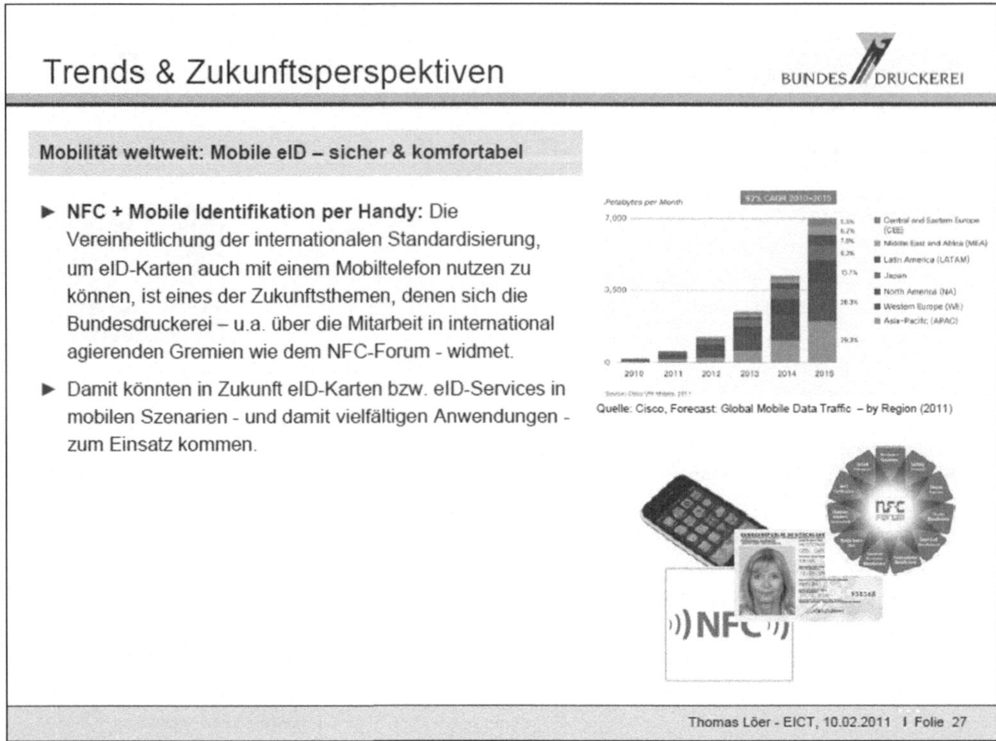

Bild 22

Künftige ID-Dokumente werden also aus neuen, verbesserten Materialien mit neuen elektronischen Bauelementen bestehen (Bild 23). Es wird interaktive, kommunizierende und sich selbst verifizierende Dokumente geben. Der Mehrwert dieser Entwicklungen liegt in einem erhöhten Schutz vor Fälschungen, Manipulationen und Identitätsdiebstahl. Außerdem verlängert sich die Lebensdauer und Zuverlässigkeit der Dokumente. Der Bürger erlebt „sichtbare Sicherheit" und höhere Nutzerfreundlichkeit und einen größeren Schutz der Privatsphäre. Darüber hinaus ergeben sich neuen Anwendungsmöglichkeiten.

Trends & Zukunftsperspektiven BUNDES DRUCKEREI

► **Wie sieht der Token der Zukunft aus?**

   ► Neue, verbesserte Materialien & attraktives Design.

   ► Neue, elektronische Bau-Elemente.

   ► Innovative Kartenkonzepte mit hochintegrierten Sicherheitsmerkmalen.

   ► Interaktive, „kommunizierende", selbst-verifizierende Dokumente.

   ► Hoher Individualisierungsgrad der verschiedenen Dokumenten-Elemente.

   ► Neue elektronische Sicherheitsmechanismen und –protokolle; Sichere Hardware & Software, Sicheres „Update" von Dokumenten im Feld.

   ► Mobile eID / NFC

► **Welchen Mehrwert bietet der Token der Zukunft?**

   ► Erhöhter Schutz vor Fälschungen, Manipulationen, Identitätsdiebstahl.

   ► Lange Lebensdauer und Zuverlässigkeit des Dokumentes.

   ► Erhöhte Nutzerfreundlichkeit, Transparenz / „Sichtbare Sicherheit".

   ► Datenschutz / Schutz der Privatsphäre.

   ► Neue Anwendungsmöglichkeiten.

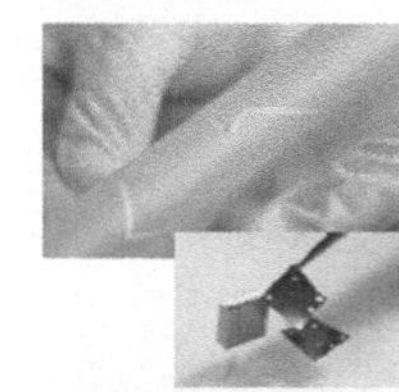
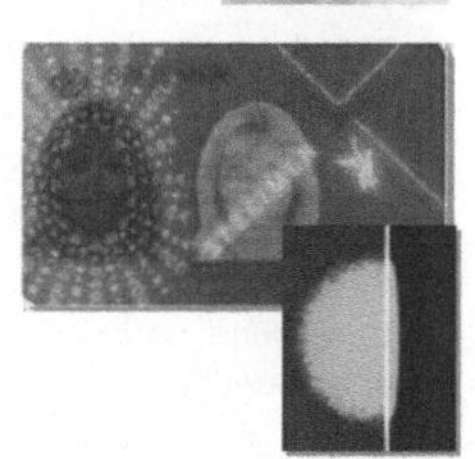

Thomas Löer - EICT, 10.02.2011 I Folie 22

Bild 23

Schutzschilde für den globalen Datenverkehr

Denn multifunktionale Konzepte sollen zukünftig nicht nur auf Reisen, sondern auch in zahlreichen privaten Anwendungsbereichen – online und dabei grenzüberschreitend – größtmöglichen Identitätsschutz bieten. EU-Programme wie „STORK" unterstützen diese Entwicklung mit technischen und organisatorischen Maßnahmen sowie Konzepten zur Interoperabilität. Schließlich sind wir nicht nur in der physischen Welt – zum Beispiel bei Grenz- und Polizeikontrollen, beim Eröffnen von Bankkonten oder beim Abschluss rechtsverbindlicher Verträge – auf verlässliche Identitätsnachweise angewiesen. Auch innerhalb der globalen Kommunikationsnetzwerke, in denen die Frage nach dem „Wer bist Du?" eine zunehmende Rolle spielt, benötigen wir zum Austausch persönlicher Daten optimal abgesicherte Wege. Den Schlüssel zu mehr Transaktionssicherheit bieten auch hier elektronische Ausweisdokumente. Eckpfeiler sind dabei die „digitale Signatur" und die „digitale Authentifizierung". Um auch in der digitalen Welt verbesserte Sicherheitsstandards zu erreichen, hat die Bundesdruckerei einen zentralen Dienst, den so genannten „ID Provider", als neue Instanz zum Betrieb und Schutz digitaler Identitäten aufgebaut. Damit wird möglich, was die „gedruckte Sicherheit" klassischer Identitätsdokumente bis dato nicht zuließ: Eine direkte und ausschließlich über elektronische Beglaubigungs- und Zertifizierungsinstanzen organisierte Identitätssicherheit, die jedem Internet-Nutzer eine lückenlose und nachvollziehbare Kontrolle persönlicher Datentransfers gestattet und somit auch im Netz verlässlich vor unberechtigten Zugriffen und Datenmissbrauch schützt (Bild 24).

Trends & Zukunftsperspektiven

Fazit

▶ **Fühlbare, sichtbare Sicherheit** durch neue Sicherheits-merkmale und Dokumenten-Elemente

▶ **Hochintegrative Kartenkonzepte** – smarte Kombination physischer + elektrischer Sicherheitsmechanismen

▶ **Hohe Lebensdauer und Belastbarkeit** durch Oberflächen-veredelung, neue Karten-Materialien & elektronische Komponenten

▶ Karten werden zu **multifunktionalen Mikrosystemen** durch Integration von Elektronik, Sensorik und Displays

▶ **Erhöhter Informationsgehalt & Individualisierung der Dokumentenmerkmale** für mehr Sicherheit vor Fälschungen oder Identitätsdiebstahl

▶ **Mehrwert & Anreize zur Nutzung** durch neue Features und Funktionen

▶ **Mehr Transparenz und Nutzerfreundlichkeit** durch "Kommunizierende" Dokumente

▶ **Absicherung aller Prozesse**: von der Beantragung bis zur Verifikation im Feld (Breeder Documents…ICAO PKD)

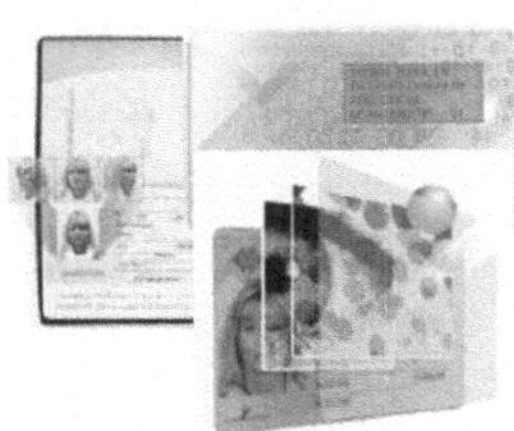

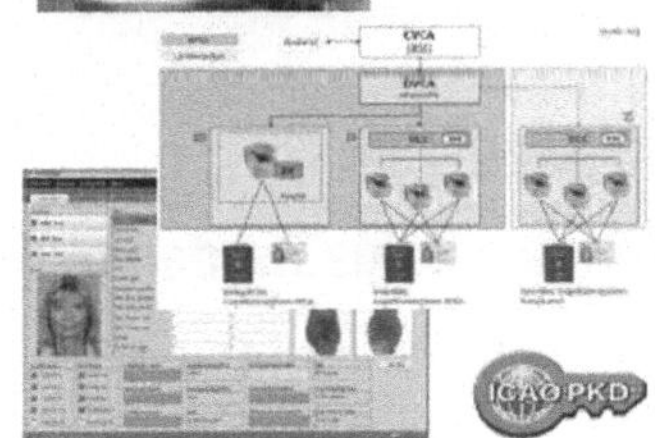

Thomas Löer - EICT, 10.02.2011 I Folie 28

Bild 24

Udo Bub

Vielen Dank, Herr Löer. Die Bundesdruckerei ist ein faszinierendes Unternehmen. Ich glaube, sie lässt sich auf eine königlich-preußische Behörde aus dem 18. Jahrhundert zurückführen. Das finde ich sehr beeindruckend. Und nach meiner Kenntnis ist sie der einzige Platz in Berlin-Kreuzberg, an dem man legal Geld drucken kann. Ist das richtig?

Thomas Löer

Ja, das ist richtig. Der Banknotendruck gehört natürlich nach wie vor zu unseren Kernaufgaben. Neue Aufträge sind avisiert für den Sommer und das nächste Jahr.

Teilnehmer

Wo kommt denn der Strom für die ganze Rechenkapazität und für das Display her?

Thomas Löer

Das ist eine gute Frage, die mir auch häufig auf dem CeBIT-Stand gestellt wurde, wenn wir dort unsere Displaykarten ausgestellt haben. Ich antworte dann zunächst immer scherzhaft mit Schlagworten wie achte Klasse, Physikunterricht und Transformatorprinzip.

Unsere Karten sind so ausgelegt, dass sie die Energie für die Anzeige des Videos oder die Transaktionen mit Hilfe eines elektrischen Feldes einspeisen können. Im Prinzip erzeugt eine Spule ein elektrisches Feld, welches ausreicht, um beispielsweise ein Video ablaufen zu lassen. Wir haben also keine Batterien in die Karten integriert. Ich hatte vorhin angedeutet, dass die Karten zehn Jahre halten müssen. Mit Batterien ist das schlecht machbar, wenn ich sie nicht nachladen kann. Deshalb nutzen wir die benötigte Energie aus dem elektrischen Feld der Kontaktloslesegeräte.

Teilnehmer

Ein kleiner Fall aus der Realität: Vor wenigen Tagen kommt jemand in den Deutschen Bundestag und will dort jemanden besuchen, der dort arbeitet. Üblicherweise muss man dort an der Pforte seinen Personalausweis abgeben und bekommt ihn beim Hinausgehen wieder zurück. In diesem Fall hat man den neuen Personalausweis des Besuchers nicht akzeptiert und ihn gebeten, stattdessen den Führerschein dazulassen. Der Besucher hatte allerdings keinen Führerschein und kam deshalb nicht in das Gebäude. Wie erklären Sie das?

Thomas Löer

Es gibt neue Auflagen für den Personalausweis. Eine davon lautet, dass sie ihn nicht aus der Hand geben sollen. An jeder Pforte, wo es bisher üblich war, den Personalausweis abzugeben, muss man sich jetzt Alternativen einfallen lassen. Ich bin gespannt, wie die Hotelbranche darauf reagiert, da der Bürger sein Dokument nicht mehr hergeben darf. Im Personalausweisgesetz ist es so geregelt, dass der neue Personalausweis nicht übergeben werden darf. Deswegen dürfen ihn die Pförtner nicht mehr annehmen und ihn auch nicht als eine Art Pfand behalten. Der Personalausweis darf somit nicht mehr unbeaufsichtigt in die Hände von Dritten gelegt werden. Das ist in jedem Fall ein Problem und ich habe natürlich auch bei uns mit der Security gesprochen, damit wir uns Alternativen einfallen lassen. Dann ist es vielleicht der Führerschein oder ein anderes Dokument, welches einbehalten wird oder man muss eben zusehen, dass andere Mechanismen greifen, um sicherzustellen, dass die Besucher das Haus auch wieder verlassen.

7 Entwicklungen im Sicherheitsmarkt: einige Fallbeispiele

Friedrich Tönsing

Vielen Dank für die Gelegenheit, etwas zu den Entwicklungen im Sicherheitsmarkt sagen zu dürfen. Meine Ausführungen werden davon geprägt sein, was für meine Firma T-Systems aktuell von Wichtigkeit ist. Ich werde das exemplarisch an ein paar Fallbeispielen festmachen.

Bevor ich aber zu den Fallbeispielen komme, möchte ich noch zwei Aussagen treffen. Zum einen stehe ich heute hier als Vertreter der T-Systems, weshalb auch meine Ausführungen dadurch geprägt sein werden. Auf der anderen Seite gebe ich aber auch persönliche Einschätzungen und Sichtweisen wieder.

Als zweiten Punkt möchte ich einige aktuelle Aktivitäten der T-Systems im Sicherheitsumfeld streifen. Den Anspruch einer allumfassenden Darstellung möchte ich gar nicht erst erwecken. T-Systems gehört zur Telekom-Gruppe und adressiert Geschäftskunden und Großkunden mit IT- und TK-Lösungen. Und welche zentralen Probleme haben diese Unternehmen? Sie müssen zum einen wachsen und zum anderen ihre Kosten senken. Dies müssen sie in einem komplexen und schnelllebigen Umfeld erreichen, in welchem die Innovationszyklen sehr kurz sind. Außerdem müssen sich diese Unternehmen auch nach gewissen Megatrends ausrichten, welche im Augenblick zu sehen sind, wie zum Beispiel Web 2.0, Mobility, Wirtschaftskrise oder Aging.

Die T-Systems hat auf diese Situation zu reagieren versucht, indem sie zu den Entwicklungen am Sicherheitsmarkt fünf Leitlinien aufgestellt hat, um die von ihr angebotenen IT- und TK-Lösungen dort unterzubringen (Bild 1). Ich möchte hier lediglich auf die Leitlinie „Security & Governance" eingehen. Die T-Systems schafft effiziente Lösungen für Datensicherheit und Governance.

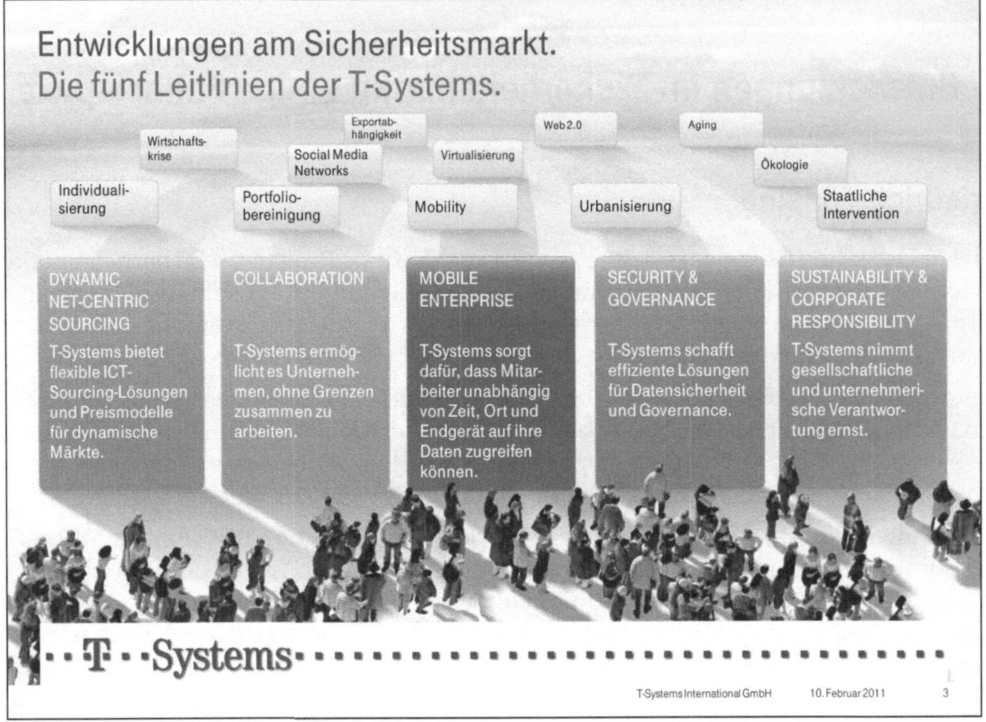

Bild 1

Das Leitthema „Security & Governance" ist wiederum in fünf Felder unterteilt (Bild 2). Zum einen geht es darum, dass der Produktionsfaktor Wissen immer wichtiger wird und es diesen zu schützen gilt. Das zweite ist die Schnelllebigkeit. Die Wirtschaft und die öffentliche Hand sind permanent in Bewegung, die Mobilität wächst, die Menschen sind unterwegs, sind mobil oder arbeiten von zu Hause aus. Diesem Trend muss man Rechnung tragen und auch entsprechend absichern. Allein im Fundbüro der Deutschen Bahn liegen zurzeit etwa 15.000 mobile Endgeräte. Darauf sind Daten, die jeder lesen und sehen kann. Sie können sich vorstellen, dass sich darunter sicherlich auch vertrauliche Daten befinden. Vernetzung bedeutet eine Zunahme von übergreifenden elektronischen Geschäftsmodellen und Online-Kommunikation und dass man dem entsprechend Rechnung tragen muss. Im Rahmen der Daten-Sensibilität können Image und Vertrauen einen entscheidenden Wirtschaftsfaktor darstellen. Und zu Sicherheit und Governance gehört der Aspekt Regulierung. Die Regulierung für Unternehmen und damit auch der Einfluss auf IKT und Security nehmen zu. Belege dafür sind die Novellierung des Bundesdatenschutzgesetzes und Diskussionen zum Datenschutz, Diskussionen zu SOX, KonTraG, Basel II, ISO 27000 und so weiter. Die Folgen sind Anforderungen im Hinblick auf Security und Governance, es drohen Sanktionen, Haftung, Vertragsstrafen und juristische Auseinandersetzungen für das (Top-)Management.

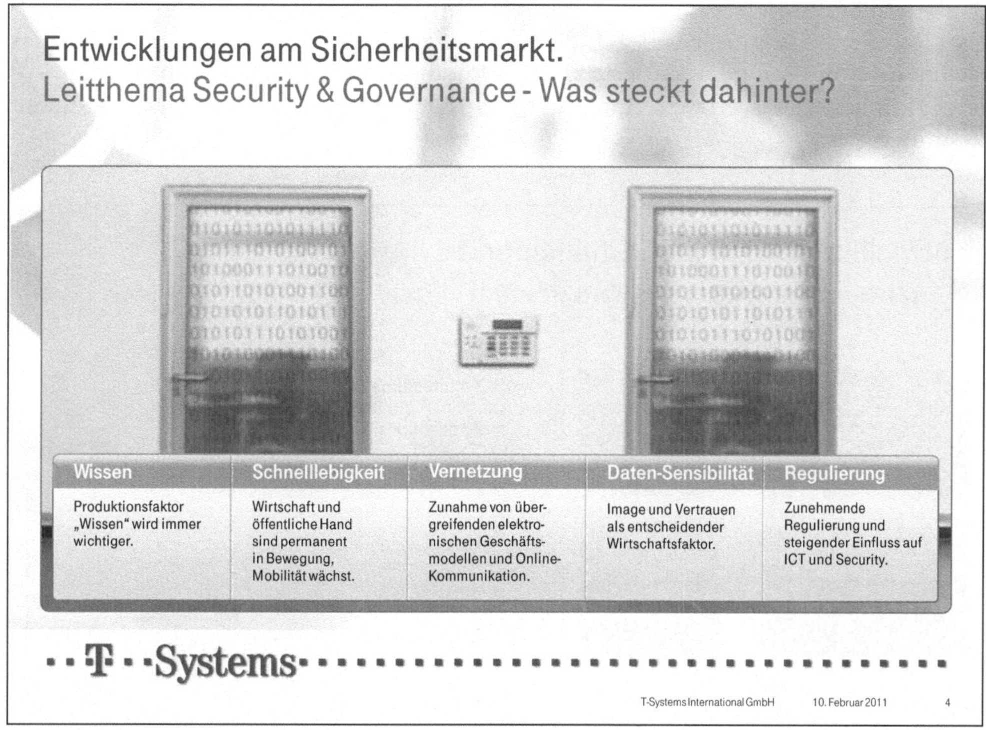

Bild 2

Wie haben wir uns jetzt mit unserem ICT Security-Portfolio aufgestellt (Bild 3)? Ich fange mal unten an und arbeite mich dann nach oben. Klassischerweise haben wir es mit Infrastrukturen zu tun, die wir zu schützen haben. Business Protection, ICT Infrastructure und Security umfasst alles, was man auf der Arbeitsplatzseite machen muss, was man im Hintergrund machen muss, was man per Kabel machen muss, um vom Desktop in die Hintergrundsysteme zu gelangen. Dies spiegelt sich hier über Workplace Security, Host and Storage Security und Network Security wieder.

Bei der T-Systems wird der Aspekt Business Enablement herausgehoben. Das passt ein wenig zu der Sektion, in der wir uns im Augenblick bewegen. Digitale Identitäten werden immer wichtiger, beispielsweise für Mitarbeiter und Zulieferer. Man muss sie identifizieren und ihnen Rollen und Berechtigungen zuweisen können. Deshalb setzen wir uns mit dem Thema Identity and Access Management auseinander, wo Zertifikate eine Rolle spielen. Themen sind Trust Center, wo ich Träger von Identitäten benötige, Smart Cards, wo ich es allgemein mit Konzepten zu tun habe sowie Users and Identities.

Business Integration ist ein weiterer Aspekt. In einem Unternehmen müssen rechtliche Rahmenbedingungen beachtet werden und es müssen Security Policies erstellt, auf den Weg gebracht und in die Organisation hineingetragen werden. All diese Tätigkeiten fassen wir unter dem Punkt Enterprise Security Management zusammen.

Bild 3

Ich möchte den kleinen Einblick in die T-Systems mit der Vorstellung einiger Projekte schließen, an denen ich selbst beteiligt war (Bild 4). Für Internationale Reisepässe haben wir das Betriebssystem TCOS entwickelt und geliefert. Es steckt ebenfalls im neuen Personalausweis. Beim Deutschen Mautsystem sind wir von Anfang an eingebunden gewesen, von der Konzeption bis zur Erstellung der Mautkarten sowie der Erstellung und dem Betrieb der Hintergrundsysteme.

Ähnliches haben wir beim Sicherheitsmanagement für e))-Ticketing Deutschland geleistet. Federführend ist da der Verband Deutscher Verkehrsunternehmen (VDV). Sie haben vielleicht schon von der Kernapplikation gehört, die deutschlandweit ausgerollt wird. T-Systems hat daran entscheidend mitgewirkt.

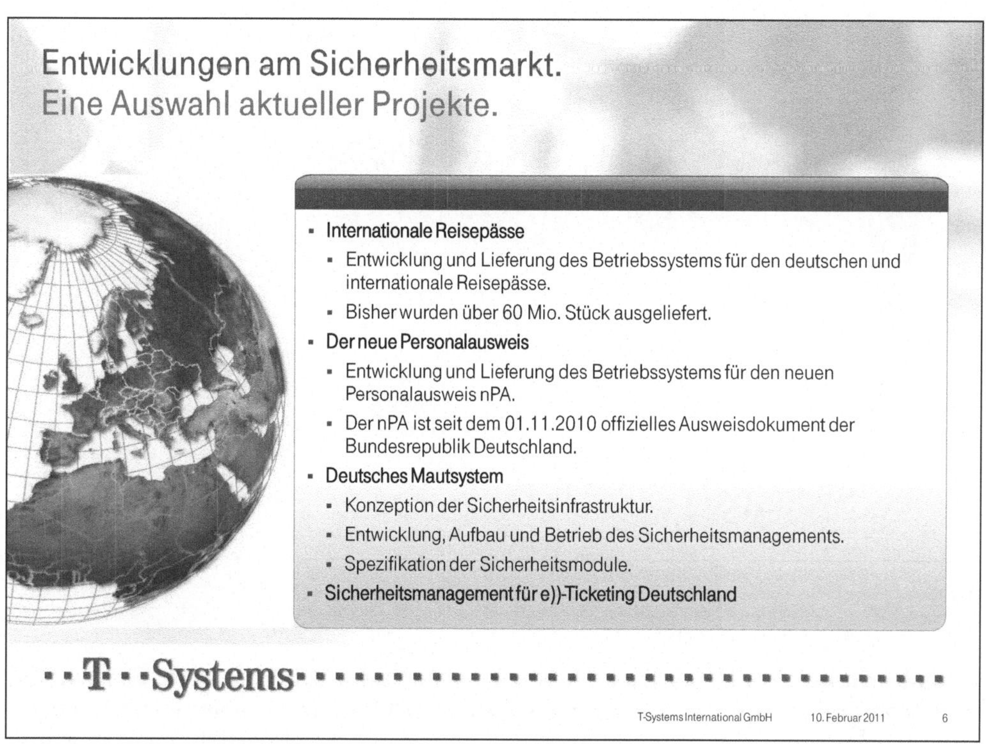

Bild 4

Ich möchte nun in das eigentliche Thema einsteigen. Wir bei der T-Systems sehen gewisse Zukunftsthemen (Bild 5). Das sind zum Beispiel Smart Grids, eEnergy, „Bring your own Computer (BYOC)" oder Themen wie Security for Smart Metering, Secure Cloud Computing oder Mobile Security. Ich möchte dazu einige Fallbeispiele exemplarisch beleuchten.

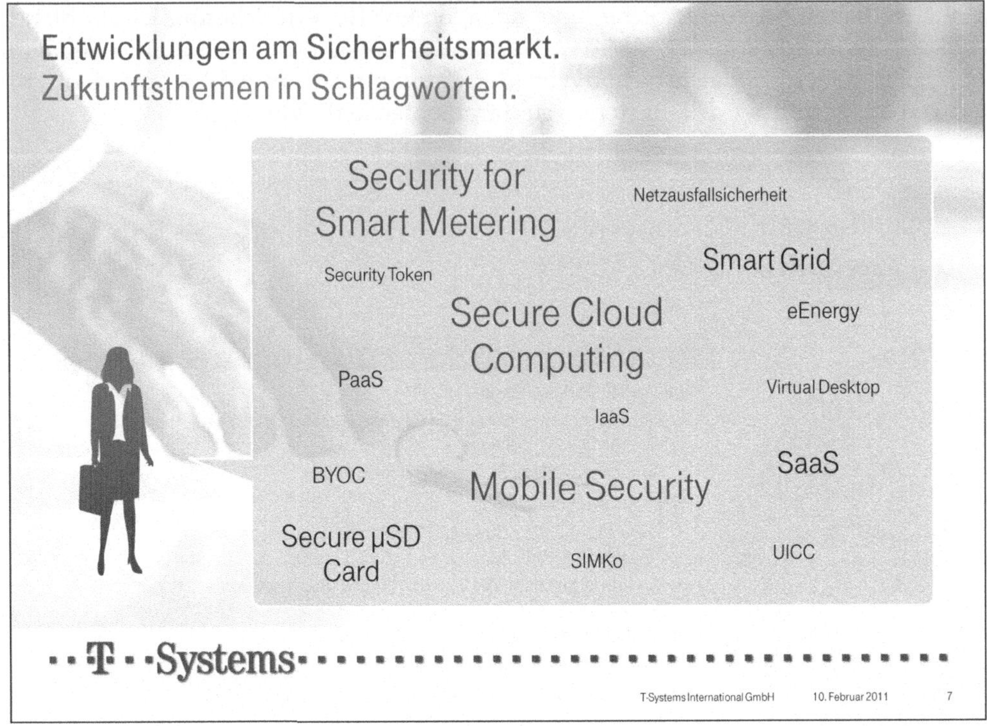

Bild 5

Das erste Fallbeipiel ist Security for Smart Metering (Bild 6). Was haben wir mit Smart Metering zu tun, beziehungsweise, welches Phänomen sehen wir da? Es gibt etablierte Marktteilnehmer, nämlich die Lieferanten, die Messstellenbetreiber und die Kunden. Jetzt sollen nicht nur Strom, Gas oder sonstiges bezogen werden, sondern auch Energie zurückgeliefert werden. Um das zu erreichen und die entsprechenden Daten verarbeiten zu können, drängen neue Player in diesen Markt hinein, die gerade aus dem IT-Dienstleistungsumfeld oder aus dem Netzbetrieb kommen. Deshalb liegt unser besonderes Interesse darin, hier einen Part zu spielen und deshalb sehen wir Smart Energy als wichtigen Eckpfeiler im Portfolio der T-Systems. M2M-Kommunikation und Smart Metering ist ein Unterthema dazu und wird bei uns einen höheren Stellenwert einnehmen. Unserer Meinung nach ist Security dabei ein Kernelement.

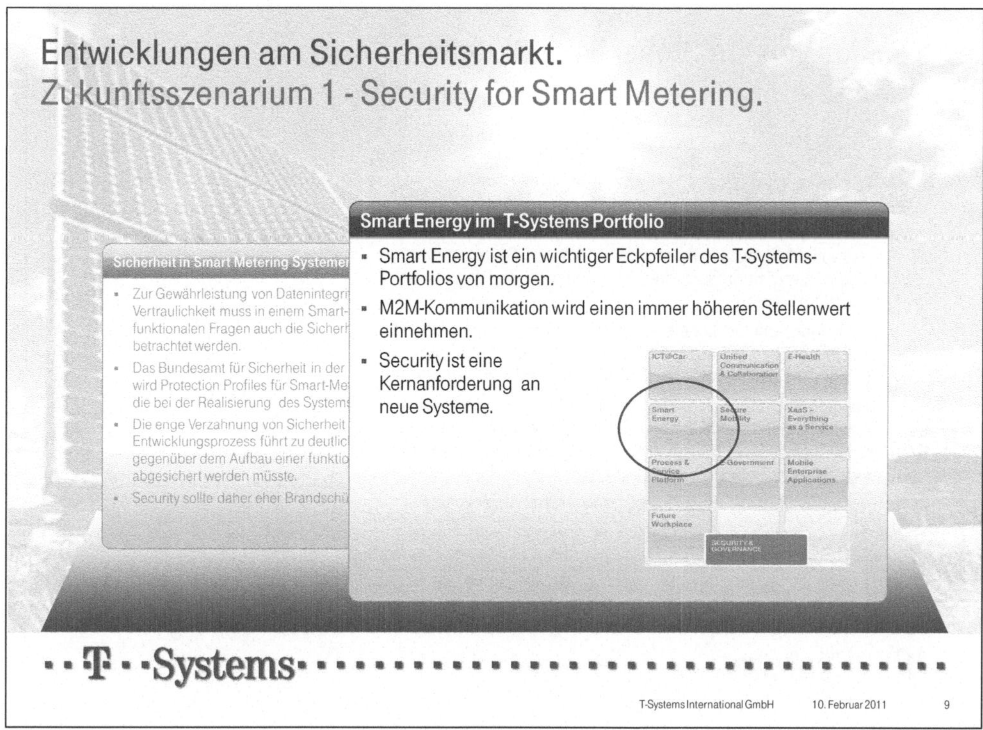

Bild 6

In dem Augenblick, in dem man etwas empfängt, das tarifiert werden muss, muss man sich auch über einen gesicherten Ablauf Gedanken machen. Wir sind der Meinung, dass neben den funktionalen Fragen zur Gewährleistung der klassischen Sicherheitsanforderungen Datenintegrität, Datenauthentizität und Vertraulichkeit in einem Smart-Metering-System auch die Sicherheit des Gesamtsystems betrachtet werden muss. Dieses Thema wird nicht nur von der T-Systems oder der Telekom aufgegriffen, sondern es gibt auch Aktivitäten auf der regulatorischen Seite. Das Bundesamt für Sicherheit in der Informationstechnik stellt zurzeit so genannte Protection Profiles für Smart-Metering-Systeme zusammen, die dann bei der Realisierung zu beachten sind. Diese Aktivitäten werden von der T-Systems gesehen und begleitet. Wir bringen uns zurzeit über die Verbandsschiene, zum Beispiel den BITKOM, in diese Aktivitäten mit ein, wo versucht wird, die Protection Profiles zu kommentieren. Dabei versuchen wir natürlich, von Beginn an Sicherheit in neue Systeme einzubringen. Das erspart Kosten und es ist insbesondere für die T-Systems eine entscheidende Motivation, sich hier zu engagieren (Bild 7).

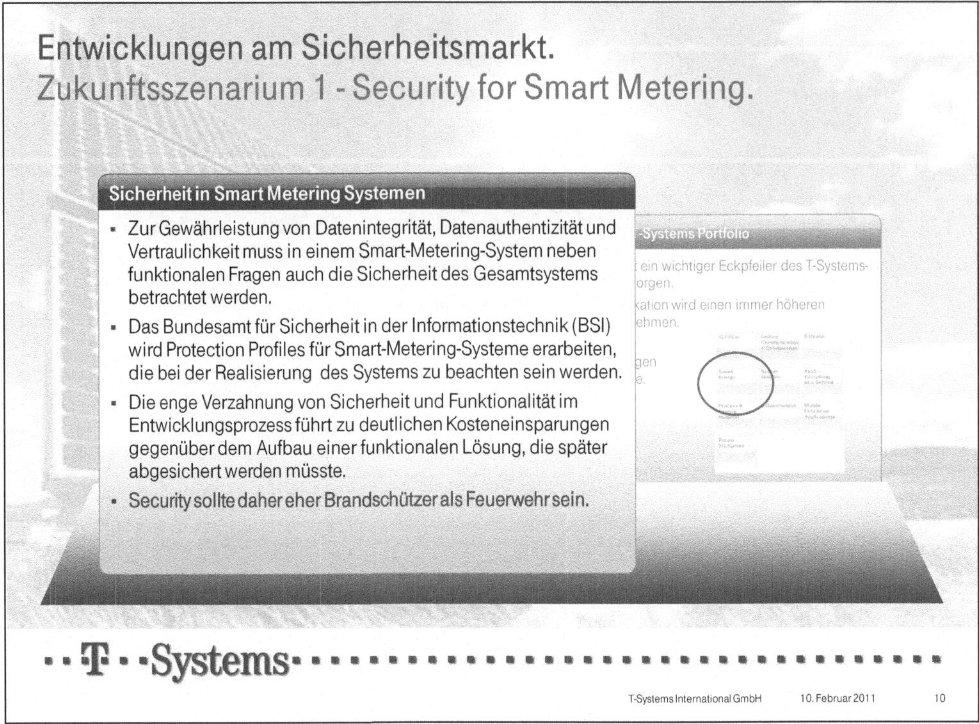

Bild 7

Was ist die Motivation für den Einsatz sicherer Komponenten? Die Begriffe Datenintegrität, Datenauthentizität und Vertraulichkeit hatte ich bereits genannt (Bild 8). Bei der Datenintegrität geht es um den Schutz vor Manipulationen von verbrauchs- und personenbezogenen Daten, die in diesem System übertragen werden. Die Übermittlung der entsprechenden Erfassungs- und Abrechnungsdaten muss vor Manipulationen geschützt werden. Datenauthentizität bedeutet hier, dass wir verschiedene Komponenten und Rollen haben, die sich in dem System authentifizieren müssen. Das Nutzungsverhalten muss bei der Rechnungslegung nachvollziehbar sein. Außerdem muss das System gegen unbefugtes Fernsteuern von Hausfunktionen gesichert werden. Wenn man dort Telekommunikationsnetze und Internet einbringt, lässt sich aus diesen Netzen heraus auch in das Haus einwirken und das darf nur kontrolliert geschehen. Bei Vertraulichkeit geht es insbesondere um den Schutz personenbezogener Daten. Die Vertraulichkeit sollte also nicht genutzt werden, um das Verbrauchsverhalten der Kunden nachvollziehen zu können. Unser Ansatz ist dabei, dass wir einige der Anforderungen umsetzen möchten, indem wir Hardwaresicherheit einbringen.

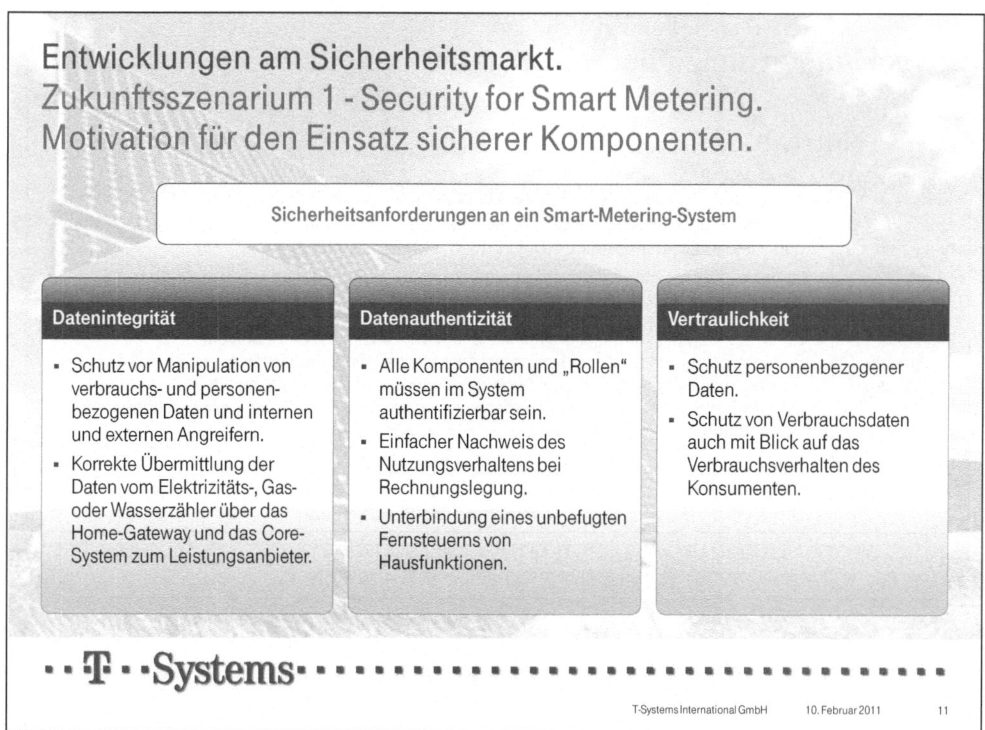

Bild 8

Warum Hardwaresicherheit? Bild 9 zeigt eine Auflistung wichtiger Kernaussagen mit den entsprechenden Begründungen, die meiner Ansicht nach auch teilweise auf der Hand liegen. Die erste Kernaussage ist die gesicherte Ablage von Schlüsselmaterial. In einem komplexen Smart-Grid-System kann mit der direkten Vermarktung von Energie – potenziell – jeder jeden betrügen. Ohne den Einsatz von Hardwaresicherheit kann die Integrität und Authentizität von elektronisch fernausgelesenen oder versendeten Abrechnungsdaten nicht gewährleistet werden. Eine weitere Kernaussage betrifft sichere und performante Operationen. Ich hatte bereits ausgeführt, dass mit dem Einbinden eines Telekommunikationsnetzes und des Internets in ein Smart-Metering-System Tür und Tor für Angriffe aus dem Internetumfeld geöffnet werden. Um das zu unterbinden, sollte auf Hardwaresicherheitsmodule mit kryptologischen Operationen zurückgegriffen werden, sodass alles manipulationssicher durchgeführt werden kann. Zum Thema Roll-Out lässt sich sagen, dass Smart-Card-Sicherheitsmodule einfacher auszubringen sind und die Akzeptanz lässt sich meiner Meinung nach damit auch erhöhen. Wir können es uns bei diesem Smart-Metering-System nämlich nicht leisten, wenn es Großangriffe gibt und dadurch solche Systeme korrumpiert werden.

Entwicklungen am Sicherheitsmarkt.
Zukunftsszenarium 1 - Security for Smart Metering.
Warum Hardwaresicherheit?

Kernaussage	Begründung
Gesicherte Ablage von Schlüssel- material	• In einem komplexen Smart-Grid-System kann mit der direkten Vermarktung von Energie - potentiell - jeder jeden betrügen (Unterschied zum Homebanking). • Ohne den Einsatz von HW-Sicherheit kann die Integrität und Authentizität von elektronisch fernausgelesenen oder versendeten Abrechnungsdaten nicht gewährleistet werden
Sichere & performante Operationen	• Durch den Zugang zum Telekommunikationsnetz oder zum Internet kann eine Softwarelösung von außen und innen nicht vor Manipulation geschützt werden; auch die vollständige (alleinige) Sicherung durch eine Plombe ist damit nicht möglich. • In Hardware-Sicherheitsmodulen werden kryptographische Operationen manipulationssicher durchgeführt.
Einfacher Roll- Out	• Prinzipiell ist es möglich, die eindeutige Identifizierung mittels des Hardware- Sicherheitsmoduls zu realisieren. • Dies kann den Roll-Out-Prozess vereinfachen und Kosten reduzieren.
Erhöhung der Akzeptanz	• Auch kleine Manipulationen, die keinen weitreichenden Schaden hervorrufen, können das Vertrauen in die Teilkomponenten und die Gesamtlösung zerstören.

·· T· ·Systems·

T-Systems International GmbH   10. Februar 2011   12

Bild 9

In einer vereinfachten Konzeptdarstellung (Bild 10) sind die Parteien in einem Smart-Metering-System dargestellt: unten links im Bild sind die „intelligenten" Hauskomponenten, oben im Bild sind die Versorgungsnetzbetreiber (VNB), die Lieferanten und die Messstellenbetreiber (MSB). Grün dargestellt ist die Energielieferung in die eine und andere Richtung zwischen dem Versorgungsnetzbetreiber und dem Haus. Rot dargestellt sind die Tarifdaten, die zwischen den Parteien ausgetauscht werden, mit einem Backendsystem, wo es um Datenverarbeitung und Sicherheitsmanagement geht. Als Hardwarekomponente ist dort überall eine Chipkarte eingezeichnet. Es muss aber keine Chipkarte sein, sondern kann auch eine Micro-SD-Karte sein oder es können auch Hardwarebauteile sein, bei denen der Sicherheitsanker integriert ist. Das ist hier nur exemplarisch dargelegt.

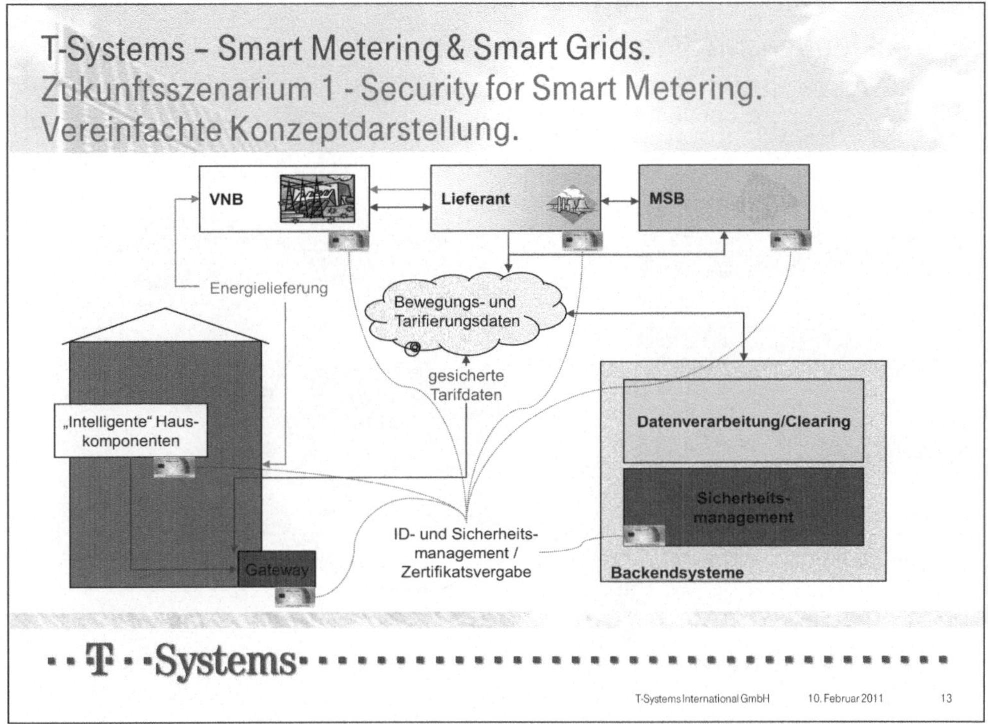

Bild 10

Das zweite Szenario befasst sich mit Security in the Cloud. Das Bild 11 soll lediglich demonstrieren, dass es sich bei Clouds um ein großes Thema innerhalb der
T-Systems handelt. Das Thema ist in unserem Portfolio verankert und wir halten
insbesondere in der T-Systems das Thema Sicherheit hoch und arbeiten an Sicherheitslösungen für spezifische Cloud-Anforderungen.

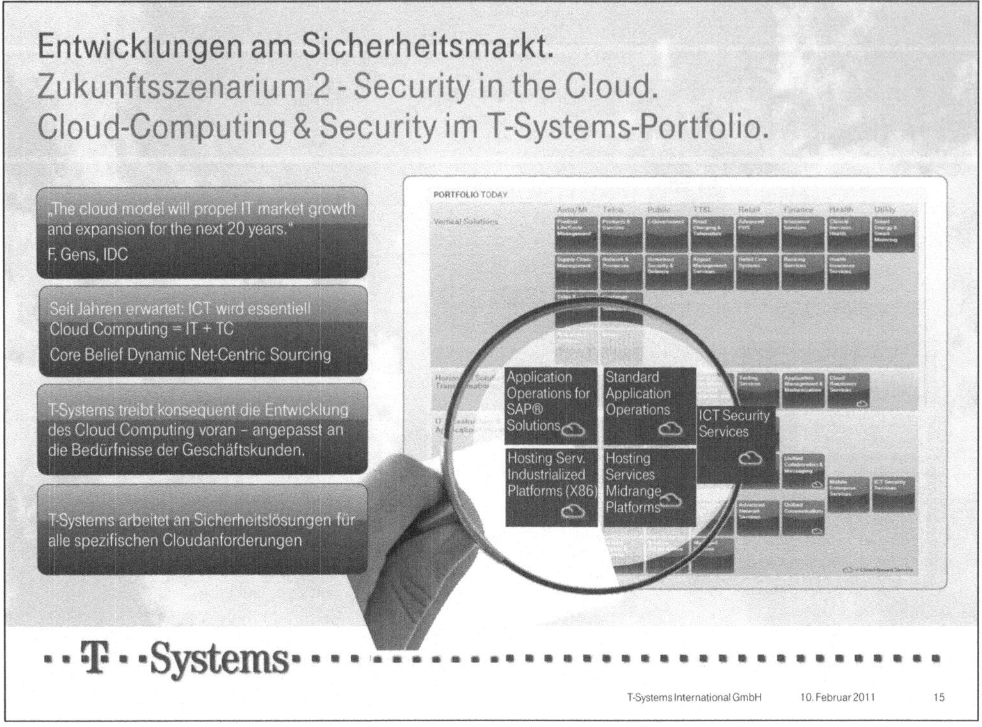

Bild 11

Ich möchte an dieser Stelle kurz die Formen des Cloud Computing ansprechen (Bild 12). Eine geläufige Definition des Cloud Computing stammt vom National Institute of Standards and Technology (NIST). Es gibt dort zum einen Service-Modelle, Cloud-Infrastrukturen wie IaaS (Infrastructure as a Service), PaaS (Platform as a Service) und SaaS (Software as a Service), welche die verschiedenen Serviceaspekte darstellen. Dann gibt es die verschiedenen Ausbaustufen für die Cloud: Die so genannten Public Clouds sind hochstandardisierte Clouds, die zum Beispiel von Google angeboten werden. Die so genannten Private Clouds sind auf individuelle Anforderungen, gerade von Großkunden, zugeschnitten. Zudem existieren Mixsysteme wie Community Clouds für spezielle Interessen, zum Beispiel für Branchen wie eHealth. Charakteristika für Clouds sind unter anderem, dass ich meinen IT-Bedarf selbst bestimmen und administrieren kann, starke Netzzugänge eingesetzt werden und so weiter. Was hier aber auffällt ist, dass das Thema Security nicht explizit erwähnt wird. Insbesondere wenn man Clouddienste anbietet, muss man sich aber um Security kümmern.

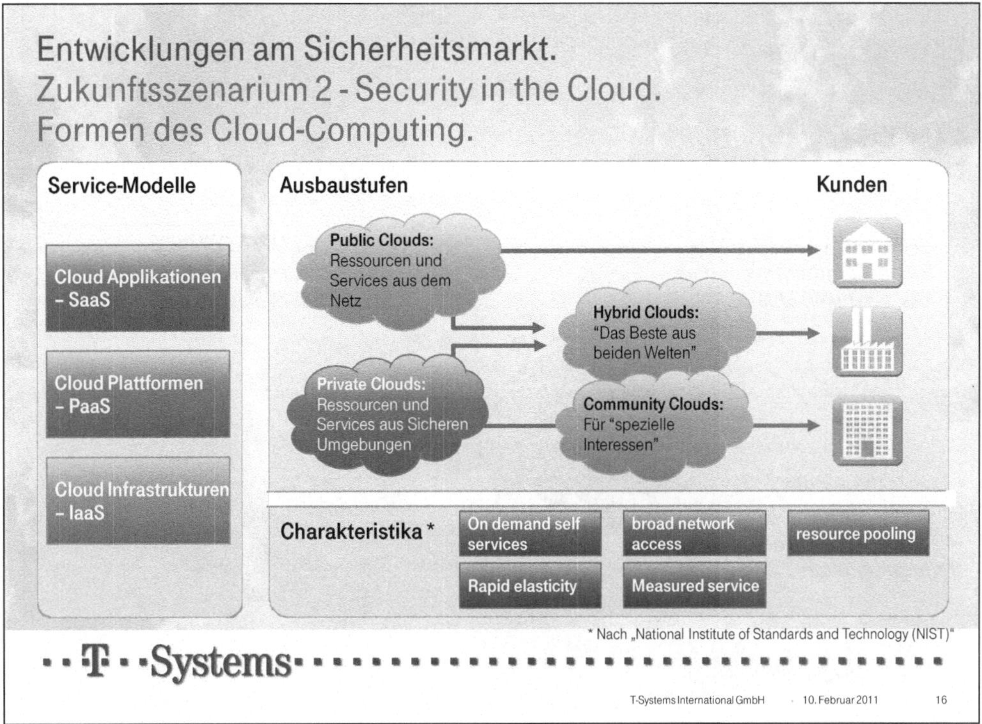

Bild 12

Bild 13 soll exemplarisch einige Sicherheitsvorfälle aufzeigen, die teilweise bereits etwas älter sind, aber die gesamte Bandbreite abdecken. Es gibt Sicherheitsvorfälle wie Datenverlust, Ausfall oder klassische Sicherheitsangriffe, wie Man-in-the-Middle-Attacken, welche im Cloud-Umfeld auch schon zu beobachten waren. Man muss sich also mit dem Thema Sicherheit auseinandersetzen.

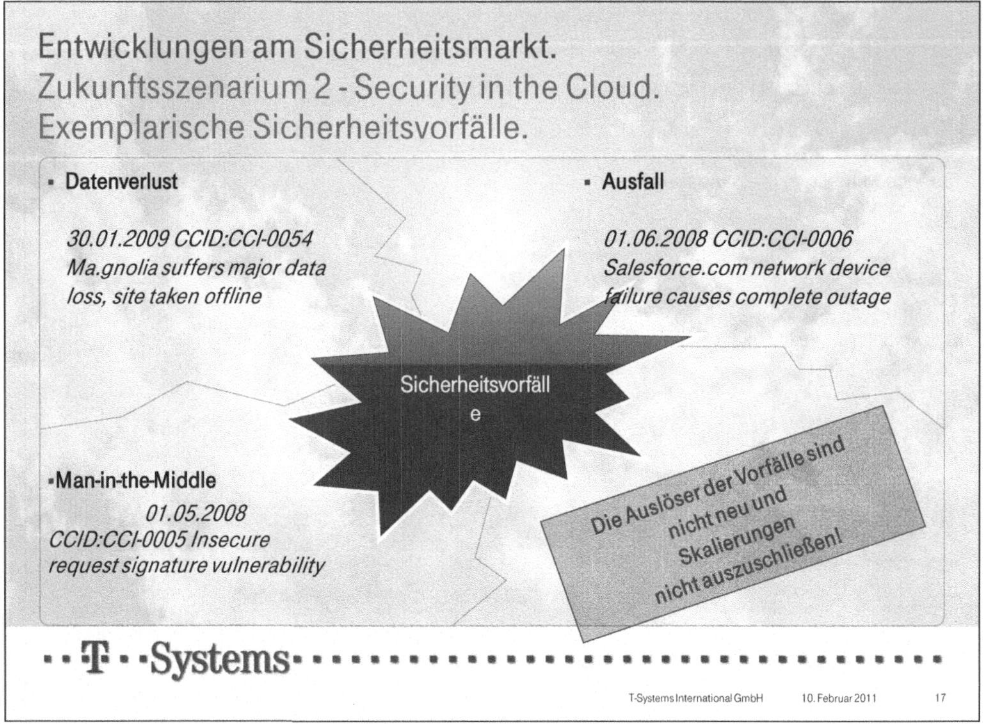

Bild 13

Die wesentlichen Sicherheitsfragen beim Cloud Computing (Bild 14) liegen bei den Haftungsfragen, dem Datenschutz und der Datensicherheit. Datenschutz und Datensicherheit sind hier ähnlich gelagert wie beim Smart Metering. Wer aber haftet für Schäden, wenn die Daten „herumtreiben"? Wo sind eigentlich die Daten? Welches Landesrecht gilt, welche Service-Level-Agreements (SLA) gelten? Das ist ein großer Punkt, der damit einhergeht. Ich möchte lediglich darauf hinweisen, dass noch nicht alle Sicherheitsaspekte abschließend geklärt sind. Da haben wir noch einiges vor uns.

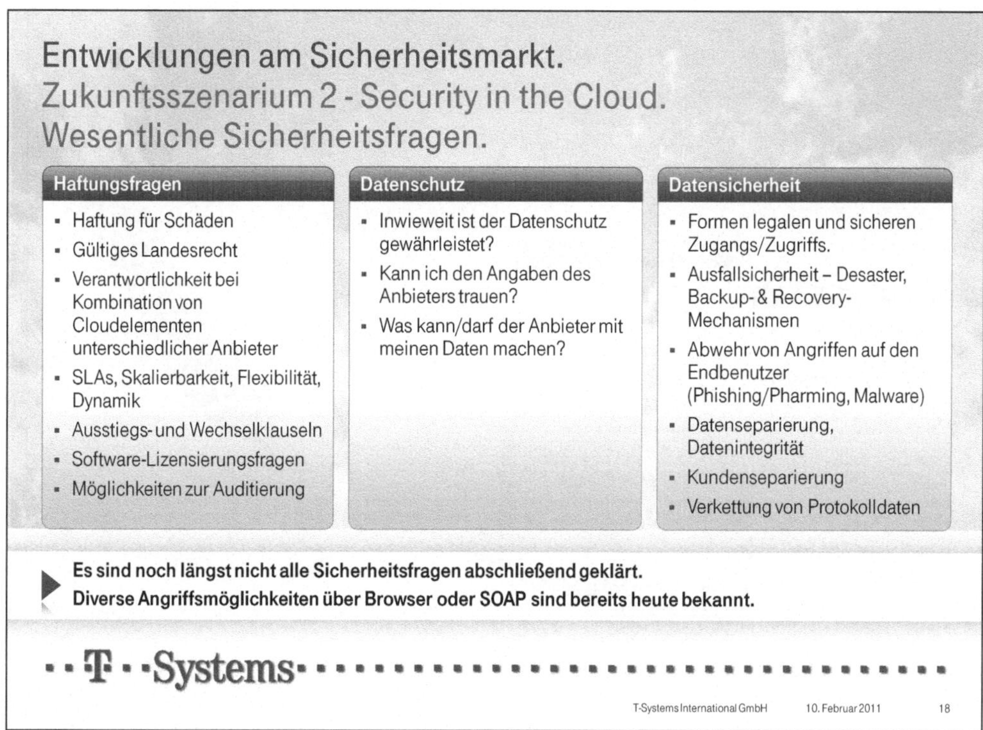

Bild 14

Bei den verschiedenen Service-Modellen wird zurzeit Security standardmäßig wie folgt eingebaut (Bild 15): Bei Infrastructure as a Service setzt man sich mit klassischen Infrastruktursicherheitsmaßnahmen auseinander. IDS, IPS auf der Host- oder auf der Netzseite, mit den klassischen Sicherheitsfeatures, die auf der Infrastrukturseite angeboten werden. Auf der OS-Seite, Platform as a Service, haben wir zum Beispiel Data Leakage Prevention, kontrolliertes Beobachten, wie Daten rein und raus fließen, alles mit Berechtigung verbunden. Auf der Seite der Software as a Service haben wir klassische Web Application Security. Das wird quasi von der Stange angeboten. Die Treppe deutet allerdings an, dass hier noch nicht das Ende erreicht ist und man sich hier noch mehr kümmern muss. Auf Initiative des Bundesministeriums für Bildung und Forschung und des Bundesministeriums des Innern ist im Augenblick ein RFP (request for proposal) zum Thema Trusted Cloud veröffentlicht. Angeregt werden soll, sich insbesondere um Sicherheitsmechanismen für Cloud Gedanken zu machen.

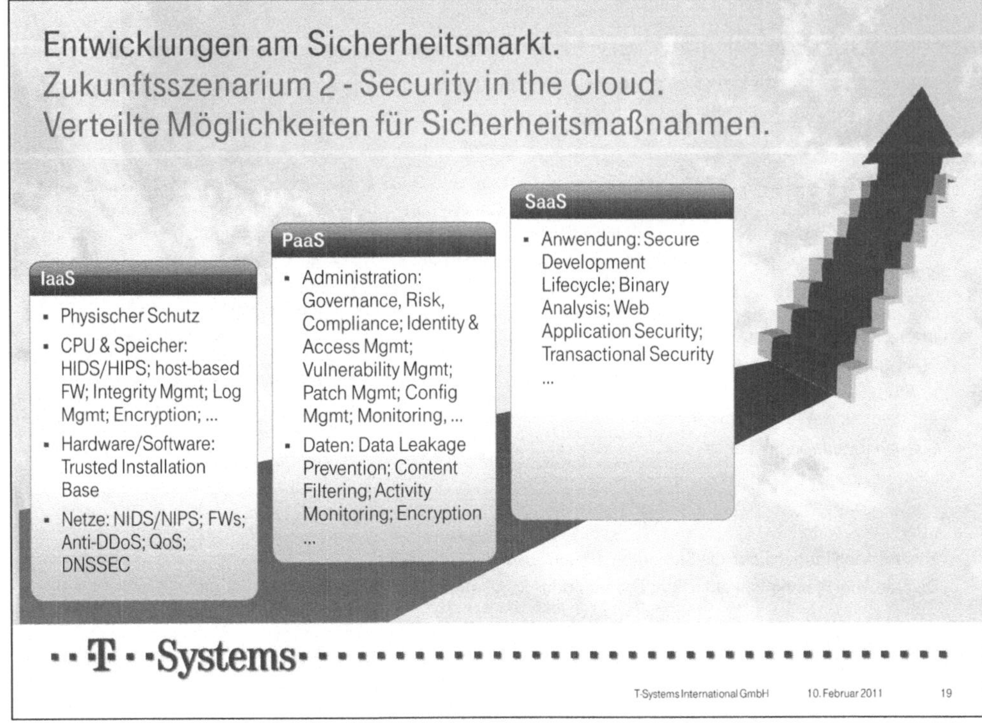

Bild 15

Ein drittes Szenario, welches ich vorstellen möchte, betrifft Security for Mobility (Bild 16).

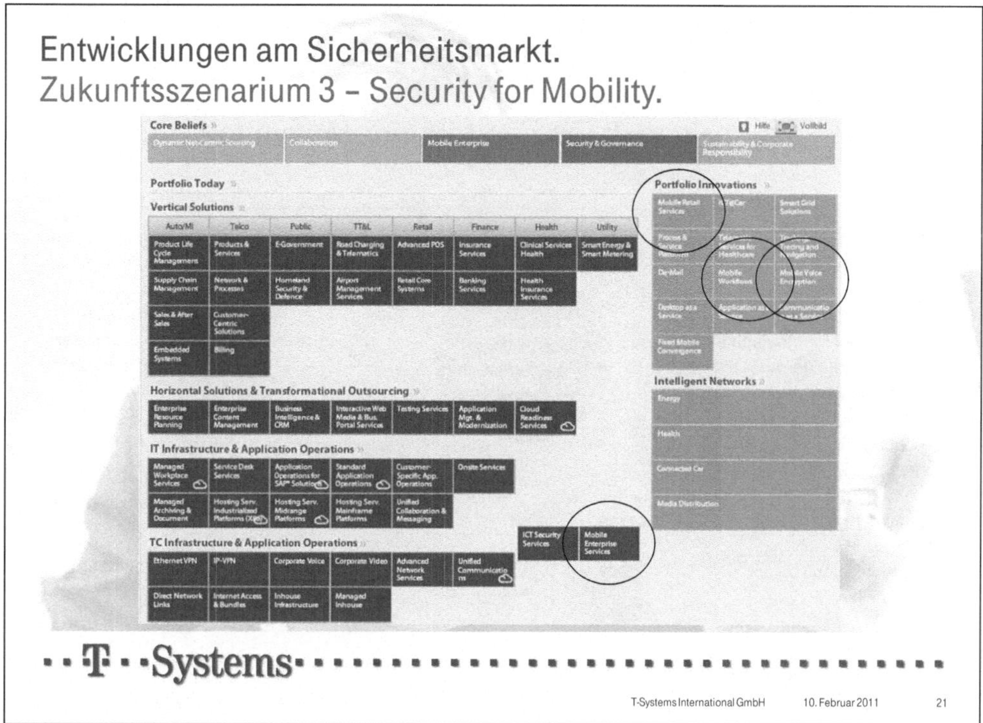

Bild 16

Security in mobilen Endgeräten kann durch Smart Card-Funktionalität motiviert werden (Bild 17). Die kryptologischen Funktionen müssen irgendwo verankert werden. Hier sehen wir ein Hardwaremodul als Träger. Zusätzlich kann man so ein Hardwaremodul als sicheren Speicherbereich ansehen. Teilweise kann man gerade in diesem Umfeld durch die Verwendung von Hardware die Voraussetzung dafür schaffen, dass man schneller zu zertifizierten Lösungen kommen kann.

Bild 17

Ich möchte nun noch konkrete Projekte aufzeigen, an denen wir bei T-Systems zum Thema Security for Mobility gearbeitet haben und arbeiten. Da ist zum einen das Projekt Sichere Netzübergreifende Sprachkommunikation (SNS). Es geht darum, eine Sprachverschlüsselung netzübergreifend anzubieten, zum Beispiel zwischen TETRA-Netzen und GSM-Netzen (Bild 18). Als Szenario stellen Sie sich bitte vor, dass Sie Katastrophenschutzleiter sind und eine Katastrophe bearbeiten. Sie arbeiten auf der einen Seite mit einem TETRA-Handy, einem Bündelfunk-Handy und einem TETRA-Netz. Auf der anderen Seite möchte sich Frau Merkel über die Lage informieren. Sie hat ein GSM-Handy und möchte mit Ihnen gesichert kommunizieren. Man benötigt also eine Variante, mit der so etwas möglich ist. Auf Bestreben des Bundesministeriums des Innern und des Bundesamtes für Sicherheit in der Informationstechnik ist ein entsprechender Standard erstellt worden, wonach bereits verschiedene Hersteller entsprechende Lösungen gebaut haben. Die Lösungen stützen sich auf passende Micro-SD-Karten.

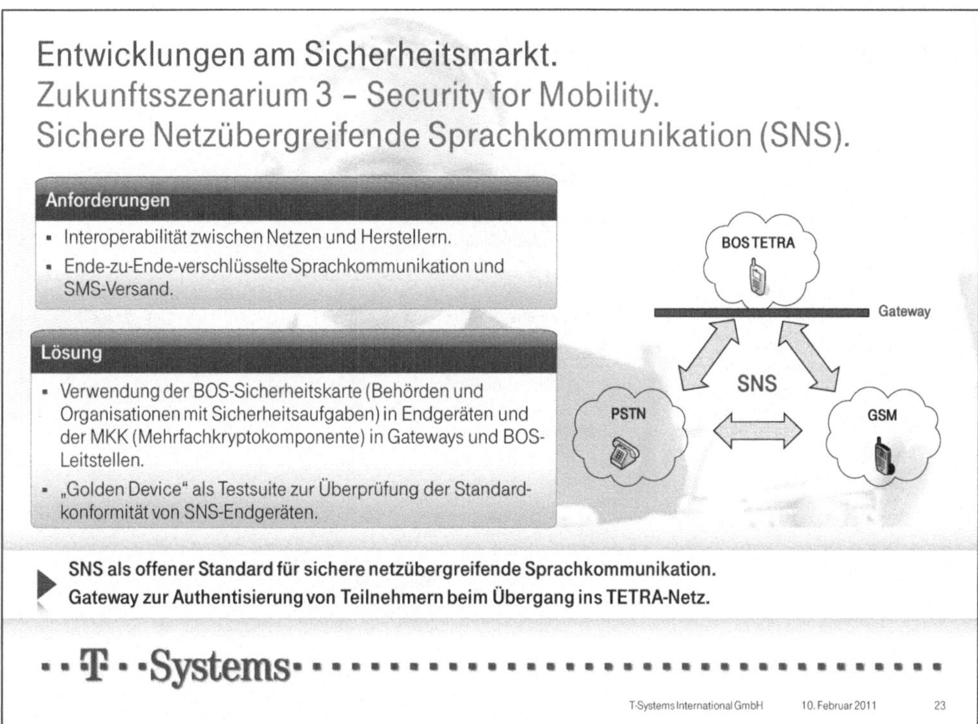

Bild 18

SIMKO (Sichere Mobile Kommunikation) ist eine originäre Lösung aus dem Hause T-Systems (Bild 19). Dies ist zurzeit ein Pendant zur sicheren netzübergreifenden Sprachkommunikation auf der Seite der Datenverschlüsselung, wobei wir unsere Lösung auch gerade weiterentwickeln und unter anderem den SNS-Standard in unsere so genannte SIMKO-Lösung integrieren.

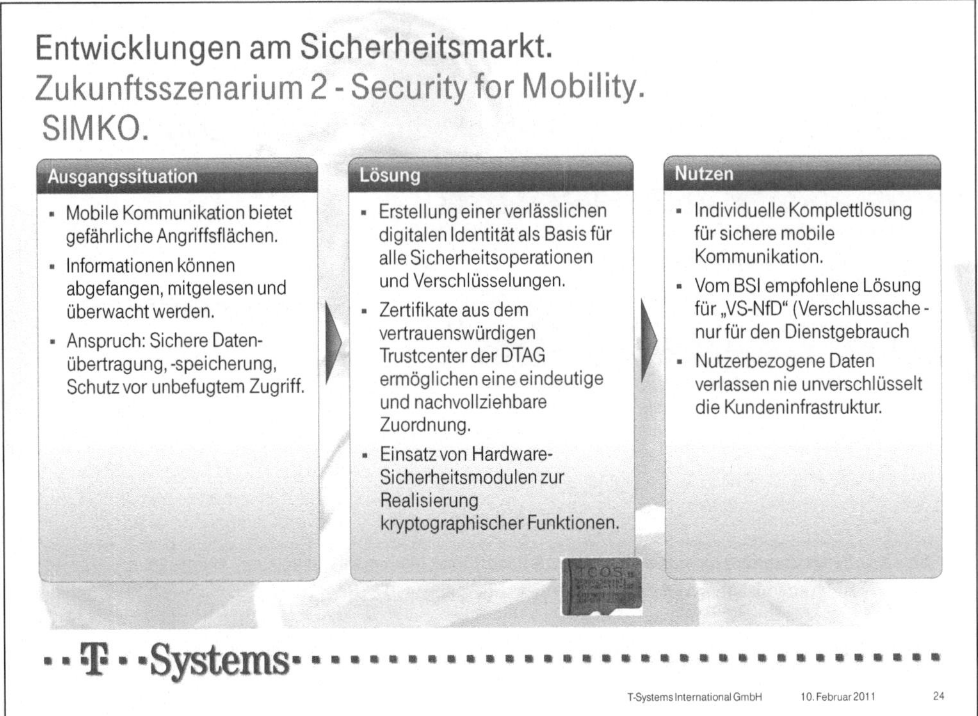

Bild 19

Mobile Zugangslösungen sind ein großes Thema (Bild 20). Stellen Sie sich vor, dass Sie unterwegs sind und einen sicheren Zugang zum Beispiel zur Cloud oder zu anderen Netzwerken haben möchten. Sie möchten die Möglichkeit verschiedener Zugangswege haben, zum Beispiel via UMTS. Außerdem möchten Sie eine Speicherlösung zum Transport wichtiger Daten haben, Sie möchten Remote Services nutzen können, Sie möchten sogar ein noch höheres Sicherheitsniveau erreichen, Schlagwort ist hier „Bring your own Computer". Das alles soll natürlich immer auf Basis von Hardwaresicherheit und Hardware-Sicherheitsankern gewährleistet werden.

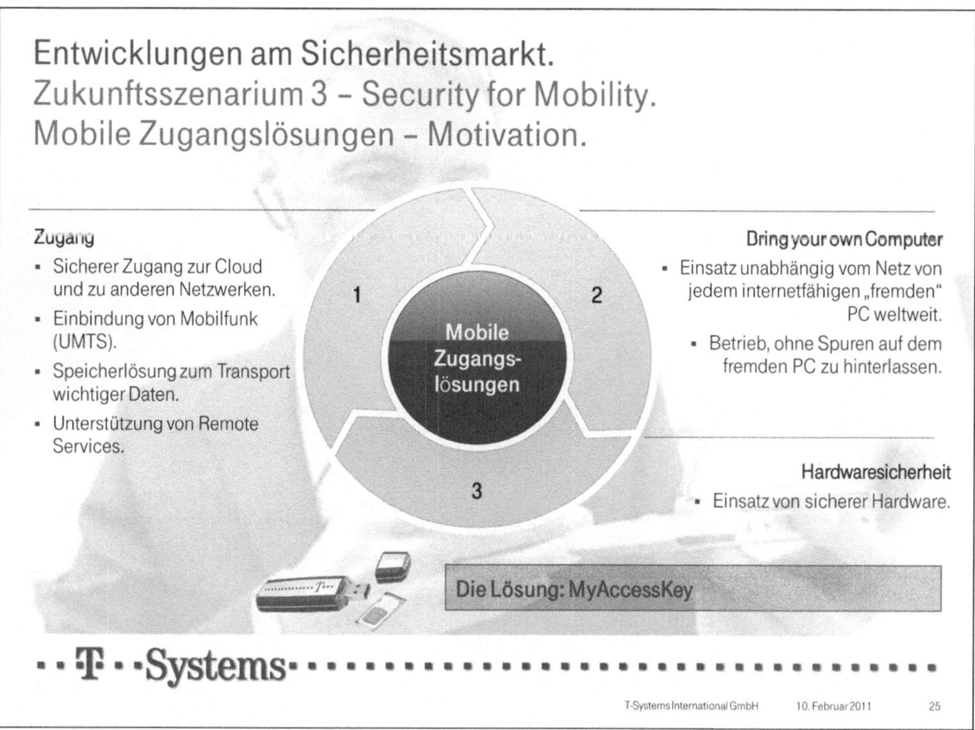

Bild 20

Dafür haben wir bereits innerhalb der T-Systems eine Familie von sich ergänzenden Lösungen zusammengestellt. Wir haben diese in unterschiedlichen Ausbaustufen entwickelt. Im Bild 21 sind links und in der Mitte die beiden „stickbasierenden" Online-Varianten dargestellt. Sie müssen immer mit dem Internet oder anderen Hintergrundsystemen zusammenarbeiten. Eine Smart Card wird eingesetzt. Als höchste Ausbaustufe haben wir eine Box entwickelt, die sich selbst booten kann und noch weniger von seinem Wirtsystem benötigt, Schlagwort: „Bring your own Computer".

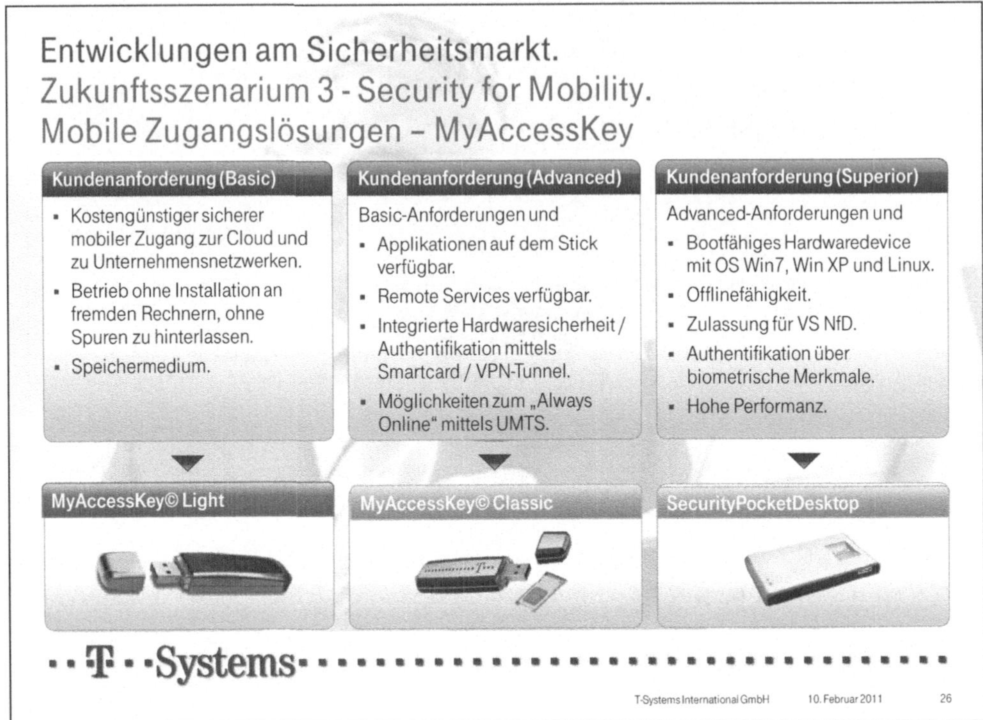

Bild 21

Ich möchte nun noch ein Szenario vorstellen, mit dem wir bei der T-Systems ständig zu tun haben. Wir adressieren Großkunden, die verschiedene IT-, Produktions- oder Steuernetze haben, bei denen eine Fülle unterschiedlicher Systeme und Komponenten von verschiedenen Herstellern eingesetzt werden. Die sollen nun aus der Ferne von den Herstellern gewartet werden können. Das Ganze soll zudem gesichert erfolgen (Bild 22).

Bild 22

Wir haben für dieses Problem eine Gateway-Lösung erarbeitet (Bild 23). Bevor ein Serviceunternehmen auf das Unternehmensnetz zugreifen kann, muss es vorher durch ein Gateway geschleust werden. Dieses Gateway sorgt zum einen dafür, dass ein gesicherter Zugang nur mit der entsprechenden Berechtigung erfolgen kann. Dies wird hardwareunterstützt gemacht. Zum anderen hat das Service-unternehmen Hardwaresicherheitsmodule, die bei uns integriert sind, so dass der entsprechende Administrator eines Gateways natürlich auch nicht ohne Weiteres Zugriff hat, sondern lediglich hardwaregestützt.

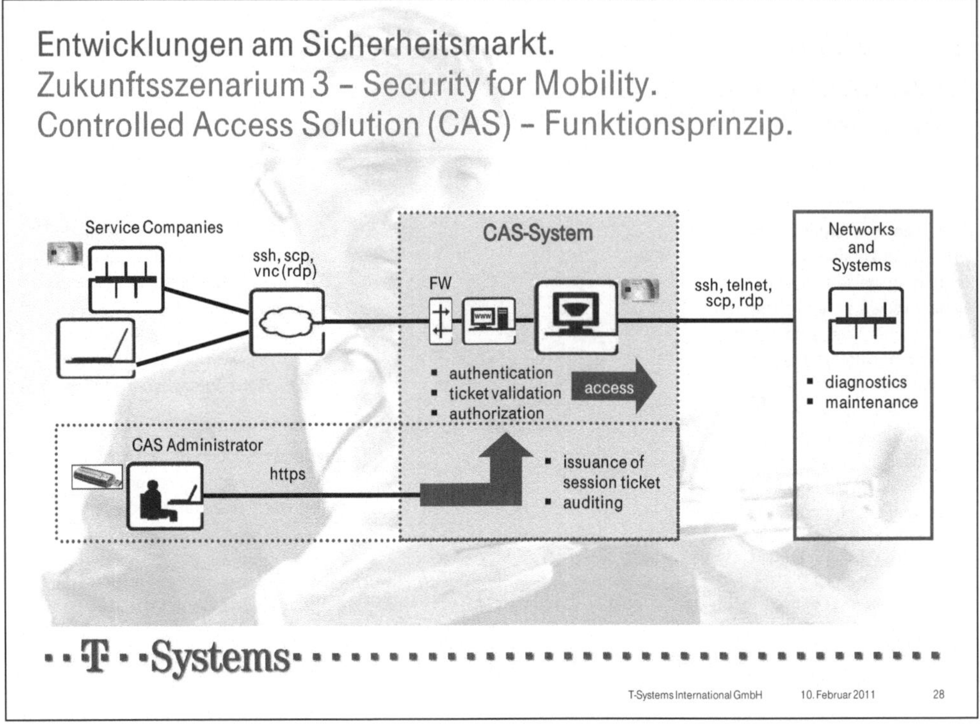

Bild 23

Wohin wird aus unserer Sicht die Sicherheitsreise gehen (Bild 24)? Beim Cloud Computing sehen wir eine größere Flexibilisierung der Systeme und mehr Standardisierung auf allen Ebenen. Beim Thema Smart Metering sehen wir einen Ausbau der Systeme zu komplexen Smart Grids. Wie ich bereits erwähnt habe, wird es so sein, dass jeder Teilnehmer zwei Rollen einnimmt: Auf der einen Seite die Rolle des Energiekonsumenten und auf der anderen Seite die Rolle des Energielieferanten. Im Rahmen von Security for Mobility geht es in Richtung höherer Virtualisierungsgrad in Verbindung mit Cloud Computing. Wir sehen das Schlagwort „Bring your own Computer" mit den entsprechenden Sicherheitsfragen. Unser Fazit ist nun, dass man zumindest mittel- und langfristig einen flächendeckenden Einsatz von Hardwaresicherheit benötigt, um diese höhere Komplexität und größere Bedrohung an die Systeme in den Griff zu bekommen.

Vielen Dank für Ihre Aufmerksamkeit.

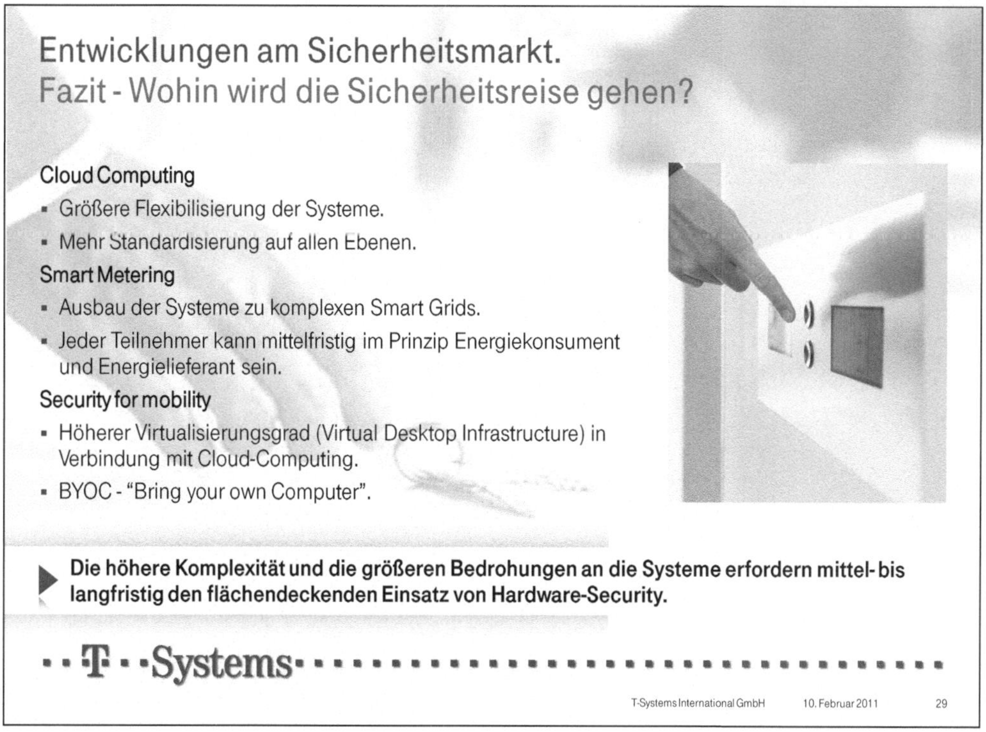

Bild 24

Udo Bub

Welches sind Ihrer Meinung nach die größten Herausforderungen, um beim Cloud Computing für Sicherheit zu sorgen? Was sind dort konkrete Maßnahmen? Sie haben ja bereits den Themenkreis beschrieben, aber welche Maßnahmen haben Sie denn in Ihrem Portfolio und was genau bieten Sie da als Features an?

Friedrich Tönsing

Als Maßnahmen für die verschiedenen Services habe ich etwas angegeben, was quasi von der Stange ist. Ich denke, dass man sich noch über den gesicherten Zugang Gedanken machen muss und Szenarien im Trusted-Cloud-Umfeld beleuchten muss und wird.

8 Entwicklung von Schutzprofilen für Smart Meter

Bernd Kowalski

Welche Rolle spielt das Bundesamt für Sicherheit in der Informationstechnik bei der Entwicklung des künftigen Internet der Energie? Im September des vergangenen Jahres erhielt das BSI vom Bundesministerium für Wirtschaft und Technologie den Auftrag, ein Schutzprofil für Smart Meter zu entwickeln. Smart Meter sind wichtige Teilkomponenten des künftigen Smart Grid. Smart Meter nehmen am Ort des Energieverbrauchs und der dezentralen Einspeisung Daten auf, die später sowohl zur Steuerung des Verbrauchs als auch der Energieeinspeisung dienen können. Somit müssen Smart Meter nicht nur verlässlich sein in Bezug auf die Datenaufnahme und Datenweitergabe, sondern sie müssen auch die Ansprüche in Bezug auf den Datenschutz, den Schutz persönlicher Daten und der Sicherheit der Energieversorgung erfüllen, an die gerade in Deutschland besonders hohe Anforderungen gestellt werden.

Um die sicherheitstechnischen Anforderungen an Smart Meter verbindlich zu machen, entwickelt das Bundesministerium für Wirtschaft und Technologie gleichzeitig einen Rechtsrahmen durch eine Novellierung des Energiewirtschaftsgesetzes EnWG, welches im Zuge der Umsetzung des so genannten dritten Binnenmarktpaketes der Europäischen Union bis Ende 2012 umgesetzt sein soll.

Zu Beginn meines Vortrages möchte ich Ihnen anhand einer sehr anschaulichen Darstellung der Firma Infineon kurz erläutern, um was es bei dem Smart Meter eigentlich geht. Dort ist zunächst ein klassisches Energienetz abgebildet, wie wir es heute kennen. Wir haben ein passives Verteilnetz und eine zentrale Einspeisung von Energie. Die bekannten Grundlast-, Mittellast- und Spitzenlastkraftwerke speisen den Strom zentral ein. Daneben gibt es natürlich auch schon einige Windparks und Photovoltaikanlagen. Im Verteilnetz, also in der unteren Netzebene hat man heute in der Regel keine Möglichkeit, den Energiefluss abhängig vom lokalen Verbrauch oder von einer lokalen Einspeisung steuern zu können.

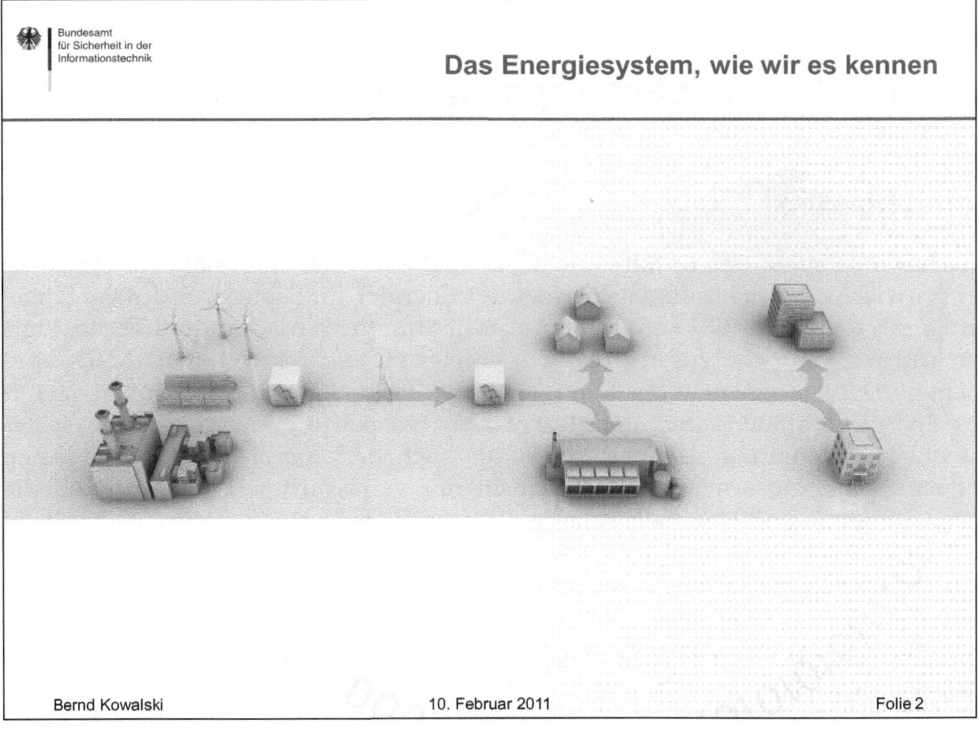

Bild 1

Bei dem im Bild 2 dargestellten Beispiel eines landwirtschaftlichen Betriebes wird also der Strom über ein herkömmliches passives Verteilnetz an die Endverbraucher herangeführt.

Bild 2

Wer öfters in Bayern Urlaub macht, weiß, dass sich dort auf vielen Dächern von landwirtschaftlichen Betrieben bereits eine Photovoltaikanlage befindet (Bild 3). Scheint die Sonne, wird zusätzlich dezentral Energie eingespeist. Damit entsteht aber ein neues Regelungsproblem für den Netzbetreiber, denn die Sonne scheint selten genau dann, wenn die Energie auch benötigt wird beziehungsweise abfließen kann. Aufgrund der starken Zunahme erneuerbarer Energien entsteht ein wachsendes Stabilitätsproblem für das Energienetz. Schon an diesem Beispiel wird deutlich, dass mit dem zunehmenden Aufkommen dezentral erzeugter, erneuerbarer Energien, Steuerungsfunktionen für Verbrauch und Einspeisung benötigt werden. Damit entsteht wiederum auch der Bedarf, die dafür benötigten Daten für Verbrauch und Einspeisung vor Ort erheben zu können.

Bild 3

Die Förderung der Elektromobilität wird den Bedarf einer neuen Netzsteuerungs-funktion noch erhöhen: Auf unserem Bild soll der mit einem Elektroantrieb aus-gestattete grüne Traktor, der tagsüber für seine landwirtschaftlichen Aufgaben eingesetzt wird, abends an einer Ladesäule aufgeladen werden (Bild 4). Und da nicht nur in Bayern, sondern in ganz Deutschland alle landwirtschaftlichen Betriebe nahezu zur gleichen Zeit einen Ladebedarf haben werden, würde für das Energienetz ein ernsthaftes Problem durch diese neue Spitzenlast entstehen.

Bild 4

Ein Beispiel für das Energienetz der Zukunft ist in Bild 5 dargestellt. Im zukünftigen Energienetz werden wir zentrale und dezentrale Energieeinspeisung nebeneinander haben. Zur Sicherstellung der Stabilität eines solchen Netzes wird dessen Steuerungsfähigkeit in allen Netzebenen benötigt. Eine wichtige Voraussetzung dafür ist, dass bei den gewerblichen Verbrauchern, bei Großverbrauchern und bei einer repräsentativen Anzahl privater Haushalte ein Smart Meter vorhanden ist.

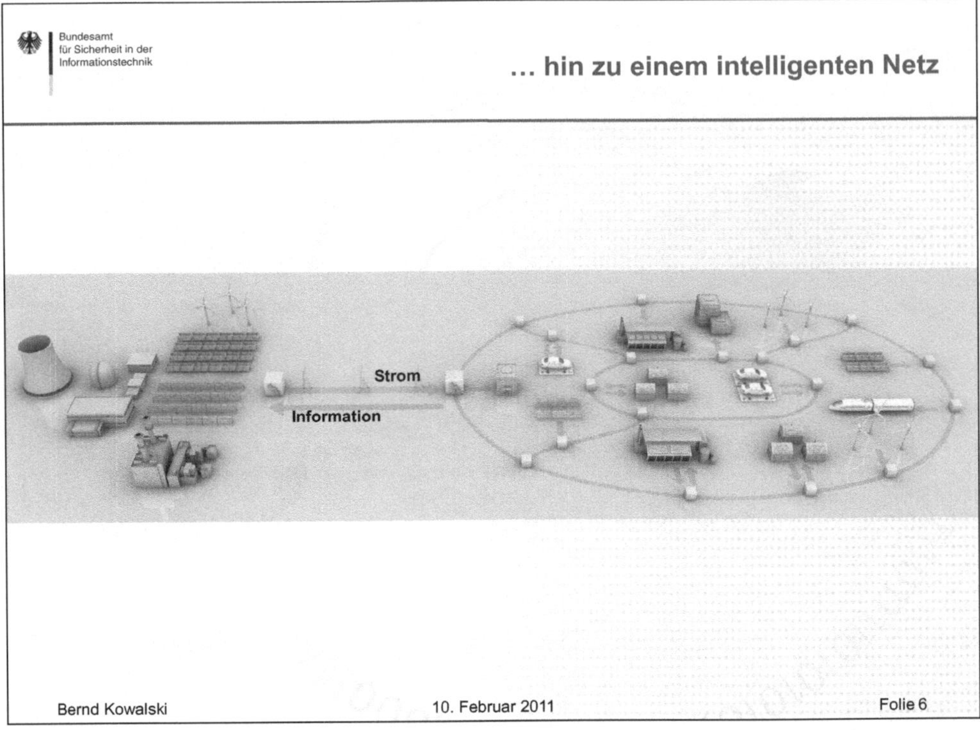

Bild 5

Bis 2020 soll der Anteil erneuerbarer Energien auf 20 Prozent steigen. Der Wettbewerb zwischen Energieerzeugern und Verteilnetzbetreibern soll gestärkt werden bei einer gleichzeitigen Entflechtung von Stromlieferanten, Netzbetreibern und Messstellenbetreibern. Die Novellierung des EnWG sieht unter anderem die verbindliche Vorgabe von IT-Sicherheits- und Interoperabilitätsstandards vor. Einzelheiten werden in entsprechenden Verordnungen dann im Einzelnen festgelegt.

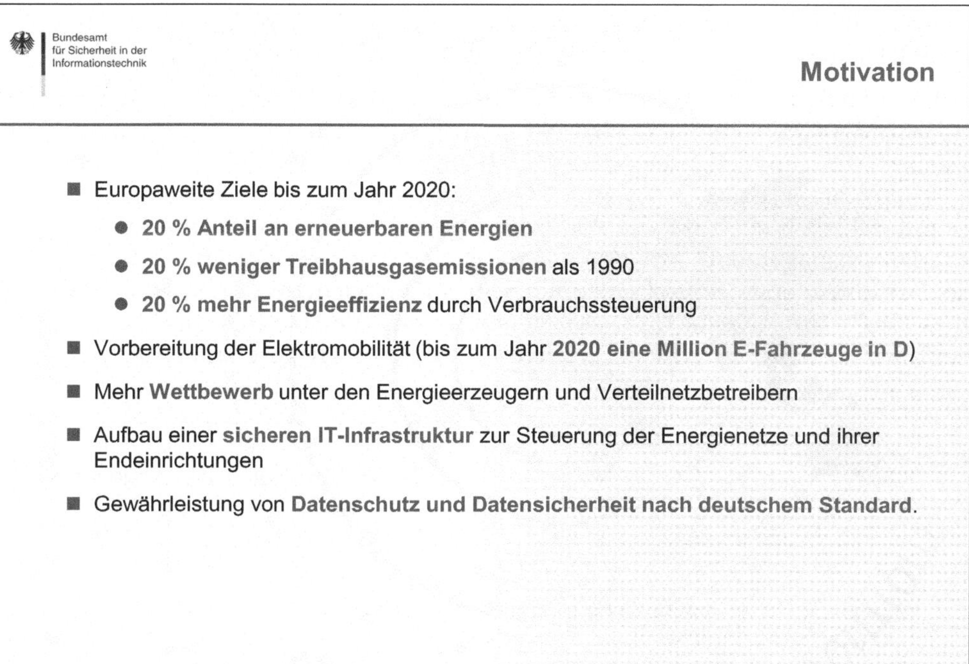

Bild 6

In Deutschland genießen Datenschutz und Datensicherheit sowohl im Hinblick auf die gesetzlichen Rahmenbedingungen als auch auf die Wahrnehmung in der Öffentlichkeit einen besonders hohen Stellenwert. Dies ist in anderen Staaten, die ebenfalls Anforderungen an Smart Grids und Smart Meter entwickeln, zum Teil deutlich anders. Wenn wir also unsere Anforderungen an Datenschutz und Datensicherheit, die in unseren Gesetzen und in unserem gesellschaftlichen Werteverständnis grundlegend verankert sind, auch für das künftige Smart Grid sichern wollen, dann muss Deutschland auch in der Standardisierung der dafür benötigten IT-Sicherheitstechnik eine führende Rolle einnehmen. Das bedeutet aber auch, dass wir mit der Entwicklung von technischen Standards frühzeitig beginnen und diese aktiv und gestaltend in den europäischen und gegebenenfalls auch in den internationalen Normungsprozess einbringen müssen. Wir können zum Beispiel nicht abwarten, bis IT-Marktführer aus den USA oder aus anderen Ländern durch de-facto-Standards das Niveau von Datenschutz und Datensicherheit für Smart Grids in Deutschland oder in Europa festlegen.

Das BSI erarbeitet die sicherheitstechnischen Vorgaben für Smart Meter in enger Zusammenarbeit mit dem Bundesbeauftragten für Datenschutz und Informationsfreiheit BfDI, der Bundesnetzagentur BNA, der Physikalisch Technischen Bundesanstalt PTB, den Verbänden der Energiewirtschaft und der Industrie.

An dieser Stelle soll aber auch nochmals deutlich gesagt werden: Die für ein Smart Grid erforderliche Sicherheit wird natürlich nicht allein schon durch Sicherheitsvorgaben für Smart Meter erreicht. Vielmehr müssen sämtliche sicherheitskritischen Komponenten eines Smart Grid ein hohes Sicherheitsniveau aufweisen. Das gilt natürlich auch für die Anforderungen an den Systembetrieb und an das Sicherheitsmanagement. Mit den technischen Standards für Smart Meter wird jedoch in einem ersten entscheidenden Schritt eine wichtige Voraussetzung für ein hohes Sicherheitsniveau und ein gemeinsames Verständnis darüber, welche grundsätzlichen Sicherheitsziele erreicht werden müssen, geschaffen (Bild 7).

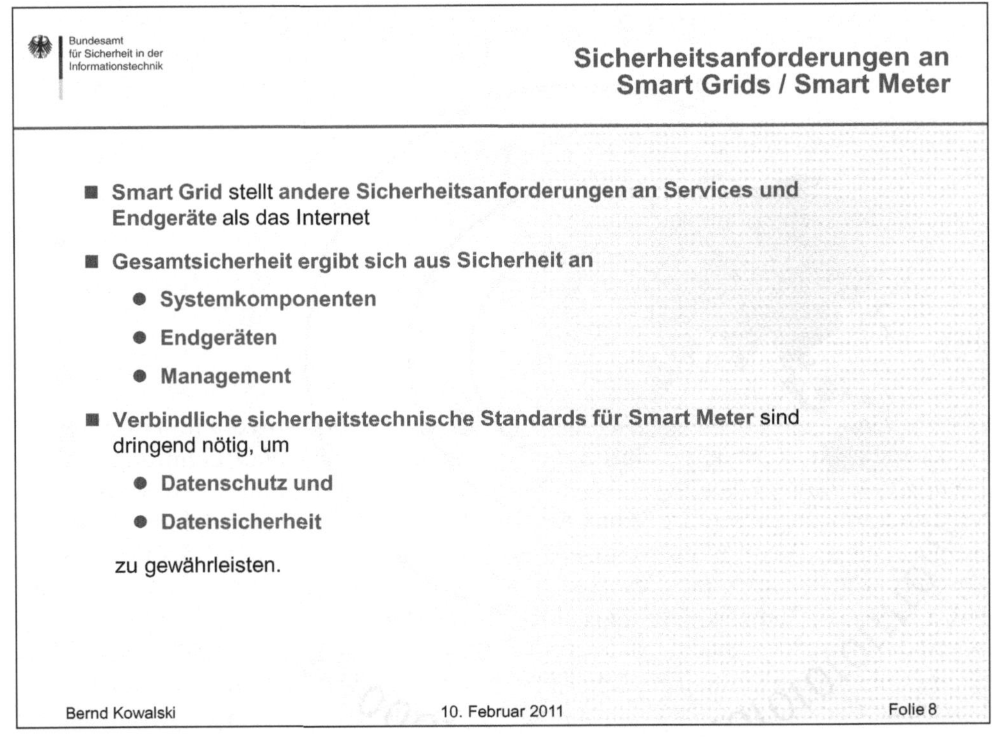

Bild 7

Im Rahmen der Beauftragung des BSI mit der Entwicklung eines Schutzprofiles für Smart Meter durch das BMWi hat der BfDI verlangt, dass die in einem Schutzprofil geforderten Sicherheitseigenschaften von Smart Metern durch unabhängige Stellen nachprüfbar sein müssen. Daher werden von den Herstellern entsprechende

Nachweise über eine Sicherheitszertifizierung verlangt. Einfache Herstellererklärungen genügen dafür also nicht.

Smart Meter sollen zum Beispiel auch die Einbindung von Energiespeichern unterstützen. Dazu wird man Smart Meter optional auch mit entsprechenden Sensoren für zum Beispiel Spannung, Leistung und Phasenwinkel ausstatten. Diese Parameter werden insbesondere von Netzbetreibern benötigt. Smart Meter werden aber keine unmittelbaren Schaltfunktionen im Netz ausführen. Sie liefern lediglich Daten, welche im Zusammenspiel mit Netzführungssystemen der Netzbetreiber derartige Funktionen vorbereiten.

Smart Meter sollen auch innerhalb einer Liegenschaft wichtige Daten zur Steuerung der lokalen Energieverteilung zwischen lokalen Verbrauchern und Einspeiseeinrichtungen liefern und an Verbraucher und Erzeuger vor Ort weitergeben. Lokal erzeugte Energie zum Beispiel soll ja möglichst bereits vor Ort verbraucht und die Steuerung von Verbrauchern möglichst schon vor Ort optimiert werden.

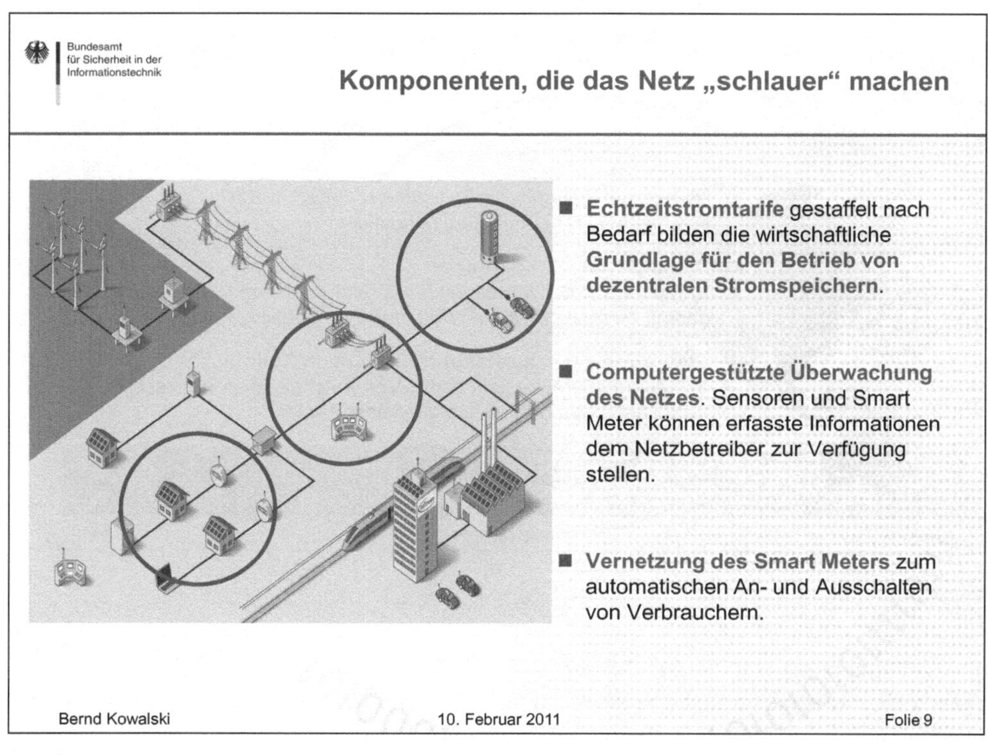

Bild 8

Smart Meter stellen zudem besondere Anforderungen an IT-Sicherheit und Datenschutz (Bild 9). Verschiedene Dienstleister sollen auf die Daten im Smart Meter
zugreifen können. Dazu gehören Verteilnetzbetreiber, Stromlieferanten,
Messdatendienstlesiter etc. Im Smart Meter muss bekannt sein, wer auf welche
Daten des Smart Meter zugreifen darf. Die inhaltliche Abstimmung darüber muss
vorher mit dem zuständigen Datenschutzbeauftragten geklärt werden. Dies ist
dann in die Verträge zwischen Kunden und dessen Vertragspartnern entsprechend
zu verankern. Die technische Umsetzung erfolgt dann über den Messstellenbetrieb
und die technische Funktion des Smart Meter, welches die sicherheitstechnischen
Anforderungen des Schutzprofils erfüllen muss.

Bild 9

Die Zertifizierung der Smart Meter soll gewährleisten, dass diese Geräte nach-
weisbar durch unabhängige Stellen sowohl Sicherheitsanforderungen als auch die
notwendigen Interoperabilitätseigenschaften erfüllen.

Die Sinnhaftigkeit und Umsetzbarkeit von Sicherheitszertifizierungen können
durch eine Reihe praktischer Beispiele aus der Vergangenheit belegt werden.

Nehmen wir dazu zum Beispiel den elektronischen Reisepass und den Personalausweis (Bild 10). Es gibt aber auch kommerzielle Produkte wie Firewallsysteme oder Betriebssysteme, wie beispielsweise das ZOS der IBM, ein sehr bekanntes Betriebssystem für Mainframes, welches schon seit vielen Jahren zertifiziert und erfolgreich als kommerzielles Produkt verkauft wird. Auch der digitale Tachograph, welcher seit etwa 10 Jahren den herkömmlichen analogen Fahrtenschreiber ablöst, ist ein solches Beispiel.

Bild 10

Seit etwa 2000 gibt es den Common Criteria-Standard für die Zertifizierung von IT-Produkten. Im Bild 11 ist die steigende Anzahl an Zertifizierungen durch das Schema des Bundesamtes für Sicherheit in der Informationstechnik dargestellt. Die Tendenz ist weiter steigend. Auch im Bereich der Commercial-off-the-shelf („COTS")-Produkte wird Zertifizierung in Zukunft eine Rolle spielen. In den USA gibt es eine generelle Vorgabe, dass in einigen Bereichen der öffentlichen Verwaltung nur zertifizierte Produkte eingesetzt werden dürfen. Deswegen arbeiten wir mit unserer amerikanischen Schwesterbehörde zusammen, um selbst für diese Bereiche entsprechende Schutzprofile zu entwickeln, damit auch für COTS-

Produkte eine Zertifizierung auf der Grundlage gemeinsamer internationaler Standards (hier: Schutzprofile) möglich wird.

Dies zeigt, dass die Standardisierung von Zertifizierungsvorgaben über Schutzprofile zu einer so deutlichen Reduzierung des Zertifizierungsaufwandes führt, dass sich die Zertifizierung selbst für Produkte mit einem relativ kurzen Lebenszyklus rechnet und damit auch für Smart Meter sinnvoll ist.

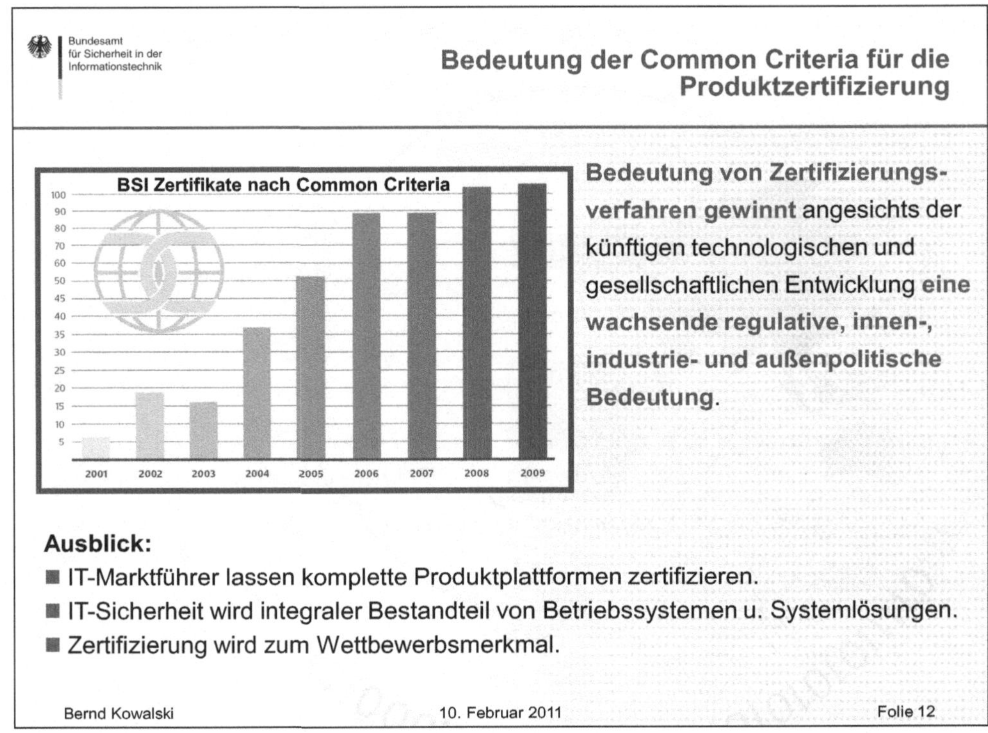

Bild 11

Der Vorteil einer Zertifizierung (Bild 12) liegt vor allem in der Neutralität der Prüfung. Im Gegensatz dazu steht zum Beispiel die Herstellererklärung, deren Neutralität grundsätzlich kritisch betrachtet werden muss. Die Zertifizierung nach dem Common Criteria-Standard ist im Bereich der IT-Sicherheitsprodukte das international etablierte Verfahren, welches die gegenseitige Anerkennung von Zertifizierungen einschließt. Eine solche Anerkennung ist bei Weltmarktprodukten eine wichtige Voraussetzung für den wirtschaftlichen Erfolg zertifizierter Produkte.

Lassen zertifizierte Smart Meter auch Software-Updates zu? Wie zeitnah können diese unter einem Zertifizierungsregime eingespielt werden? Software-Updates

müssen natürlich grundsätzlich auch zertifiziert werden. Wenn ein Sicherheitsproblem zu lösen ist, muss immer eine Abwägung getroffen werden, ob alle Tests
vorher durchgeführt werden oder ob man das Update nicht bereits vorher heraus-
gibt (Hotfix). Ergibt sich eine besondere Situation, weil eine schwerwiegende
Sicherheitslücke geschlossen werden muss, muss ein Update schnellstmöglich
erfolgen. Die Zertifizierung des Updates wird dann in einem kontrollierten Verfahren nachgereicht. Allerdings werden an diese Updates besondere betriebliche
Anforderungen gestellt, die von einem zertifizierten Produkt einzuhalten sind.

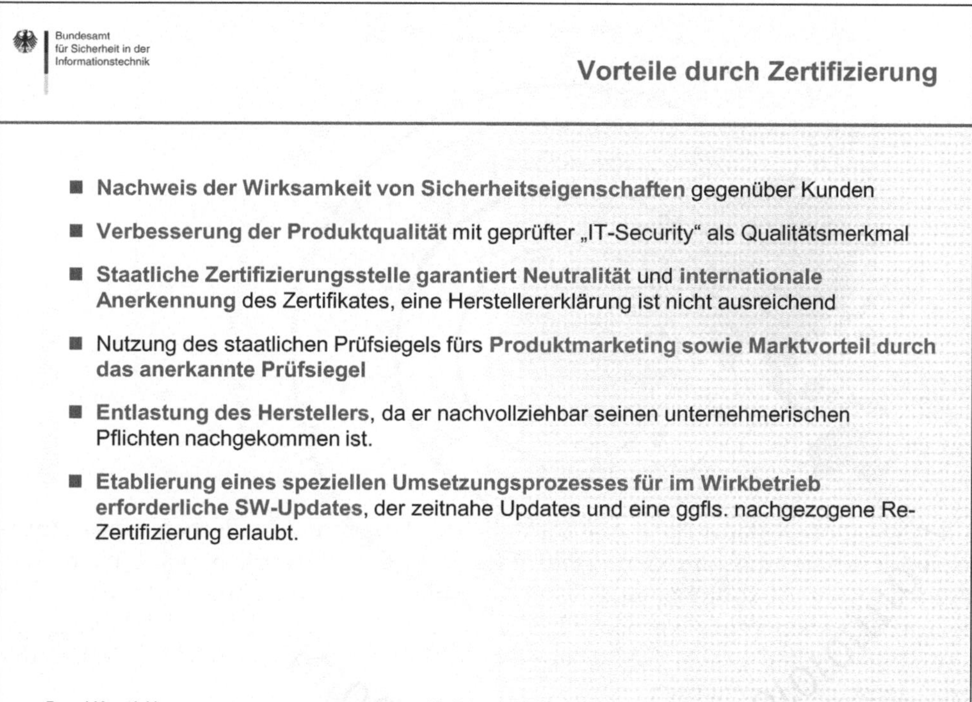

Bild 12

Bild 13 zeigt eine Liste der Nationen, die zurzeit IT-Sicherheitsprodukte zertifizie-
ren beziehungsweise Zertifikate von solchen Produkten anerkennen.

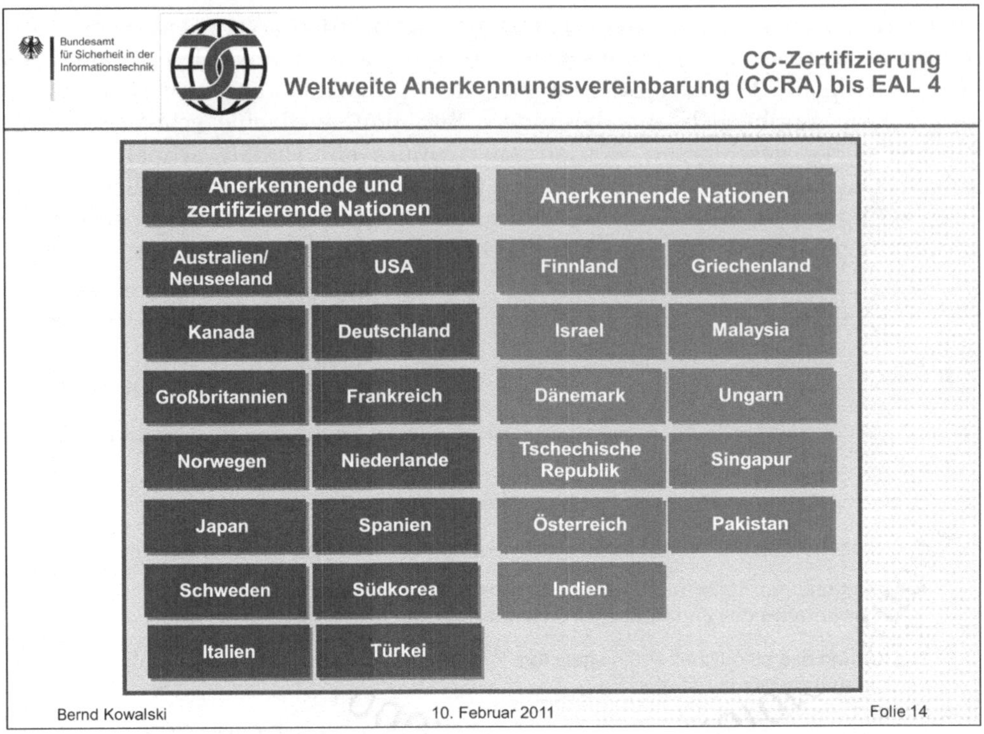

Bild 13

In Europa gibt es dann noch ein zusätzliches Abkommen zwischen den europäischen Zertifizierungsnationen. (Bild 14). Dies ist erforderlich, weil nach dem
internationalen Abkommen nur Zertifikate bis zur Evaluierungsstufe von EAL4
gegenseitig anerkannt werden. Im europäischen „SOGIS-MRA"-Abkommen
werden alle Stufen bis zu EAL 7 anerkannt. Dies ist ein spezifischer Bedarf des
europäischen Binnenmarktes.

Bild 14

Bild 15 fasst einige Abkürzungen zu Schutzprofilen nach Common Criteria zusammen, die für jeden Experten auf diesem Gebiet von Bedeutung sind.

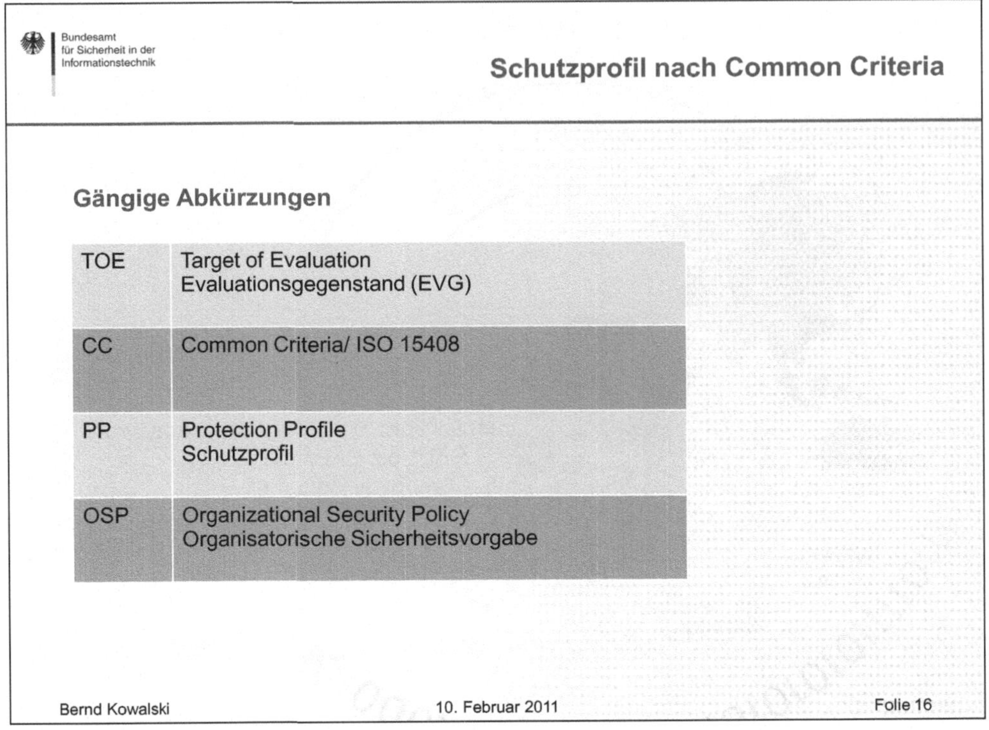

Bild 15

Ich möchte nun noch auf die Abgrenzung der einzelnen Bestandteile beziehungsweise Komponenten eines Smart Meters eingehen. Die wichtigste Funktion aus
sicherheitstechnischer Sicht hat das sogenannte Gateway (Bild 16). Im Gateway
laufen alle Schnittstellen zusammen. Zum einen gibt es die Schnittstelle zum
Fernnetz, also da, wo die Dienstleister wie Messstellenbetreiber, Verteilnetzbetreiber und Stromlieferanten auf Daten zugreifen. An der Schnittstelle zum
WAN werden wahrscheinlich Schnittstellen für DSL, aber auch für die klassischen
Funkverbindungen GSM, GPRS und UMTS anzubinden sein. Der Smart Meter
wird mit hoher Wahrscheinlichkeit in einem VPN betrieben, an das auch spezielle
Sicherheitsanforderungen zu stellen sind. Dann gibt es eine Schnittstelle zum
Benutzer. Der Benutzer soll die Möglichkeit haben, jederzeit seinen aktuellen Verbrauch ablesen zu können. Das ist heute bereits gesetzlich verankert und das kann
er am Gateway selbst machen oder auch über eine lokale Mobilfunkschnittstelle
zum Beispiel im Wohnraum.

Dann gibt es den sogenannten E-Meter, das heißt Elektronik-Meter. Der klassische
Verbrauchszähler wird durch einen E-Meter ersetzt. An den E-Meter werden
spezielle eichrechtliche Anforderungen gestellt. Diese müssen wir bei einem

elektronischen Meter selbstverständlich auch sicherheitstechnisch umsetzen. Wenn dieser E-Meter mit dem Gateway kommuniziert, was zum Beispiel auch über ein Hausfunknetz möglich sein soll, dann sind natürlich bestimmte Anforderungen einzuhalten. Die aufgenommenen und übermittelten Daten müssen authentisch, integer und gegenüber Dritten vertraulich sein. Somit wird zum Beispiel eine Digitale Signatur und eine Verschlüsselungsfunktion erforderlich sein.

Zur Speicherung und Verarbeitung sensibler Schlüsselinformation beinhaltet das Gateway auch ein Sicherheitsmodul, in welchem die Schlüsselmittelverwaltung für die Steuerung der Zugangskontrolle stattfindet. Zur Erfüllung der Sicherheitsvorgaben ist es vorteilhaft, diese Sicherheitsmodule in Hardware, das heißt mit Sicherheitschips, auszuführen. Derartige Chips werden im Markt bereits für verschiedenste Anwendungen in großen Stückzahlen eingesetzt. Hier wird also keine völlig neue technologische Entwicklung notwendig sein. Die Verwendung solcher Sicherheitschips erspart dem Gateway-Hersteller auch eine aufwändige, eigene Neuentwicklung dieser sicherheitskritischen Funktion und damit auch den Aufwand für die damit verbundene Sicherheitszertifizierung.

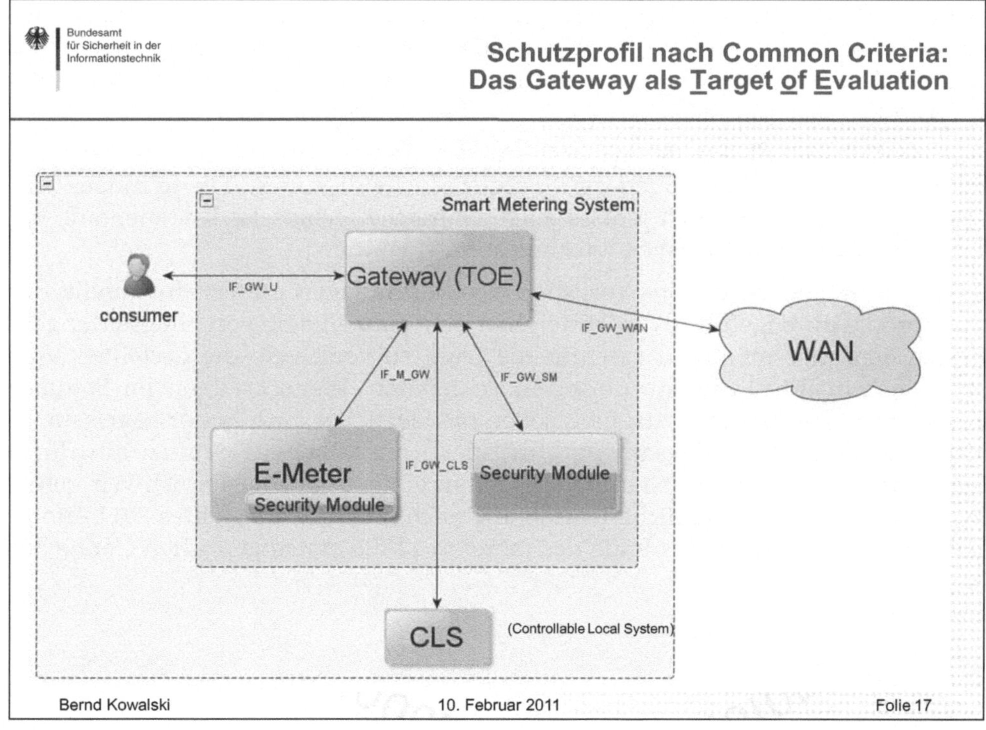

Bild 16

Ob an ein Gateway nur ein E-Meter angeschlossen wird oder mehrere, hängt von der Anwendungssituation vor Ort ab. Das Gateway-Konzept muss natürlich Konfigurationen mit nur einem E-Meter genauso unterstützen können wie solche mit mehreren solcher Geräte.

So wird es Smart Meter geben, die als integrale Gerätelösung ausgeführt sind, wie zum Beispiel solche, die in einem Einfamilienhaus zum Einsatz kommen. Es wird aber beispielsweise auch Lösungen für Wohnungsbaugesellschaften geben, bei denen es ein Gateway für viele Meter geben wird. Das Gateway wäre dann zum Beispiel im Hauptverteiler beziehungsweise in der Nähe der Hauszuführung aufgesteckt und die entsprechenden elektronischen Zähler befänden sich in den jeweiligen Wohneinheiten.

Das CLS „Controllable Local System" ist ein Sammelbegriff für steuerbare, lokale Verbrauchs- und Einspeiseeinrichtungen. Auch ein lokaler Energiespeicher kann ein solches CLS sein. Weitere Beispiele sind die Waschmaschine, die Ladestation für das Elektromobil, das MicroBHKW und die Photovoltaik-Anlage.

Der Zeitplan für die Entwicklung des Schutzprofils ist in Bild 17 dargestellt. Bis Mitte des Jahres soll ein stabiles Schutzprofil vorliegen. Neben dem Schutzprofil wird es auch noch funktionale Anforderungen geben, um alle Sicherheitsfunktionen so zu gestalten, dass sie nicht nur sicher, sondern auch interoperabel sind. Dazu wird es wahrscheinlich eine zusätzliche so genannte Technische Richtlinie „TR" geben.

Der erste Entwurf für ein Schutzprofil für das Gateway wurde bereits versendet und auch mit den Angehörigen der Energiebranche diskutiert. Die Resonanz war insgesamt positiv. Natürlich gibt es auch zahlreiche technische Kommentare, die jetzt in die nächste Entwurfsversion eingearbeitet werden.

Für die Hersteller wurde ein Workshop über Grundlagen und Prüfmethodik der Schutzprofile durchgeführt. Wir leisten hier eine ganze Reihe von Hilfestellungen, um die Hersteller möglichst rasch in die Lage zu versetzen, die gestellten Vorgaben auch in ihre Produkte umsetzen zu können. Wenn es dann im Sommer einen stabilen Standardentwurf gibt, sollen die Hersteller auch in der Lage sein, in entsprechende Entwicklungsarbeiten investieren zu können. Das setzt allerdings voraus, dass auch der Rechtsrahmen bis dahin einigermaßen stabil ist. Wir gehen davon aus, dass diese rechtliche Umsetzung auch im Laufe des Jahres 2011 erfolgt und dass wir dann Mitte bis Ende des Jahres 2012 die ersten geprüften Geräte auf dem Markt haben.

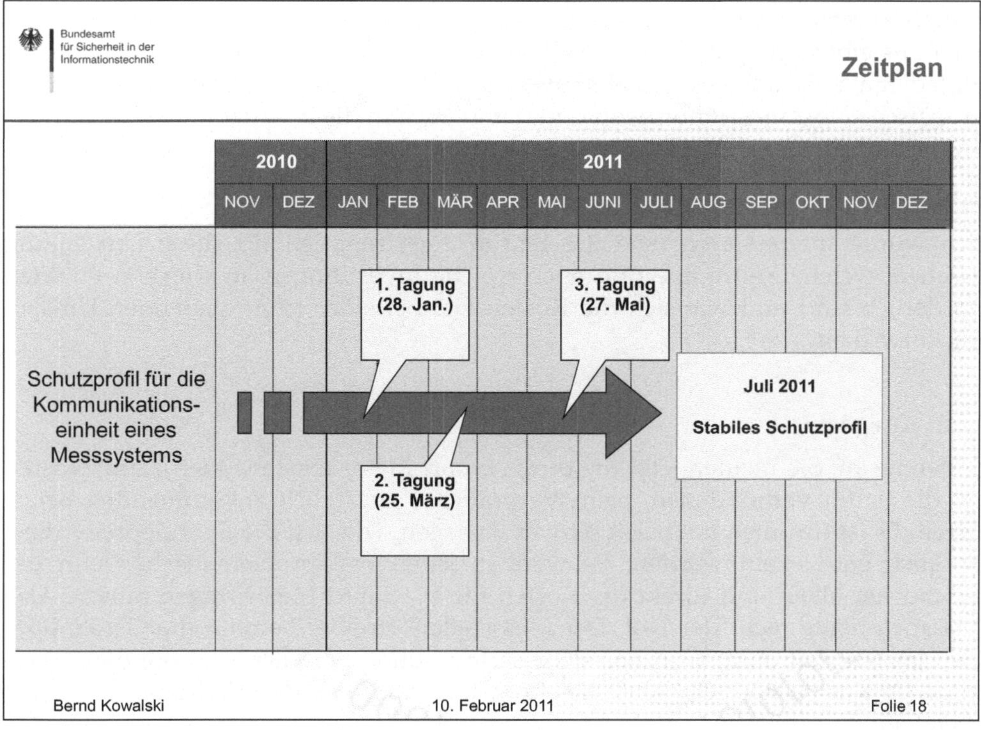

Bild 17

Teilnehmer

Mich interessiert die internationale Standardisierung. Deutschland ist ja führend im Energiesektor. Was passiert denn in den USA und Japan?

Bernd Kowalski

Es gibt eine ganze Reihe von Standardisierungsaktivitäten in verschiedenen Normungsgremien, die allerdings nicht aufeinander abgestimmt sind. Es gibt in Amerika auch schon Lösungen mit elektronischen Zählern. Ich glaube, es sind etwa 10 bis 17 Millionen Stück ausgegeben worden. In den Niederlanden hat man auch mit dem Ausrollen von Smart Metern begonnen. Dort gab es eine heftige Datenschutzdiskussion. Das sind alles Ereignisse, die nicht zuletzt auch hier die politische Entscheidung beeinflusst haben, dass man hier in Deutschland einen verbindlichen Standard machen will. Man kann nicht erwarten, dass die Anforderungen an den Datenschutz und an die Datensicherheit, wie sie hier in Deutschland gegeben sind, international genauso gesehen werden. Da gibt es völlig unterschiedliche Kulturen und Einsichten. Wenn wir eine ordentliche Lösung nach unseren Vorstellungen haben wollen, müssen wir hier schnell eine Lösung bereitstellen. Es gibt noch kein Schutzprofil, außer dem, das wir jetzt in Europa erarbeiten. Jedenfalls ist uns keines bekannt. Wir wollen dieses Schutzprofil auch in die europäische Normung einbringen und damit auch in die internationale Normung.

Teilnehmer

Mich würde interessieren, wie die Einführungsszenarien für diese Umstellung aussehen, welche Zeiträume und auch welche Investitionen an welchen Punkten erforderlich sind und wie sich die Kostenseite bei einer so gravierenden Umstellung entwickelt.

Bernd Kowalski

Ich nehme an, Sie meinen jetzt die durch Smart Meter entstehenden Zusatzkosten und die damit verbundenen, beim Verbraucher zusätzlich ankommenden Belastungen. Es ist für mich natürlich schwer zu sagen, wie sich die Energiepreise diesbezüglich entwickeln werden. Es wäre in jeden Fall problematisch, wenn der Verbraucher allein und direkt die Kosten für ein Smart Meter tragen müsste. Das ist ja auch heute nicht der Fall. Der Messstellenbetreiber betreibt die Geräte über einen langen Zeitraum, worüber er diese Investition verteilen und die damit verbundenen Kosten über ein jährliches Entgelt teilweise an den Verbraucher weitergeben kann.

Das Bundesministerium für Wirtschaft und Technologie wird im Übrigen auch eine Kosten-Nutzen-Analyse erstellen. Es ist nicht vorgesehen, dass sämtliche Smart Meter sofort und flächendeckend an alle Haushalte ausgerollt werden. Dafür wird es Übergangszeiträume geben, aber zeitlich natürlich so begrenzt, dass auch die gesetzten klimapolitischen Zeitziele noch erreicht werden können.

Teilnehmer

Ich habe zwei Fragen. Zum einen hatten Sie in Ihrem Zeitplan bereits dargestellt, dass es im zweiten Halbjahr 2011 eine rechtliche Grundlage geben wird. Bis dahin ist das Schutzprofil definiert und es kann auch eine Zertifizierung stattfinden. Was passiert denn mit Geräten und Lösungen, die bis dahin schon im Markt sind? Wie sieht es aus rechtlicher Sicht in diesem Fall aus? Dürfen diese weiter betrieben werden oder muss eine nachträgliche Zertifizierung stattfinden? Zum anderen habe ich noch eine Verständnisfrage. Ich gehe einmal davon aus, dass auch der E-Meter und das Security Module zertifiziert werden. Ist das richtig?

Bernd Kowalski

Ich möchte mit der Beantwortung der letzten Frage beginnen: Wir werden verschiedene Geräteausführrungen haben. Es ist ein Unterschied, ob man einen Ein-Familien-Haushalt oder eine Wohnungsbaugesellschaft betrachtet. Bei einer Wohnanlage mit mehreren Wohnungen sind E-Meter und Gateway getrennte Komponenten. Die Zertifizierung bezieht sich im Wesentlichen aber immer auf das Gateway.

Was die rechtlichen Vorgaben angeht, kann ich sagen, dass es eine Übergangszeit geben wird. Man kann nicht damit rechnen, dass dann bereits installierte Geräte diese Anforderungen der neuen Smart Meter erfüllen können. Das ist immer das Problem von installierter Technik in einem Übergangszeitraum. Ein Ferraris-Zähler wird möglicherweise über eine entsprechende Schnittstelle an ein Gateway angeschlossen werden können, aber ausgerollte elektronische Zähler, werden sicher ein anderes Kommunikationsgateway benötigen. Übergangszeiten werden dann diese Übergänge so gestalten, dass sie auch kostenmäßig oder von demjenigen, der sie ausgeben hat, dann eingehalten beziehungsweise getragen werden können.

Teilnehmer

Ich habe eine Frage zum Remote-Softwareupdate. Ich nehme mal an, dass die Verfahren selbst herstellerspezifisch sein werden. Wenn das zutrifft, welche Rolle spielt das Bundesamt für Sicherheit in der Informationstechnik in dieser Thematik?

Bernd Kowalski

Das Bundesamt für Sicherheit in der Informationstechnik legt nur die sicherheitstechnischen Prozesse fest, die mit einem Update verbunden sind. Welche Software dann nachgeladen wird, ist Sache des Herstellers. Aber die Tatsache, dass beispielsweise die Software signiert oder verschlüsselt übertragen werden muss nach einem vorangegangenen Zugangskontrollmechanismus mit Authentifikation und dergleichen, das sind Festlegungen, die zentral getroffen werden. Wie der Betrieb dann im Einzelnen funktioniert, dass der Hersteller zum Beispiel das Update an den für den Download verantwortlichen Messstellenbetreiber abliefern muss, wird dann zwischen dem Hersteller und dem Betreiber geregelt. Wenn ein Update sicherheitsrelevant war, muss es allerdings einer Re-Zertifizierung zugeführt werden. Man benötigt aber für eine derartige Infrastruktur eine spezielle Regelung, so dass der Aufwand durch die Zertifizierung nicht den gesamten Update-Prozess zeitlich so verzögert, dass dadurch ein Sicherheitsproblem auftreten würde.

Teilnehmer

Woher kommen die Anforderungen, was die Höhe des Schutzes angeht? Kommen sie von den Versorgern, kommen sie von den Betreibern oder kommen sie vom Bundesamt für Sicherheit in der Informationstechnik?

Bernd Kowalski

Die Anforderungen ergeben sich zum einen aus den grundsätzlichen Anforderungen an den Datenschutz des BfDI und den sicherheitstechnischen Anforderungen des BSI. Man muss auch beachten, dass Smart Meter in einer ungeschützten Umgebung betrieben werden, nicht in einem Rechenzentrum. Die Geräte sind für lange Zeiträume unbeaufsichtigt und deshalb muss man diese Technik auch gegen entsprechende Angriffe schützen. Gleichzeitig sind die zu schützenden Daten sehr kritisch und daher das angenommene Angriffspotenzial hoch. Andererseits wird man aus Aufwandsgründen natürlich versuchen, das angenommene Angriffspotenzial so niedrig wie möglich zu halten.

9 Sicherheit für die Verwaltung eingebetteter Systeme

Jan Pelzl

Die ESCRYPT GmbH beschäftigt sich seit fast sieben Jahren mit der Thematik der eingebetteten Systeme und insbesondere der Security in eingebetteten Systemen. Ich selbst beschäftige mich seit etwa 10 Jahren mit diesem Thema. Wir arbeiten im Wesentlichen auf embedded-Plattformen. Im Gegensatz zu den Themen, von denen heute schon gesprochen wurde, arbeiten wir viel im Bereich von klassischen einfachen embedded Systems, wo teilweise gar kein Hardwareanker in Sicherheit vorliegt. Es geht also vielfach darum, in einfache Maschinen Sicherheit zu implementieren. Dies ist eines unserer Kernthemen, über das ich heute sprechen möchte.

Die hohe Bedeutung der Sicherheit von eingebetteten Systemen ergibt sich bereits automatisch aus der Tatsache, dass sie eine Querschnittstechnologie ist, welche man in allen Wirtschaftszweigen wiederfindet (Bild 1). Es ist sicherlich klar, dass sich eingebettete Systeme in der Kommunikations- und Unterhaltungselektronik befinden und dort auch ein Sicherheitsbedarf vorhanden ist. Auch die Automobiltechnik und ebenso Transportwesen und Maschinenbau sind Bereiche, wo intelligente komplexe Systeme vorhanden sind, bei denen ein Sicherheitsbedarf besteht. Daraus ergibt sich, dass eingebettete Systeme mittlerweile überall in kritischen Infrastrukturen stecken, zum Beispiel im Bereich des Smart Metering. In Zukunft werden sich eingebettete Systeme noch stärker ausbreiten, zum Beispiel in den Bereichen Automation, Energieversorgung oder Rettungswesen in Form von Technik in Fahrzeugen oder in Form von behördlichem Funk etc. Überall sind eingebettete Systeme vorhanden und daraus ergeben sich natürlich entsprechende zentrale Sicherheitsthemen.

Hinsichtlich dieser zentralen Sicherheitsthemen haben wir zum einen die Anforderung der Zuverlässigkeit. Das heißt, Systeme müssen funktionieren, dürfen nicht ausfallen und sie müssen zuverlässig funktionieren. Wir haben aber auch Themen der Vertrauenswürdigkeit, was oft auch mit Begriffen wie Trust oder Dependability bezeichnet wird. Des Weiteren haben wir Themen des Manipulationsschutzes, da aus Sicht der Industrie Geschäftsmodelle in Gefahr sind, das heißt eventuell rechnen sich dann gewisse Geräteprodukte nicht mehr. Außerdem besteht die Gefahr von Angriffen gegen Nutzer beziehungsweise Angriffe auf die Privatsphäre, was hier mit Privacy gemeint ist. Privacy ist ein Thema, das in Deutschland maßgeblich vorangetrieben wird. Unser Unternehmen ist auch in den USA tätig und dort ist Privacy nicht unbedingt immer ein Thema. Im Bereich Auto-zu-Auto-Kommunikation ist die Thematik der Privacy mittlerweile sogar etabliert. Es bleibt abzuwarten, was in den USA demnächst als Standard umgesetzt wird und inwieweit Privacy dann eine große Rolle spielt. Im Gegensatz dazu haben Anforderungen an Privacy in Deutschland einen ganz anderen Status.

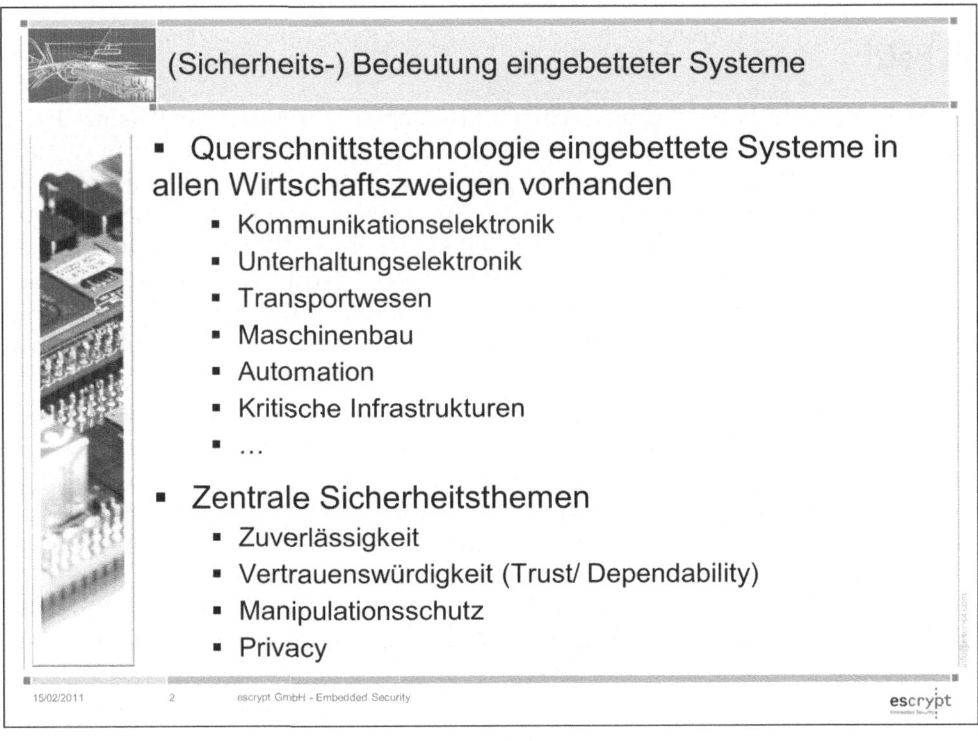

Bild 1

Der Begriff Sicherheit meint hier Zuverlässigkeit und Vertrauen, also Safety und Security (Bild 2). Die klassische IT-Safety schützt vor zufälligen Fehlern ohne absichtliche Fremdeinwirkung. Dies beinhaltet beispielsweise Übertragungsfehler oder so etwas wie Überspannung, wenn man von irgendwelchen Geräten spricht. Dies sind zufällige Fehler, gegen die man sich in jedem Fall schützen muss, um die Zuverlässigkeit zu erhöhen. Klassischerweise wird dies in der Safety gemacht. Dem gegenüber steht die IT-Security, bei der man sich eben gegen absichtliche Manipulation schützt. Die beiden Bereiche lassen sich nicht ganz sauber voneinander trennen. Zum einen bedingen sich Safety und Security gegenseitig, das heißt, man kann manche Safety-Mechanismen nur realisieren, wenn auch irgendwo Security eingebaut ist, also zum Beispiel bei Kryptographie. Es gibt allerdings auch Vertreter der Meinung, dass sich IT-Safety und IT-Security gegenseitig behindern. Auch das stimmt, wenn man an so etwas wie Ausfallsicherheit im Sinne von

Redundancy denkt, also dass man Systeme mehrfach auslegt etc. Das ist sicherlich eine Sache, wo die Security nicht immer willkommen ist, das heißt in diesem Feld gibt es oft Spannungen. In jedem Fall ist aber wichtig, dass beide zusammen erst die Zuverlässigkeit und das Vertrauen von heutigen Systemen schaffen und in manchen Fällen ist IT-Security auch notwendig, um überhaupt Safety zu bieten. Dazu werde ich noch einige Beispiele nennen.

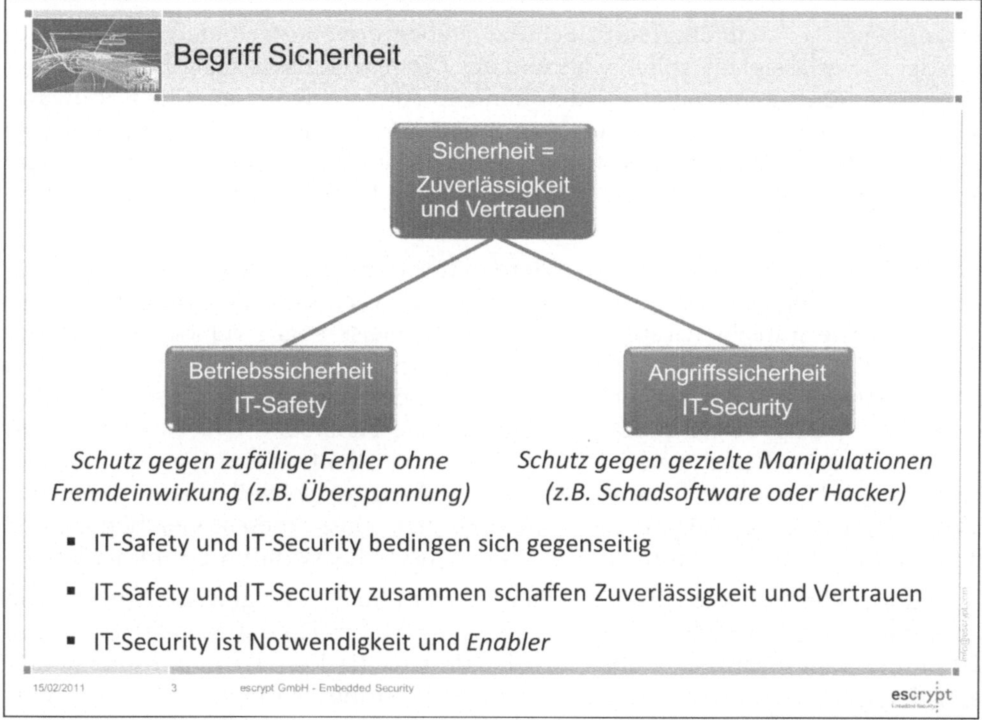

Bild 2

Was wollen wir überhaupt erreichen im eingebetteten System? Wir wollen das gesamte System absichern, aber nicht nur auf technischer Basis, sondern auch die ganzen zugrundeliegenden Prozesse (Bild 3), wie beispielsweise die Herstellung eines solchen Systems. Hier setzt man sich mit der Frage auseinander, wie die Security überhaupt initial in das System hineinkommt. Dazu muss man sich viele Gedanken machen, was heutzutage leider noch oft nicht der Fall ist. Man muss sich klassischerweise während des Betriebes darüber Gedanken machen, wie ein existierendes Gerät sicher betrieben wird. Man muss dafür sorgen, dass die ganzen Security-Mechanismen funktionieren und auch entsprechende geheime Schlüssel etc. geschützt sind. Aber auch während Ausfällen beziehungsweise im Fall von

Revision und Wartung muss die Sicherheit gewährleistet sein. Diese Prozesse werden heutzutage häufig noch nachlässig behandelt, weil oft die ganzen dazu notwendigen Rollen gar nicht definiert sind. So sind zum Beispiel die Mitarbeiter häufig gar nicht geschult und man hat oft Probleme, den ganzen Lebenszyklus inklusive Wartung und auch letztlich die Entsorgung von solchen Geräten aus Sicherheitssicht in den Griff zu bekommen. Hier ist weitaus mehr nötig, als einfach nur technische IT-Sicherheit. Hier benötigt man im Prinzip auch Sicherheit der Prozesse und einen umfassenderen Blick auf das gesamte System.

Warum benötigen wir überhaupt Schutz? Neben erweiterter Safety, also Steigerung der Zuverlässigkeit, sollen während des Lebenszyklusses sicherheitsrelevante Systeme vernünftig verwaltet werden können. Als Stichwort seien hier Software-Updates zu nennen. Insbesondere bei Smart Metern ist das ein interessanter Angriffsvektor, über das Software-Update Manipulationsmöglichkeiten auszunutzen. Eingebettete Systeme müssen während ihrer Laufzeit gegen solche Angriffe abgesichert werden.

Des Weiteren benötigen wir insbesondere in der Industrie und klassischerweise in der Unterhaltungselektronik die Absicherung von Geschäftsmodellen. Dort werden Geräte günstig herausgegeben oder teilweise sogar verschenkt und der Hersteller verdient eigentlich erst mit den Betriebsmitteln Geld, die gesondert abgerechnet werden. Ein Beispiel hierfür sind Druckpatronen. Tintenstrahldrucker kosten sehr wenig, sie sind oft günstiger als die Herstellkosten. Das Geld wird letztlich mit dem Verkauf von Druckpatronen verdient. Wenn Sie sich mit den einschlägigen Herstellern unterhalten, merken Sie ganz schnell, dass diese eigene Kryptographen beschäftigen die dafür sorgen, dass dieses Geschäftsmodell zumindest für die ersten Jahre des Produktlebenszyklus vernünftig funktioniert.

Im Automobilbereich sehen wir in zunehmendem Maße eine gewisse Abwehr von Gewährleistungsansprüchen. Chip-Tuning oder Motor-Tuning ist oder war lange Zeit an der Tagesordnung. Dabei wird im Prinzip die Kennlinie im Motorsteuergerät derart verändert, dass der Motor mehr Leistung erbringt. Das ist ein Vorgehen, welches selbst die Hersteller praktizieren. Sie bieten teilweise Hardwaretechnisch identische Modelle an, bei denen nur die Kennlinie die unterschiedliche PS- oder KW-Zahl erzeugt. Das wissen natürlich auch die Werkstätten und konnten das bisher auch oftmals mit relativ einfachen Methoden durch ein Software-Update der Kennlinie selbst hervorrufen. Damit wird zum einen natürlich das Geschäftsmodell des Autoherstellers ein Stück weit untergraben, weil Autos mit mehr PS natürlich auch mehr kosten sollen. Zum anderen ist innerhalb der Gewährleistungspflicht auch der Hersteller für Schäden verantwortlich, die dadurch entstehen, dass ein Motor übertuned und zu schnell gefahren wurde. Einen solchen Missbrauch nachzuweisen oder sogar zu verhindern, ist eines der klassischen Themen in der embedded Security.

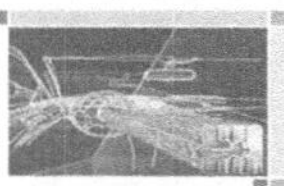

Bild 3

Was sind mögliche Angriffe (Bild 4)? Es gibt zum einen Angriffe, die richtig ins Detail gehen. Bei denen werden Algorithmen analysiert und dort kompromittiert, um auf diese Art und Weise ein System zusammenbrechen zu lassen. Es gibt die klassischen Softwareangriffe, die von der PC-Welt sicherlich bekannt sind. Es gibt Angriffe über die Schnittstellen, wenn diese nicht vernünftig ausgelegt sind. Es gibt aber auch eine große Anzahl von physikalischen Angriffen, die für die eingebetteten Systeme sehr relevant sind. Das heißt, das Gerät wird wirklich angegriffen, teilweise mit physikalischen Methoden wie Seitenkanalangriffen, bei denen über den Stromverbrauch die Geheimnisse aus solchen Geräten herausgezogen werden. Das sind alles Angriffe, die betrachtet werden müssen. Durch die Absicherung der Prozesse lassen sich sicherlich auch Gegenmaßnahmen durch Angriffe über Social Engineering absichern. Die meisten Systeme werden zu Fall gebracht, weil irgendjemand einmal ein Sicherheitsdetail verrät oder sich sogar aktiv, also als ein Insider, an einem Gerät zu schaffen macht.

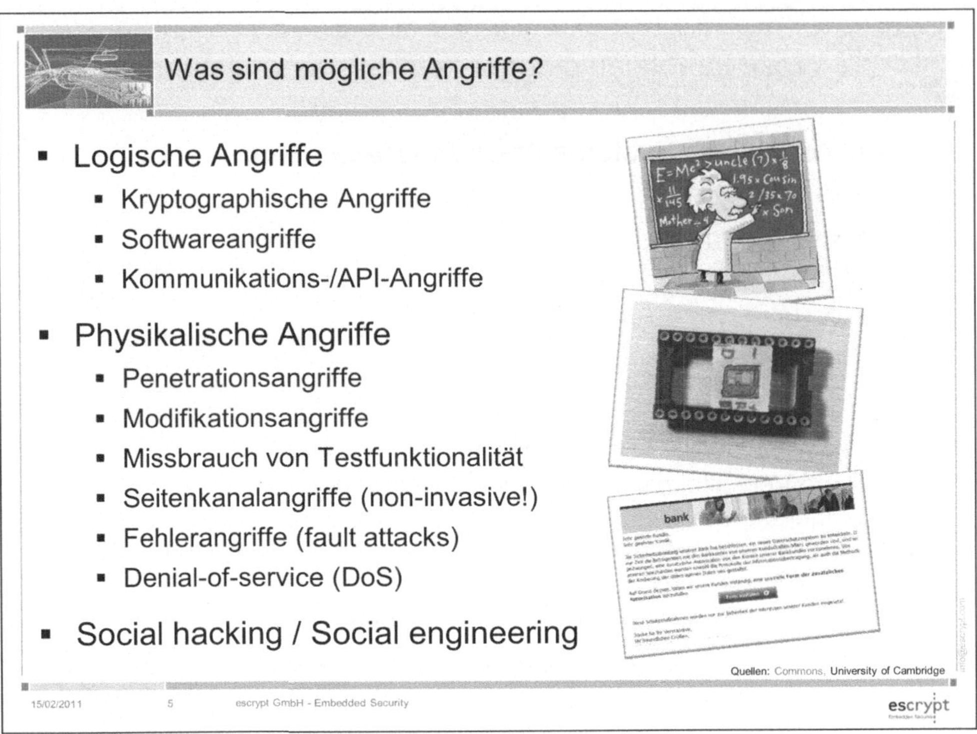

Bild 4

Bei den Dingen, die konkret abgesichert werden sollen, spricht man oft von so genannten Security Assets oder Security Use Cases, also Security-Anwendungsfällen. Zum einen soll Software in irgendeiner Art und Weise abgesichert werden. Es soll beispielsweise verhindert werden, dass Geräte ohne Zustimmung eine andere Software bekommen. Man möchte also sicherstellen, dass ein System immer noch vertrauenswürdig mit der Software läuft, die ursprünglich einmal bereitgestellt wurde. Es soll verhindert werden, dass Software eingespielt wird, die vielleicht einen größeren Funktionsumfang hat, als die ursprünglich gekaufte Software, um unbeabsichtigte Upgrades oder teilweise auch Downgrades zu vermeiden. In der heutigen Welt spricht man auch oft von App oder Apps. Gerade das Apple-Modell verhindert auf diese Art und Weise, dass unberechtigt irgendwelche Applikationen eingespielt oder gar kopiert werden. Das sind sicherlich Sachen, die man über eingebaute Security-Mechanismen verhindert.

Ein ganz großes Thema, das mittlerweile auch in der Industrie sehr weit verbreitet ist, ist das Thema der Freischaltung. Der Hersteller möchte Geld verdienen, indem er dem Nutzer im Nachgang gegen Bezahlung Funktionserweiterungen anbietet. Der Benutzer kauft also eine weitere Funktion und erhält in irgendeiner Art und

Weise eine Freischaltung dafür und das Gerät verfügt dann über einen erweiterten Funktionsumfang. Man möchte natürlich auch vermeiden, dass diese Funktion im Nachgang kostenlos zum Herunterladen im Internet angeboten wird. Teilweise handelt es sich aber auch um viel einfachere Dinge, die abgesichert werden sollen. Wir hatten einmal den Fall eines Vermieters von Baggern und Kränen. Er hatte das Problem, dass der Betriebsstundenzähler immer wieder von den Kunden manipuliert wurde, die sich die Maschinen ausgeliehen haben und eben nur eine gewisse Anzahl von Betriebsstunden bezahlt haben. Da geht es klassischerweise darum, solche Betriebsdaten, wie zum Beispiel Betriebsstundenzähler oder auch andere Sachen im Gerät entsprechend abzusichern, damit sie nicht manipuliert werden können. Das sind Themen, die immer stärker nachgefragt werden.

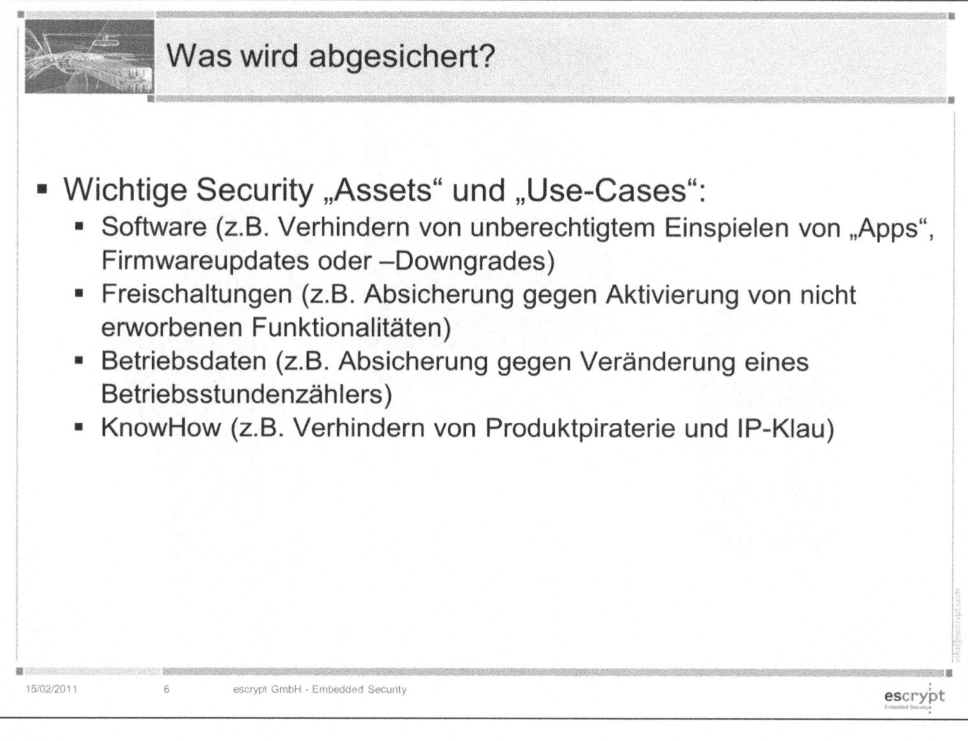

Bild 5

Ein anderes wichtiges Thema ist der Know-how-Abfluss. Hersteller möchten verhindern, dass sie jahrelang an einem Gerät entwickeln und viel Arbeit in die Software stecken und nach drei Monaten kommt dann das Plagiat auf den Markt. Es sieht gleich aus, es ist vielleicht sogar gleichwertig, es besitzt die gleiche Software und der Hersteller kann es nicht verhindern. Die Frage ist, ob sich mit kryptographischen Methoden, mit Methoden der eingebetteten IT-Sicherheit, verhindern lässt, dass solches Know-how oder Intellectual Property einfach aus einem Gerät herausgezogen und woanders verwendet wird. Dies sind einige wichtige Security-Anwendungsfälle.

Bild 6 zeigt einige Beispiele für Security im praktischen Einsatz, bei denen Freischaltung eine Rolle spielt. Alle relevanten Plattformen von Android über iOS bis Blackberry bieten mittlerweile Modelle, mit denen sich nach dem Verkauf des Gerätes noch Geld verdienen lässt.

Bild 6

Es gibt aber auch andere, weniger bekannte Bereiche und Geräte, in denen IT-Security drinsteckt. Bild 7 zeigt einige klassische Beispiele aus dem Unternehmensalltag. In diesen Geräten steckt vielleicht nicht das gleiche Level an IT-Security drin, wie im Bereich der IT oder der Mobilfunktechnologie, aber eben auch Funktionen, die für den Hersteller wichtig sind.

Bild 7

Ich hatte bereits von Baggern im Zusammenhang mit IT-Security gesprochen. Hierbei geht es in der Regel darum, dass man verhindert, dass Betriebsdaten oder Kennlinien manipuliert werden. Das heißt, man hat hier teilweise schon bei dem Hersteller so etwas wie einen Trusted-Platform-Modus im Gerät, der eine Manipulation verhindert. Das Auto ist mittlerweile aus IT-Sicht ein sehr komplexes System geworden. Wir haben Freischaltungen in Geräten wie gewerblichen Spülmaschinen, die heute schon im Einsatz sind. Das heißt der Hersteller von solchen Spülmaschinen gibt diese Spülmaschinen günstig oder kostenlos an den Betreiber ab und verkauft ihm einfach nur noch Spülzyklen gegen Geld. Da ist es natürlich wichtig, dass diese Spülzyklen richtig gezählt werden und sich der Betriebszähler nicht unerlaubt zurückstellen lässt. Solche Dinge müssen natürlich abgesichert werden, damit das Geschäftsmodell funktioniert. Wir haben beispielsweise Lösungen für Haustechnik realisiert, in denen beispielsweise Freischaltungen in Meldezentralen implementiert wurden. Hier kam noch erschwerend hinzu, dass es Institutionen wie die Physikalisch-Technische Bundesanstalt (PTB) gibt, die solche Sachen prüfen muss, weil das ganze System noch zugelassen werden muss. Ein klassischer weiterer Anwendungsbereich ist der Maschinenbau, der mittlerweile

167

Interesse an solchen Modellen wie Freischaltung hat. Ein Maschinenhersteller verkauft beispielsweise Codes für seine Geräte, die man vor der Benutzung eintippen muss. Hier möchte man sich natürlich auch vergewissern, dass es im Internet nicht irgendwelche Hacks oder sonstiges gibt, bei denen solche Codes kostenlos ausgegeben werden.

Die Vorteile der sicheren Verwaltung und Freischaltung von eingebetteten Geräten (Bild 8) liegen darin, dass sich neue Geschäftsmodelle realisieren lassen, die vorher nicht möglich waren. Damit diese Geschäftsmodelle nicht umgangen werden können, benötigt man IT-Sicherheit. Außerdem ist gerade für Hersteller von mit Elektronik bestückter Hardware interessant, dass sie im Prinzip durch die Elektronik und über ein Software-Update den Funktionsumfang bestimmen können. Sie können im Prinzip die gleiche Hardware als unterschiedliche Modelle verkaufen und müssen nicht in der Produktion verschiedene Linien haben, die verschiedene Dinge produzieren. Ein Gerät und die Software ganz am Ende bestimmen im Prinzip den Funktionsumfang und den ganzen Preis.

Beispiele für Freischaltungen sind unter anderem Leistungsmerkmale wie die Geschwindigkeit beim Auto. Mittlerweile wird darüber diskutiert, ob man auch für wenige Tage, beispielsweise für einen Wochenendausflug nach Paris, 20 kW mehr kaufen kann. Solche Sachen werden uns in den nächsten Jahren begegnen. Und das muss natürlich sicher funktionieren, damit man sich im Internet nicht die entsprechenden Daten besorgen kann. Aber auch so klassische Sachen wie Nutzungsdauer nach Zeit oder pay-per-use wird dies betreffen. Auch Versicherungsmodelle, die nach dem Motto pay-as-you-drive funktionieren, bei denen individuell nach Fahrverhalten abgerechnet wird, sind in der Diskussion. Bei diesem Modell kann die Versicherung im Prinzip kontrollieren, wie ich fahre und wo ich fahre und kann dann entsprechend die Tarife der Versicherung staffeln. Solche Sachen sind zum Teil interessant für den Benutzer, aber sicherlich auch interessant für die Versicherungen selber. Dabei spielen natürlich auch Privacy-Aspekte eine ganz wichtige Rolle. Interessant sind auch Modelle wie das Geofencing, bei dem man den Ort der Nutzung beschränkt. Klassischerweise sieht man das oft im Transportsektor, wo gewisse Geräte einfach nicht mehr funktionieren, wenn sie außerhalb der Landesgrenzen oder außerhalb irgendwelcher anderen geographisch gesetzter Grenzen betrieben werden sollen. Man kann aber auch den Funktionsumfang an einen Ort binden. So lässt sich beispielsweise das Funktionieren eines Gerätes mit gewissen Funktionen an gewissen Orten erlauben oder auch abstellen. Das wäre im Gegensatz zu den Location-based Services im Prinzip so etwas wie Location-based Activation, bei denen Geräte an gewissen Örtlichkeiten gegen Bezahlung freigeschaltet werden.

Das Freischalten von Inhalten wurde früher als Digital Rights Management (DRM) bezeichnet. Das kommt auch alles wieder, nur heißt es jetzt nicht mehr Digital Rights Management, da der Begriff verpönt ist. Hier bindet man Inhalte einfach an Bezahlung. Apple macht das auch. Ein Klassiker ist sicherlich auch so etwas wie

Navigationsdatengeräte, wo Kartenmaterial gegen Geld verkauft wird. Das ist auch nichts anderes als eine Form des DRM. Was ebenfalls klassisch gerne gegen Geld freigeschaltet wird, ist so etwas wie Codex in Unterhaltungselektronikgeräten. Interessant ist dabei, dass die Hersteller relativ viel Geld für Lizenzen zahlen, um solche Codex einzubauen. Sie möchten daher eigentlich gerne wissen, ob der Nutzer das überhaupt braucht und können danach entsprechend ihre Lizenzen abführen oder sie machen es direkt kostenpflichtig für den Nutzer.

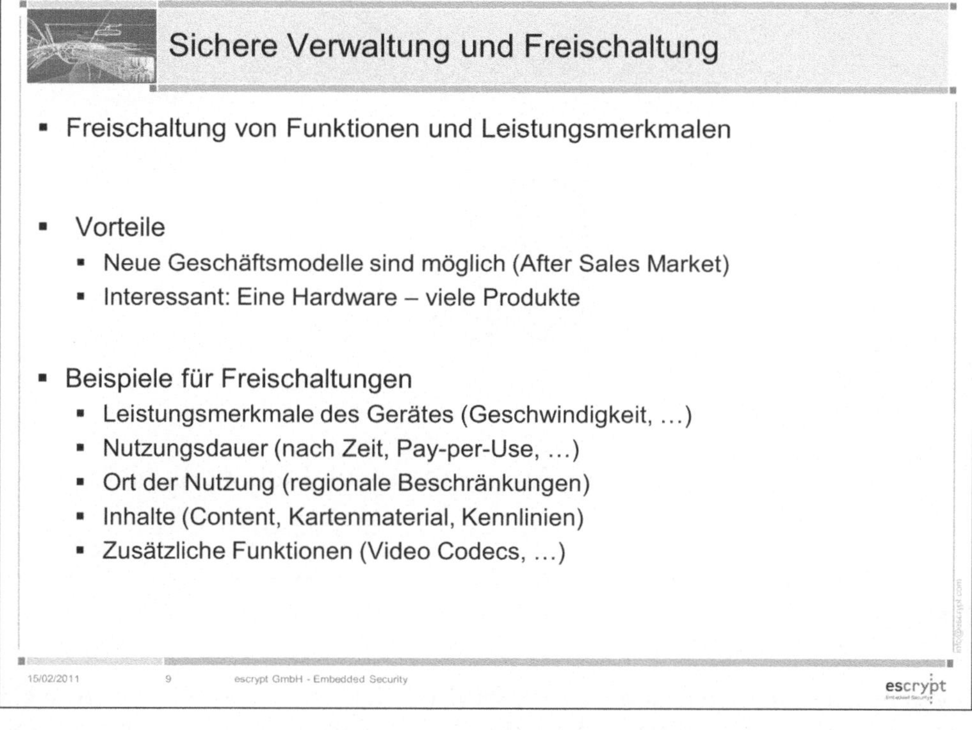

Bild 8

Der App-Store für Autos klingt jetzt erst einmal ein bisschen verrückt, wird aber kommen (Bild 9). Wir werden in den nächsten Jahren sehen, wie so etwas langsam in das Auto einfließt. Dass man sich Applikationen ins Auto laden kann, wird vielleicht nicht so einfach, wie das die meisten von ihrem Mobilfunkgerät kennen, aber es gibt eindeutige Bestrebungen zumindest seitens aller großen deutschen Hersteller. Es gibt beispielsweise ein öffentliches Projekt von ESCRYPT mit der Volkswagen AG, wo eine offene und sichere Plattform entwickelt wird. Allerdings kann sie der Hersteller von ihrer Funktionalität her auch beschränken. So etwas kann realisiert werden, wo der Hersteller gewisse Security Policies erzwingen möchte und Drittanbieter ihre Applikationen in die Plattform einbringen können. Sie können auf Schnittstellen des Autos aber auch auf Kommunikationsschnittstellen nach außen zurückgreifen.

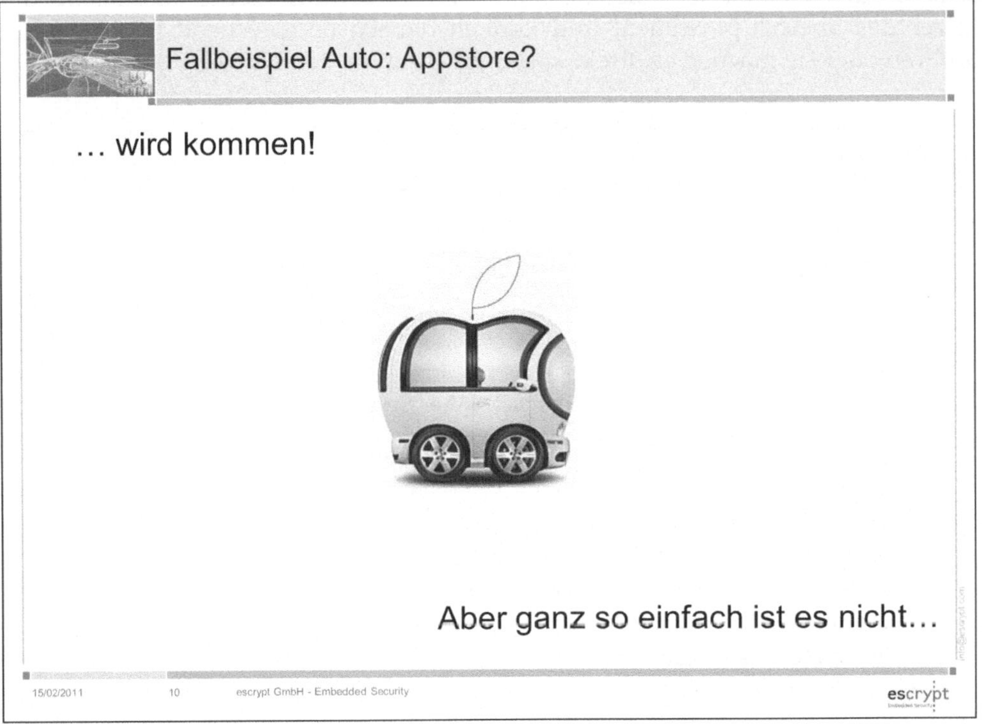

Bild 9

Da das System Auto sehr komplex ist, wird das Laden von Applikationen nicht einfach. Bild 10 zeigt ein Beispiel der Firma Audi. Allein an den vielen Boxen ist zu erkennen, dass dort sehr viel Elektronik enthalten ist und es ist ein sehr großes Unterfangen, dort Security vernünftig zu etablieren. Solche Vorhaben laufen aber bereits seit einigen Jahren und wir sind auch sehr stark daran beteiligt. Das heißt, diese Idee einer offenen und sicheren Plattform im Auto, klingt zwar erst einmal sehr gut und sehr einfach, ist aber relativ kompliziert umzusetzen. Man muss sich das genau überlegen, damit eben das eigentlich Wichtige beim Auto, nämlich die Zuverlässigkeit und die Sicherheit im Sinne von Fahrsicherheit, nicht gefährdet wird durch irgendwelche Manipulationen der Software auf solchen Plattformen.

Bild 10

Es gibt viele Beispiele für Angriffe auf Autos. Gerade in den letzten Jahren sind einige Sachen durch die Presse gegangen (Bild 11). Die taz hat einiges darüber geschrieben und es gibt sogar ein Paper, in welchem die Sicherheit von Drahtlosnetzwerken in Reifendrucksensoren untersucht wird. Weitere Beispiele sind Focus Online: „Hacker legen fahrendes Auto lahm" oder stern.de: „Wenn das Auto in voller Fahrt gehackt wird". Diese Berichte sind in ihrer Formulierung natürlich sehr überspitzt. Ganz so einfach ist es nicht, aber es gibt gewisse Gefahren. Beispielsweise lässt sich der Tachograph oder die Anzeige hacken. Das Auto wird somit Angriffsziel für Viren und Hacker. Wenn man Standardplattformen verwendet, läuft man auch immer Gefahr, dass auch Standardangriffe funktionieren. Mit anderen Worten: Alles was im Auto irgendwie IT-technisch funktioniert und was auch Standardsysteme verwendet und insbesondere solche, die mit der Außenwelt kommunizieren, läuft Gefahr, gehackt zu werden. Das Auto ist ein schönes Beispiel dafür. Diese Problematik wird sich in den nächsten Jahren auch auf viele andere schlaue elektronische Geräte übertragen. Insbesondere begünstigt durch die Tatsache, dass wir zunehmend Standardsysteme, also Standardhardware und Standardsoftware verwenden, sind Angriffe relativ einfach auch in andere Systeme zu übertragen.

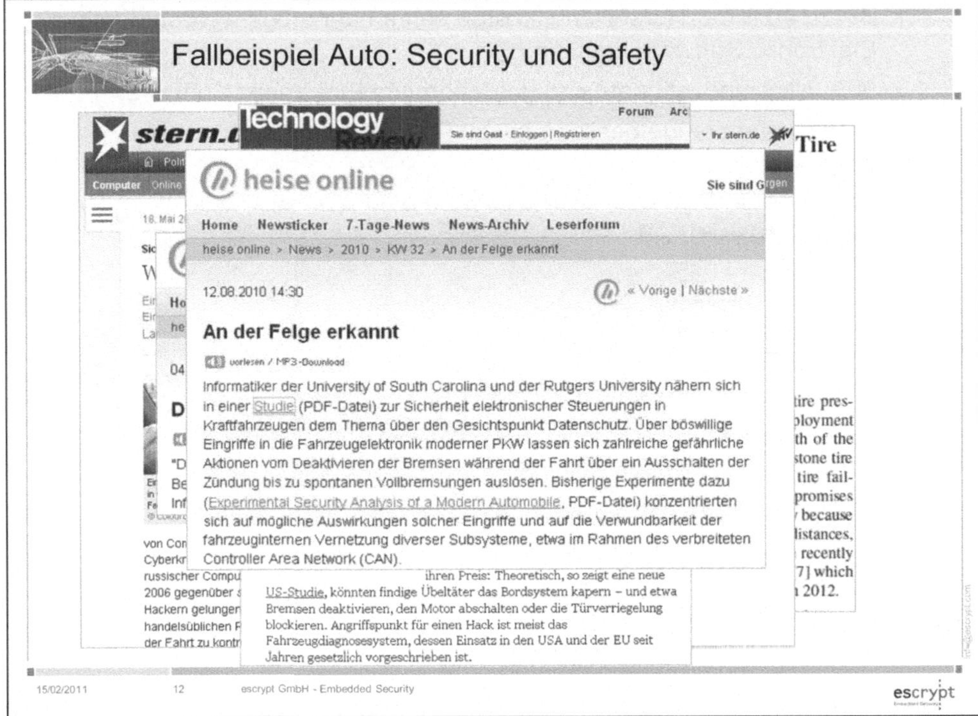

Bild 11

Ein Fallbeispiel aus dem Bereich der Unterhaltungselektronik: Es gibt zwei unterschiedliche Typen von Fernsehgeräten, die dennoch die gleiche Hardwareausstattung und das gleiche Aussehen besitzen. Der Unterschied zwischen den beiden Typen besteht darin, dass einer von den beiden 200 Euro mehr kostet und sich darauf verschiedene Video- und Audioformate abspielen lassen (Bild 12). Hat man nun beispielsweise das günstigere Fernsehgerät gekauft, ärgert man sich unter Umständen über die eingeschränkte Funktionalität.

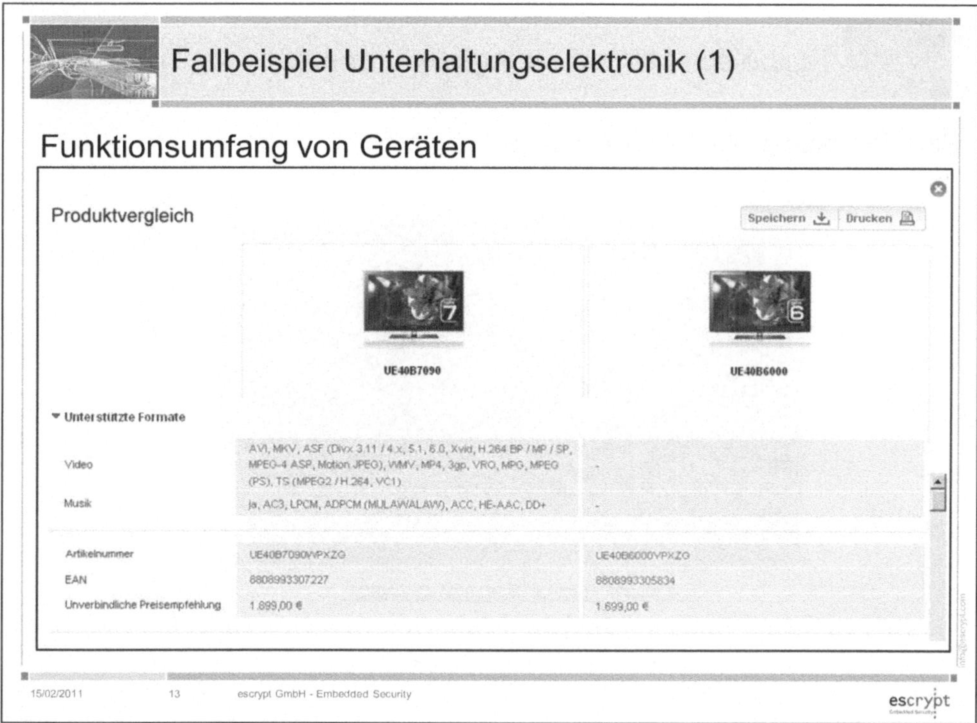

Bild 12

Im Internet lässt sich relativ schnell herausfinden, dass es für solche Geräte nicht dokumentierte Funktionen gibt. Man drückt einige Tasten auf der Fernbedienung und es erscheint ein Menü über welches sich direkt der Typ des Fernsehgeräts einstellen lässt (Bild 13). Dies bedeutet, dass sich mit wenigen Tastendrücken die ganzen Funktionen freischalten lassen, ohne 200 Euro zu bezahlen. So etwas sollte aus Sicht des Herstellers natürlich nicht möglich sein. Aber wenn Sie einmal nach der Nummer oder Bezeichnung irgendeines elektronischen Gerätes im Internet suchen, stoßen Sie mit Sicherheit auf Beschreibungen zu diesem Gerät, wie technische Daten und wie es von innen aussieht und Sie finden oft auch Beschreibungen darüber, wie sich bestimmte Funktionen tunen lassen. Mittlerweile ist sehr viel im Netz zu finden, was den Unternehmen mit Sicherheit zum Teil auch Schaden zufügt.

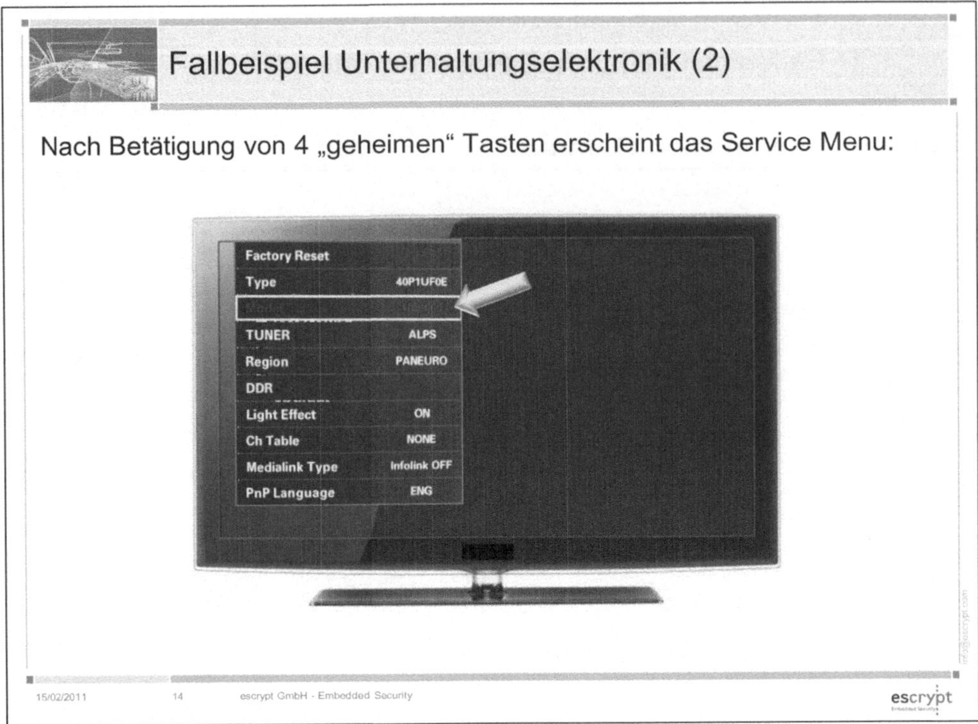

Bild 13

Es gibt auch Unternehmen, die davon profitieren, dass man ihre Geräte vielseitig einsetzt, aber den meisten Unternehmen schadet es eher. Ich möchte ein ganz einfaches Rechenbeispiel bringen, mit dem sich die Höhe eines möglichen Schadens durch fehlende Security berechnen lässt. Das Beispiel ist fiktiv, könnte aber durchaus für das eine oder andere Gerät realistisch sein (Bild 14). Nehmen wir an, Sie haben eine Navigationsdatenplattform von welcher 100.000 Geräte im Umlauf sind und Sie können für einen relativ geringen Preis von 2 Euro gewisses Kartenmaterial freischalten. Sie rechnen damit, dass pro Benutzer und pro Jahr fünf Freischaltungen durchgeführt werden und dass eine Laufzeit von fünf Jahren für dieses Gerät vorgesehen ist. Sie gehen also davon aus, dass Sie durch solche Freischaltungen 50 Euro pro Gerät einnehmen werden. Wenn Sie jetzt annehmen, dass jemand anderes nur 10 Prozent der Kunden über das Internet billiger mit einem Hack bedient, dann würde ein Schaden von 500.000 Euro entstehen, weil Ihnen diese 10 Prozent der Nachfrager einfach fehlen. Für einen Angreifer kann die Motivation darin bestehen, dass er beispielsweise die Freischaltung statt für 2 Euro für 1 Euro anbietet und er innerhalb des Zeitraums einen Umsatz von 250.000 Euro erzielt. Dieses Beispiel klingt ziemlich plakativ aber wir haben in der Industrie schon mehrfach erlebt, dass genau solche Szenarien real sind.

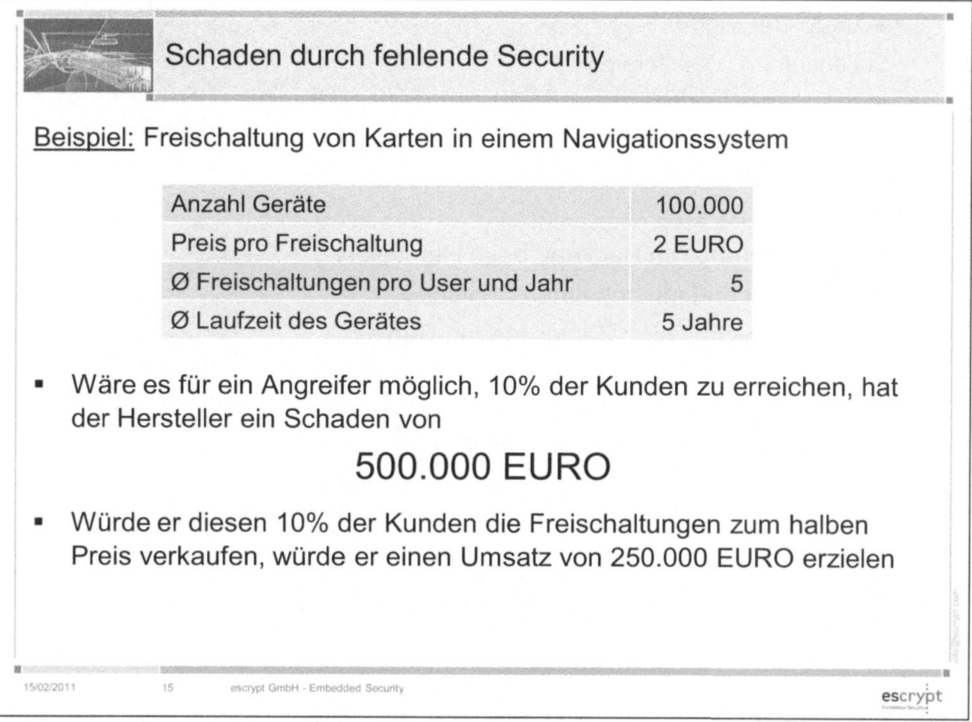

Bild 14

Wie lässt sich das verhindern? Beispielsweise müssen Sie sich für die Freischaltung ein Gesamtsystem überlegen, welches in sich geschlossen diese Sicherheit bietet und nicht überlistet werden kann. Sie müssen sich überlegen, dass Sie den Prozess der Lizenzanforderung, Zahlung, Lizenzgenerierung und Aktivierung absichern, das heißt das Ganze umfasst irgendwo die eingebettete Komponente, die Sie absichern müssen, aber auch den gesamten Prozess. Wie kommt man überhaupt von der Bezahlung bis zur Freischaltung, wie sieht die ganze Datenkommunikation aus? Das muss man sich natürlich überlegen und das ist sicherlich sehr stark abhängig von den Prozessen des Herstellers, aber auch von den vorhandenen Funktionalitäten eines Gerätes. Haben die Geräte von sich aus keine Security verbaut, müssen Sie sich überlegen, ob Sie die Security nicht vielleicht irgendwo von den eingebetteten Geräten ein Stück weit ins Backend verlagern und dort beispielsweise über Plausibilitätskontrollen auch noch Missbrauch zumindest erkennen und dann entsprechend reagieren können.

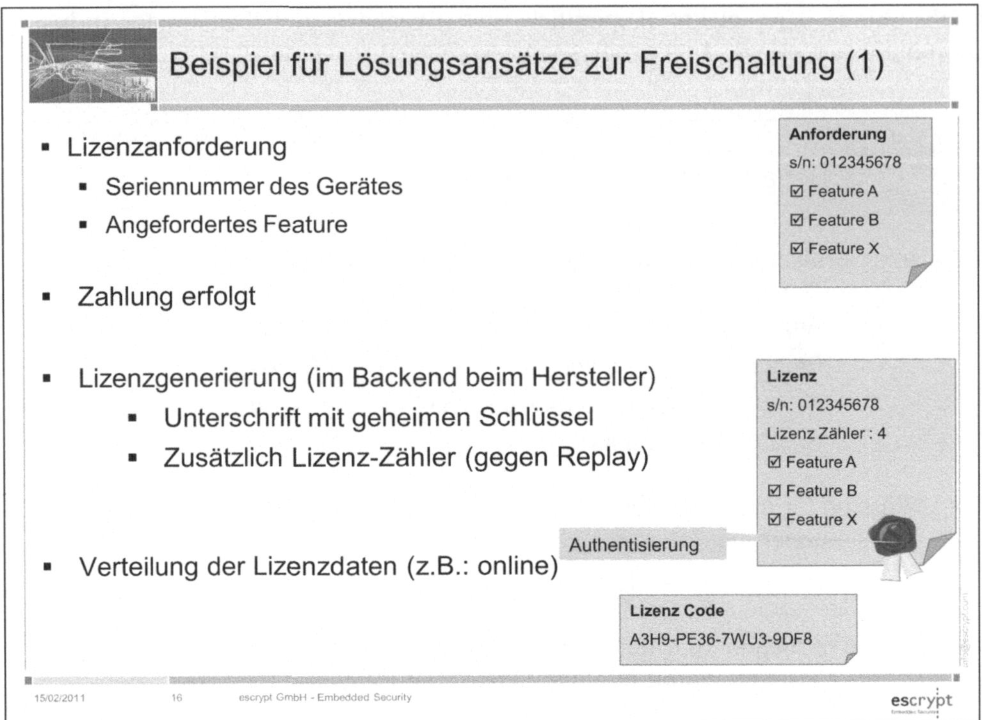

Bild 15

Über solche Modelle lässt sich zum Beispiel das sichere Loggen von Prozessen gewährleisten, das heißt Sie können nachweisen, welcher Kunden wann eine Freischaltung vorgenommen hat. Sie können aber auch Lizenzdaten wieder entziehen. Möchte beispielsweise ein Kunde eine bestimmte Funktion nach einem Jahr nicht mehr haben und diese zurückgeben, dann können Sie diese Lizenz, beziehungsweise diese Freischaltung, sicher deaktivieren. Sie haben dann einen Nachweis, dass die Freischaltung deaktiviert wurde und können den Kunden entsprechend von der weiteren Bezahlung freistellen. Das sind Sachen, die ohne Security in der Regel nicht vernünftig funktionieren würden.

Auf die technischen Details möchte ich nicht im Einzelnen eingehen. Man benötigt einen kryptographischen Schlüssel und muss sich über die Verfahren Gedanken machen, ob Sie asymmetrische oder symmetrische Verfahren verwenden, Schlüssellängen etc. An der Funktion dieser Verfahren hängt natürlich auch das Geschäftsmodell, welches nicht umgehbar sein darf. In dem Gerät muss eine Art Sicherheitsanker bestehen, damit dort auch entsprechende Schlüssel sicher gespeichert werden können und das ganze System nicht über einfache Software-Updates ausgehebelt werden kann (Bild 16).

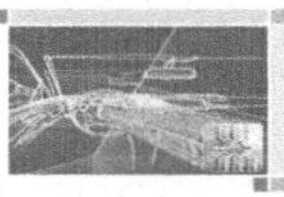

Bild 16

Wie macht man das? Hier möchte ich nicht ins Detail gehen. Das in Bild 17 dargestellte strukturierte Vorgehen ist der Klassiker, ähnlich dem, was man auch aus der Softwareentwicklung kennt. Sie müssen sich zuerst überlegen, was überhaupt erreicht werden soll, was eigentlich die Sicherheitsziele sind. Dann gehen Sie über eine Bedrohungsanalyse, Risikoanalyse, Bedarfsanalyse in die Spezifikation, in die Implementierung und, wie wir es am Beispiel der Smart Meter gesehen haben, idealerweise ganz am Ende noch einmal in eine Überprüfung und Zertifizierung des Gesamtsystems, um zu prüfen, ob die Zielsetzung erreicht wurde.

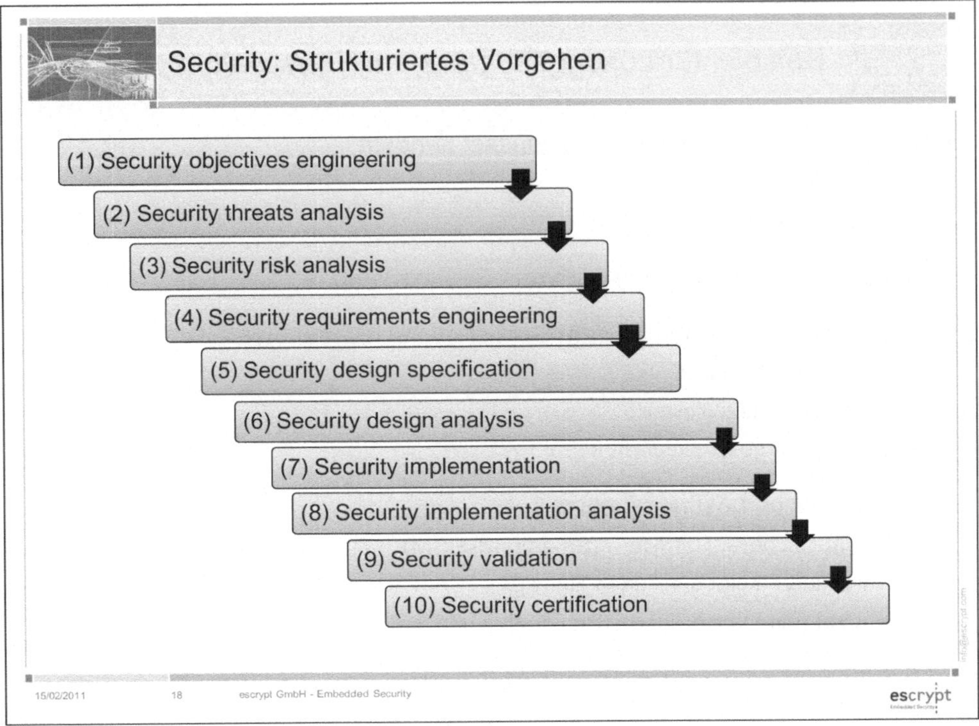

Bild 17

Damit komme ich bereits zum Ende des Vortrags. Es lässt sich sagen, dass eingebettete Systeme eine Querschnittstechnologie sind, die in allen Branchen mehr oder weniger vorhanden sind. Es besteht der Bedarf, dass solche Systeme auf jeden Fall abgesichert werden müssen, das bedeutet die Abhängigkeit durch dieses System ist immens. Im Prinzip haben wir gar keine Möglichkeit mehr, uns nicht zu schützen, weil durch die funktionale Abhängigkeit ein zuverlässiges Betreiben einfach notwendig ist. Auf der anderen Seite bieten Security-Mechanismen neuartige Geschäftsmodelle, die uns die Möglichkeit eröffnen, durch Security wieder neue Geschäfte abzuschließen. Als Beispiel sei hier die Freischaltung genannt. Wir haben leider im Bereich embedded eine hohe Diversität von Systemen. Eingebettete Systeme sind sehr unterschiedlich und Anwendungsfälle sind sehr unterschiedlich, das heißt auch die zugrundeliegenden Security-Maßnahmen sind sehr unterschiedlich, was dazu führt, dass im Prinzip Security-Anforderungen und Security-Umsetzung, letztlich aber auch die Bewertung von Security für eingebettete Systeme, nicht trivial ist. In wichtigen Bereichen, wie Secure Metering, im Smartcard-Bereich oder auch in anderen Domänen gibt es deswegen entsprechende Zertifizierungen nach zum Beispiel Common Criteria Protection Profiles.

Ich bedanke mich für ihre Aufmerksamkeit.

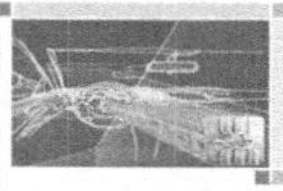

Bild 18

10 Next Generation Mobile Application Security

Joachim Posegga, Daniel Schreckling

We review the security architectures of currently available Smartphone operating systems, with a focus on application security. Our insights are compared to security of today's Smartphones. This leads to a research agenda and features allowing for new security architectures that can address existing security problems in future Smartphone operating systems.

10.1 Introduction

Mobile applications nicely demonstrate a fundamental principle underlying innovation: Innovation is often slow and needs two attempts for a significant impact. In 1998, the Wireless Application Protocol [WAP 98] received enormous attention for its promise to deliver applications to mobile phones; this never took off. Eventually, Apple reshaped the mobile phone market some 10 years later with the iPhone and pulled mobile apps out of their niche into the main stream.

Since their first appearance, security of Smartphone platforms and operating systems received a lot of attention. All Smartphone operating system architectures have over time shown multiple vulnerabilities with more or less significant impact on their users. This trend is going to continue. Even worse: The speed of malware development and deployment for Smartphones will exceed that of PCs in the future.

Smartphones are much more attractive to attackers than regular PCs: Large amounts of private or even classified information is carried around with mobile devices, and there are no physical access control mechanisms, no sophisticated firewall architectures, nor any intelligent intrusion detection and prevention systems which can effectively protect Smartphones. Furthermore, the computational power, storage capacity, and broadband network connectivity make Smartphones ideal wormholes, e.g. to enter a company network using remote services running on a phone.

Operating system designers and device manufacturers have certainly recognized this threat: Many devices offer ways for setting up dedicated security mechanisms. Several reports have already discussed and compared these different security features. Many Smartphone manufacturers and operating system designers have already implemented security features in order to become a potential choice for business applications. Most of these security mechanisms are known in "traditional" security solutions, e.g. hard disk encryption, network authentication and encryption, application signing, etc.

Also software distribution for Smartphone platforms addresses security issues in one way or another, often based on online application markets that require application signing. To ensure certain security properties a code reviewing process is performed, and code is then signed for distribution. The guidelines according to which the market operator reviews the submitted code are, however, often unknown. Thus, the customer of an application market must therefore trust the reviewing process when installing applications. Such a centralised security management can have advantages: If the quality of the reviewing procedures is high, it is hard to distribute malware. Further, the distributor can often maintain control of the distributed software and remotely remove an application if it turns out to be malicious.

However, the application markets are just at the beginning of their development: Advertisement companies and the marketing of big companies will soon discover this new business domain and exploit it extensively. The number of applications will rise and the market is becoming more and more attractive to attackers. So, completely manual reviews are not a panacea since it scales poorly. Neither are automated reviewing processes at the provider-side an option: Applications process different types of data, and a characterization of being "malicious" depends on specifics of this data. Furthermore, Smartphones do come with a large variety of built-in sensors and data capturing components, which yields an even more specific target platform a generic application analysis cannot address. In summary: Security requirements are therefore client-specific, thus a decision whether an application is seen as malicious or not can, in the end, only be taken by involving these requirements and observing the computation of applications in question with client data.

This contribution will focus on high level application security: We first explain the fundamentals of some common Smartphone security architectures (Section 2) and discuss the remaining security problems (Section 3). Abstracting from the general threats a Smartphone faces, we identify specific security issues explicitly induced by mobile applications that run on Smartphones. Before we conclude our paper (Section 5), we use this contraposition and sketch possible future security solutions (Section 4) which can help to design operating systems that provide better security guarantees when executing applications.

10.2 Currently Security Architectures

We briefly review the security architectures in the current Smartphone landscape. Our focus is on security features which allow the secure execution of applications and which protect application and personal data stored on a device.

The amount of information available for the different operating systems below varies largely. In particular, the information for closed platforms is limited, we therefore restrict ourselves to a rather non-technical level and just sketch the functionality.

10.2.1 BlackBerry OS

Today's de facto standard among the Smartphone security solutions is the Black-Berry OS. This operating system is very popular in the business domain where employees depend on connectivity to the IT infrastructure of their company. Thus, it is not surprising that the security architecture [RIM09] provided by Research in Motion (RIM) also includes dedicated enterprise server systems, databases, etc. which handle the connectivity and allow for management of BlackBerry devices.

Whilst this architecture represents a holistic approach towards providing a secure mobile infrastructure, we are more interested in the security mechanisms deployed on individual Smartphones.

In general, every access to data stored on the Enterprise server or device is controlled by a firewall. As the BlackBerry OS allows for the installation of third-party applications, the access of these applications to cooperate data is controlled by this firewall. Either the user allows access, or the administrator sets up security policies regulating access. For this purposes applications are classified according to the connection they can setup. An internal connection policy specifies whether an application can access cooperate data. External connection policies specify the access to all data external to the cooperation. A special "split-pipe" connection policy describes security rules for application which simultaneously setup internal and external connections.

BlackBerry also allows for controlling the way applications are installed on a device. Third-applications which are downloaded and installed over the wireless interface require user approval. The device administrator can also completely prevent the installation of additional applications.

BlackBerry requires a specific applications format, so-called MIDlets. Such applications are based on the Java Micro Edition platform and are limited to the use of specific Application Program Interfaces (APIs). A Java Virtual Machine (JVM) serves as the runtime environment, and BlackBerry insulates the processes of different applications. Applications that require access to critical data on a Black-Berry device, e.g. to the calendar, contacts, or other user data must use specific APIs and are only executed if signed by RIM. If an application comes with a valid signature that application can have full access to this data and interact with other third-party applications.

Additional security policies were introduced for reducing the attack surface of malicious but signed applications, and for being able to restrict the access rights of third-party applications. These policies are defined in the enterprise server and specify the type of connections applications are able to establish, as mentioned above, and they can restrict the resources an application can access.

Integrity and authenticity of the BlackBerry OS is enforced by the boot process of the device: As soon as a device is turned on, the processor verifies the code to be booted using public keys stored inside the processor.

10.2.2 iOS

The operating system iOS running on iPhones follows a similar approach during the boot process [HS10]: The Apple root certificate is embedded in the boot ROM, and the integrity and authenticity of the phone firmware is verified using associated public keys during the boot process.

After booting, applications running on the platform and the data stored on the device are relevant for security: Applications in iOS are implemented in Objective-C and stored in the MACH-O format which is basically an enhanced replacement of the well-known object file format "a.out" in UNIX. Applications stored in this format are signed by the AppleStore, and a signature is required to run on top of iOS. Also the system binaries are signed, similar to the trusted boot process. Signatures are cached in the kernel for efficiency reasons.

iOS also protects applications from each other by a sandboxed runtime environment called "Seatbelt": This is a modification of the MAC framework originally developed by the TrustedBSD project. The main difference being the modified policy decision engine, that uses mandatory access control on system resources, such as files, sockets, etc. These access restrictions are policies stored in the so-called entitlement, which is an XML file stored in the binary application. It contains the permission of the application as well as its sandbox profile. In contrast to BlackBerry, these profiles basically apply to all applications installed by the user. Note that the actual user or a potential administrator does not have control over this policy which has been refined since the first deployment of iOS. Thus, seatbelt limits the access of an application to specific resources, including files and memory of other applications.

These security mechanisms are complemented by standard UNIX features which prevent the execution of code in the stack or the heap, which is supposed to prevent the exploitation of standard vulnerabilities, such as buffer-over-flows or format string vulnerabilities.

Lastly, iOS protects application and user data in two ways: It first provides two partitions, user and system. The latter basically contains all system relevant data which is to be protected from third-party application. The user partition contains user and application generated data. From iOS version 4 onwards, Apple also provides the so called keychain mechanisms: These allow for data encryption specific for each applications installed on the device [Apple10, Jaquith10, HS10].

10.2.3 Windows Mobile

The Windows Phone is the successor of the Windows Mobile operating system. While the latter is considered to be the business version for Microsoft Windows powered devices, Windows Phone aims for the consumer market. Unfortunately, the amount of information on Windows Phone 7 is very limited and it appears that Microsoft decided to reduce the number of available security features. As such, Windows Phone 7 does not support on-device data encryption. We therefore focus on the security concepts of Windows Mobile 6 (WM) in the sequel.

WM applications are packed in so called cabinet (CAB) files. There are numerous alternatives for implementing WM applications: Developers have multiple choices, starting from Native Visual C++, over managed code which can be integrated in the .NET Compact Framework, to server-side code which can be used in combination with Microsoft's Internet Explorer.

Policies in WM describe if unsigned attachments received on a WM powered phone are accepted. The default behaviour is to prevent applications with invalid signatures from being executed. An additional policy or a user interaction which asks for the appropriate privileges can change overwrite this. Signed applications are executed and can even become privileged applications if their signature stems from a trusted authority. Depending on the device policy, an application can carry additionally permissions.

WM defines three classes of permissions for applications: privileged, normal, and blocked. These classes resemble APIs the application has access. Privileged applications carry the highest set of permission: they can write to protected areas of the registry and full access to the file system is granted. Normal applications are not able to call so-called "trusted" APIs. Additionally, such applications are not able to write to protected areas of the registry and will not get write access to system files or to the system certificate store. Finally, blocked applications are not allowed to execute at all.

WM does of course support the installation of third-party applications: Mobile2Market is a marketing program which offers a certification authority and signature verification services to distribute software for being installed on Windows Mobile. Unsigned applications distributed by Mobile2Market will not run on WM.

Finally, it is also possible to completely lock the mobile phone. In this state, WM does not allow the installation of any Mobile2Market applications. However, OEM, Mobile Operator, or Enterprise certificates are available to allow modifications of core functions.

10.2.4 SymbianOS

Similar to the security mechanisms introduced so far, SymbianOS uses permissions, called capabilities [Heath2006]. These are assigned to processes, the "units of trust" in Symbian. Capabilities are persistent, predefined attributes of a process and specify the access rights of a process to system resources. The reference monitor in the Symbian micro kernel will analyse these capabilities and enforce what a process are allowed to do: The activity of the process is interrupted if the privileges assigned to a process through capabilities are insufficient.

Resources in SymbianOS are accessed through APIs. These mainly reside in two different parts of the operating system: the Trusted Computing Base (TCB) and the Trusted Computing Environment (TCE).

The TCB enforces security mechanisms at the lowest system level, but at the highest security level. For the sake of simplicity, it only includes the kernel, the file server, the installation process, and basic functionalities such as signature verification mechanisms, compression routines etc.

These basic components are extended by the TCE with components such as the phones' user interface, phone manufacturer components, or telecommunication provider mechanisms. The TCE can use TCB interfaces by providing appropriate capabilities.

Appropriately signed software and suitable capabilities can be used to install new applications or to enhance the functionality of the TCB or the TCE. However, the majority of applications are installed on the OS outside of the TCE; consequently, also outside of the TCB. In fact, most application simply own privileges to use APIs offered by the TCE domain. On the other hand, unsigned software or software signed by untrusted signers runs sandboxed: This means in SymbianOS that such applications cannot access any security critical APIs. Due to this separation, capabilities are also classified into TCB, system, and user capabilities.

Similar to the simplicity of the TCB, Symbian OS tries to keep the access control mechanisms as simple as possible: It is based on paths that determine the level of protection provided to the data contained within the directory the path specifies. Changing access rules of files thus means relocate them to another directory. Accordingly, SymbianOS distinguishes three special directories: /sys, /resource, and /private. All directories contained in /sys are accessible by the TCB only; this location stores, among other security-critical data, information required for integrity protection of the system as well as for installed binaries. As the TCB is the only system component that can install new binaries, /sys also contains these program binaries. All directories contained within /resource, provide read-only resource files, such as fonts, help pages, etc. Finally, directories within the path /private hold private application data, and each application is assigned a unique directory therein. Only this application has access to the data it stores here. All other directories in the platform are accessible for all applications without restrictions.

10.2.5 Android

The base system of Android is a Linux derivative with numerous security features; consequently, we focus on Android's application security mechanisms in the following [EOM09a, SFK+10].

Each application in Android has its own user and group ID, which is reflected at the file system level. Files inherit these IDs and regular file access is limited to the application which generated the corresponding file, either during installation or during deployment.

Applications follow a component-based model: The interaction between components is mainly realized using so-called intents. These intents are labelled messages which are processed by Android and forwarded to the appropriate recipients. The system core controls if applications are able to generate or receive (consume) specific intents, i.e. if they are allowed to offer their service to specific tasks, process data, or perform certain actions. Reasoning about these labelled messages and components allows the system to interfere with the inter-component communication. Developers must therefore specify access rights for the single components of their applications. This specification is part of the application's manifest, an XML file that basically specifies the security policy of an application: Firstly, it declares which messages, resources, or components are accessible and how they can be accessed. This includes hiding of components from the outside, i.e. the visibility of components to other applications can be withdrawn. Second, the manifest also specifies which messages, resources, or components the application needs or wants to access.

Permissions to intents are assigned through labels: An application which is assigned a particular permission label can access the respective intents. In contrast, permissions for content providers additionally distinguish read and write permissions. Content providers can be referenced by their authority string, a URI. An intent can extend this URI by specifying the record more precisely, e.g. by table or attribute names. If the target application is not able to access the resource specified in this way, because the content provider is not accessible, Android offers the possibility to specify URI permissions. They allow a developer to grant permissions within an intent. The application receiving this intent will obtain read or write permissions on the record specified through the URI.

Similarly, also services can have permission labels: They simply allow the starting, stopping, and binding to a service. As soon as an application controls a service in this manner, it also has access to the interfaces it offers, either to query its internal state or to change its action. Android offers special methods to allow for the implementation of a more fine-grained and dynamic access control monitor to its interface.

Furthermore, the developer also has to request the appropriate permissions in the manifest if an application wants to access sensitive hardware of a device. This protects sensitive APIs and requires explicit user approval when applications use particular interfaces, such as the network, camera, or GPS. All permissions are granted during the installation of an application. Depending on the protection level, this is done automatically by the system, or if required, with involving the user.

The installation of an application aborts if one or more of the requested permissions are not granted. Note that permissions are granted statically, i.e. they cannot be revoked or added later. Android defines four protection levels for permissions: normal, dangerous, signature, signatureOrsystem:

The "normal" permissions level grants access to interfaces that can only cause minimal damage to applications, the system, or the user. This permission level is always granted by the system at install time. The user is not queried explicitly.

The "dangerous" level of permissions implies a higher risk for privacy-sensitive data or it gives control over application features that can badly affect the phone or the user. Thus, the user has to approve a list of requested permissions at installation time.

The "signature" level denotes a permission level declared by a specific application, say A. Another application, B, can request these permissions. Android grants them if the requesting application B was signed with the same key as A. This process does not require any user interaction.

All applications in the system image possess the "signatureOrSystem" permission level. Additionally – similar to the signature level – applications which are signed with the same key as the applications in the system image are also granted this permission level.

Android puts a lot of effort in the protection of the inter-application and inter-component communication. A large variety of security mechanisms has been defined for runtime environment. However, apart from URI permissions and the rather unspecific permission system for intents, data security has received little attention.

10.3 Security Threats and Problems

Despite of the security mechanisms introduced above, Smartphones are still facing numerous security threats and problems. Since Smartphones are consumer devices, it is barely adequate to blame users for this; instead security mechanisms chosen by the operating system developers should cope with this.

This section gives a short overview of security threats Smartphone platforms are facing and shows why today's security frameworks are not able to sufficiently address these issues. In line with our considerations so far, we will again focus on security problems linked to the application runtime environments of Smartphones. The reader might wish to consult e.g. [ENISA10] for a more general overview on information security risks in the context of Smartphones.

10.3.1 Device loss or theft

Today's Smartphones are basically small back offices, and often come with credentials required to access the company networks, and/or all information required to accomplish critical tasks even if the Smartphone is offline. Thus, similar to more sophisticated devices such as Laptop PCs, Smartphones have become interesting targets for attackers. The risk of theft and the resulting consequences are severe; as a trivial example consider cached email on a device, which can give enormous insights when analysed.

Most Smartphone operating system, including those we considered above, address this problem by implementing a combination of more or less effective mechanisms:

Many operating systems offer full storage encryption, i.e. data stored persistently storage on a device is encrypted. Some devices, such as iPhone 4, offer hardware-supported encryption with AES. These features are complemented with locking mechanisms which should prevent unauthorized access to the device. For preventing brute force attacks, it is not uncommon to completely erase all data after a specified number of unsuccessful user authentications.

Remote wipe control through mechanisms implemented in, e.g., ActiveSync, are also widely deployed in today's operating systems.

The main problem of these features, however, is their actual implementation: The devices themselves are often not protected at all initially, and only security aware users or companies will enable and use according features effectively. Thus, most application data stored on mobile phones remains highly exposed although technical features would allow appropriate protection. Responsibility for securing application data is delegated to the developer.

10.3.2 Implicit and Unintentional Data Flow

Most of the operating systems introduced support application-specific access control. On different granularities, permissions can help to control the direct information flow. Sensitive information, e.g. GPS data or microphone streams, will not be communicated to unauthorized parties.

However, users may not be aware of the flow of sensitive information. It may be written to locations where the user does not suspect them to be stored. As a consequence, a user may voluntarily distribute data items which contain sensitive information, e.g. GPS tags to images. Even worse, recent attacks also exploit information flow similar to side-channel attacks: [Schleg11] describes a Trojan horse program that, among other attack principles, uses speech analysis to leak credit card numbers spoken by Smartphone users while making a phone call.

Current security solutions do not recognize such implicit flows of information. Thus, existing security architectures are not able to protect against such information disclosure.

10.3.3 Phishing Attacks

Other attacks which require unintentional user interaction are newly engineered phishing attacks [FS10a]. Servers are able to recognize different hardware devices and commercial sites use this to improve their usability and to address different user groups. At the same time, however, this removes the familiar user interface and opens new attack vectors for phishing. This situation is aggravated by the actual form factor of Smartphones: Smaller displays and different human machine interfaces will alleviate phishing attacks. Counter measures mainly include increasing user awareness and distinctive features which provide suitable authentication of the web interfaces for Smartphones.

Further attack vectors are commercial applications: Any business application which conducts some type of transaction is vulnerable to imitation. User may simply download applications offered for free because they expect appropriate support conducting their business using this application. This attack is even harder to mitigate as it involves new types of interaction and user interfaces.

10.3.4 Spy- or Adware Attacks

The threat involving the highest, specific risks to Smartphone users seems currently applications collecting private data to generate user profiles, recognise user activities, or even to influence the owner of a Smartphone [LYL+10, Smith10].

The number of applications submitted to online application markets is increasing rapidly. At the same time, the interest in the number of users participating in this market, and their corresponding market share is also increasing. In parallel, methods of application providers for obtaining data from consumers are increasingly harsh and often borderline to illegal activities.

Almost all of the security models presented in Section 2 rely on the analysis and manual approval of applications submitted to online application markets. A lot of effort is required to account for the tremendous number of submissions while guaranteeing enough security of applications provided by these online markets.

Currently available security mechanisms already start to fail with preventing malware that spies on user data, and this will get worse in the future. The combination of manual and automatic analysis of applications seems to be successful, but variants for tricking reviewers into wrong decisions are far from being exhausted, yet. Encrypted payloads and the delayed installation or activation of spyware on top of "legally" installed applications are just two trivial examples which can and are being exploited by spy and adware developers. This is eased by the fact that almost every person can become a licensed developer: After paying a rather nominal amount of money, one can use the online platform to distribute malware if accepted by the market reviewing process. Thus, the server-side security mechanisms of online markets are of limited use to control the spreading of malware. Numerous examples demonstrate on basically all platforms the deficiencies of this model [EGC+09, FS10b, Mills10, VS10].

This threat is further aggravated by the customer of such applications, combined with the insufficient permission system of many Smartphone operating systems: The installation process of new software currently requires the interaction of the user. An application asks for certain permissions during installation, and an often long list of technical permission requests lacking a rationale is presented to the user. These permissions are usually approved since the details of these requests tend to exceed the expertise of the user.

If such interaction is not required (see Symbian OS, BlackBerry, iOS) the decision on the permission approval is either delayed to the time of use, or it is delegated to a third-party which designed or administrates the device. In the latter case, the system can be either too restrictive, which decreases user satisfaction, or the permissions are set to relaxed, which will put the system at risk. If the user has to approve permissions during runtime, the lack of expertise and impatience of users will often put the system and data at risk.

Thus, we argue that the current offline and online security mechanisms implemented in the application markets and the end-user devices are too coarse grained to be effective with detecting ad- or spyware.

10.3.5 Dialers

Personal computers originally connected to the Internet using modems on the plain old telephone system and automatic dialers were a popular threat at that time. The costs induced by such attacks were often huge since as expensive services were used. With the technological advancement and the decrease in communication cost, these attacks became negligible.

In the Smartphone domain the situation is different: Devices resemble personal computers which can establish direct connections to expensive services, such as premium SMS services or phone numbers; thus, this threat is going to re-appear.

10.4   Future Mobile Application Security Frameworks

Although much effort was put on designing security frameworks for mobile application environments, the number of threats and security issues is still tremendously high and several principle problems remain unsolved.

The security mechanisms developed and implemented for Smartphones are often based on technologies which were deployed for regular desktop PCs over the last 20 years. While intrusion detection systems, firewalls, mandatory access control, signature verification, etc. have been effective in traditional computing systems, the Smartphone domain requires new security mechanisms. These must address newly emerging types of applications, permanent connectivity, the variety and combination of private and public information stored on the phone, the overload of sensor information a Smartphone can provide, the undeniable resource constraints, and the replacement of a well-trained administrator with naïve users lacking security expertise.

In this section we address several mechanisms that can potentially cope with the challenges of this new runtime environment.

10.4.1 Labelling of Data

The security framework of every operating system we introduced assigns permissions to applications or processes. Based on the permissions the secure execution of such applications is enforced. However, what does "secure "precisely mean in this context? It implies that the application obtains access to system resources as expected. These resources are either APIs or direct physical resources such as sensors, files, or maybe other processes. However, as soon as permissions have been granted, which is often already at installation time, processes can use interfaces or data provided at their own will. Multiple studies and various proof-of-concept exploits have shown that this security paradigm is insufficient.

We also argue that this approach is infeasible when considering the types of applications emerging today: We are not facing monolithic applications which are installed once and do not change any more. Instead, we are facing mash-ups, late binding mechanisms that integrate unknown software in the flow of information, and we are confronted with APIs that allow inexperienced users to assemble new application logic.

Thus, the smallest "unit of trust" is not the application any more: Its behavior, its structure, and the context it is running in, is usually unknown. Ensuring security in such an environment by relying on a principle of permissions which addresses only applications and processes is doomed to fail.

Instead we propose to move one level deeper: to data. A user should know which abstract security requirements he expects to hold for his personal data. He should be able to specify security levels for his data which ranges from sensor information provided by devices such as a GPS mouse, a microphone, or a camera, to private or public data stores archiving contact information, navigation material, or simple photos of public places.

We expect labels tagged to data to become an important foundation for new security mechanisms. Similar to meta-information which is already archived in modern operating or file systems, security labels will be used by new security mechanisms to guide static or dynamic flow analysis processes or to feed access control mechanisms.

10.4.2 Automated Application Analysis

For large application markets such as the AppStore run by Apple or the Android Market run by Google, it is practically impossible to audit all submitted applications in a reasonable time frame without the support of sophisticated software analysis tools. Such tools are almost indispensable to find crucial but unintentional flaws. As of today such tools are rather simple and detect unauthorized, unnecessary, suspicious, or incorrect calls to APIs, or they track down applications which do not comply with existing agreements between an application market and developers. Not surprisingly, sophisticated malware can still bypass these mechanisms [Seriot10, Shields10].

We expect that providers of online application markets will enhance or at least deploy (partially) automated application analysis mechanisms which support an efficient, automated detection of malformed applications. Further, such automation may also support a democratic and objective reviewing process.

We also expect that current software analysis approaches which are already used in desktop environments find their application in the Smartphone domain. Such analysis frameworks – static and dynamic – are quite challenging in terms of computational resources, however, we aim at the combination of techniques from the software analysis domains [EGC+09, EOM09b, OMEM09, OBM10,] to construct analysis frameworks which are incremental, fast, and automated.

A complete automation of existing analysis frameworks appears to be impossible: there are practical and theoretical burdens that cannot be overcome. However, existing analysis frameworks are mostly general and target holistic solutions. We think that a) complementing such processes with additional information, such as semantic descriptions of APIs or labeled data which attached security policies, and b) a focus on specific security issues will help to advance such analytical processes towards being fully automated.

Whilst the effort for designing and running such a framework on mobile platforms is relatively high, the gain in terms of security and flexibility can be huge. As an example, imagine that malicious flows of information within an application could be detected. Existing Smartphone security frameworks cannot detect such vulnerabilities as they mainly ensure the validity of the initial access to a resource. Further, new types of application frameworks can emerge: It could become possible to dynamically adapt applications due to contextual feedback; vulnerabilities or information flow which do not comply with the security requirements a user has specified for particular data could then also be detected.

10.4.3 Adaptive Security Architectures

We further extend our consideration on automated analysis processes which are supported by information partially provided by the user in terms of security policies tagged to his private data:

If automated mechanisms able to identify specific security problems would be available, we could also generate a feedback loop back to the user. Using the same information provided by a user, deploying appropriate inference processes, and combining this information with the output of our analytical process, we could not only deliver system feedback to a user which he can actually understand. Even more, we could actually reduce the security feedback and automate security decisions.

As an example, consider a data item which a user specified as being confidential. Further, assume that this data item should be processed by an application which has access to this confidential item but transmits it to a trusted third party using an insecure channel. An automated static analysis process could detect this data leakage and alert the user. While the dynamic version of this scenario is already available in Android [EGC+09], our expectations go one step further: The analysis process can not only determine unsatisfied constraints, often it can also provide the location within the path of the information and/or control flow at which the constraints are not satisfied. The combination of this location and the unsatisfied constraints with a predefined set of security primitives able to satisfy mismatched constraints will allow the automated manipulation of applications to make them satisfy these constraints. The result would be a dynamic, security architecture which can be implanted into applications to meet changing security requirements or to account for changed assumptions.

10.4.4 Remote Attestation

Commercial client/server applications as well as emerging peer-to-peer applications often depend on the correct operation of the software installed in the device of the other communication party. This specifically holds if the involved communication partners share a trust relationship.

It is easy to verify the integrity of an application on a local device using well known and well understood signature mechanisms. It is also relatively easy to ensure that the application verified in this way is actually running in memory without being manipulated beforehand. Thus, it is possible to enforce the expected control and information flow of an application locally.

If we now transfer the same scenario to a remote device, this issue becomes extremely difficult: Verifying that an unknown application running on a remote device is actually performing according to a given specification is an open and extremely difficult problem.

10.4.5 Secure Boot

Many of the security mechanisms described above depend on the security of the underlying platform and operating system respectively. In fact, Smartphone manufacturers and OS designers have already recognized the importance of this initial trust. Thus, many Smartphone operating systems already verify the integrity of the firmware they load when booting the device. Some of these verification processes are in fact protected by hardware components that store verification information. Unfortunately, the motivation for trusted and secure boot processes is often different and does not aim to obtain an integrity protected architecture which ensures specific security properties the user expects. In contrast, most of these mechanisms aim at restricting the user to gain control over his device. Thus, the trusted boot process is not important for the user but for the provider controlling the phone.

We think that this security goal should change and the secure boot process should support an integrity protected security framework which provides the appropriate security level to the device user instead of the device owner. Inevitably, such mechanisms will have to support open platforms such as Android. It will be a challenge to design a secure boot process which guarantees integrity of specific key security components to different parties, e.g. the user, the network operator, the device owner or distributor.

10.4.6 Software Identity Modules

Every Smartphone uses a SIM card for secure authentication against the network provider (PLMN). A SIM card is usually implemented as a hardware device [WR08] that allows the secure storage of, and secure computation with credentials. These protection mechanisms are based on physical characteristics of the deployed hardware and attacks against such devices are believed to be very expensive and thus usually not practical. Operating system providers, e.g. RIM [iGR10] and Apple [Apple10], have recognized the importance of these trusted devices and provide APIs which allow the use of these functionalities by applications that require trusted authentication mechanisms.

The deployment of such trusted hardware devices can guarantee the confidentiality and integrity of credentials used for authentication. However, we assume that smartcards or similar trusted computing devices will vanish in the long run:

Over a long time telecommunication providers were basically defining hardware specifications for cell phones; the "Mobile Terminal" was a comparably dumb device that simply served the network. However, the setting has changed: Connectivity became commodity in the last decade, and the market today is driven by extremely powerful "user terminals", i.e.: Smartphones: Now, devices and their capabilities become the focal point of innovation visible by consumers, and subscribing for connectivity is increasingly a necessary burden. The SIM today, from a consumer perspective, largely stands for this "burden". It is being discussed since two decades if the phone itself should offer SIM-like capabilities and allow customers to choose connectivity options as to their wish: cheapest offer, best availability, etc., rather than being bound to be part of a home network. We believe that also here a second round of innovation will eventually succeed with providing trusted platforms in mobile devices (resembling first attempts in the late 90s like TPMs [TCG11]).

Note that the only immediate reason for having a home network provider is in fact naming, e.g. for having a fixed phone number. Technically, there are various other technical solutions, e.g. VoIP servers, Skype, DNS-based solutions, etc., which will almost certainly take over in the long run.

With the increased mobility of users and increased device-centeredness, it is a question of time for SIM cards being replaced by a successor technology. We do expect the development of software modules which basically show the same functionality as ICCs to continue, and we expect that software-based replacements of SIMs will become being used: Customer authentication boils down to the question of *Who owns the customer?*; the answer to this question has significantly changed since the appearance of the iPhone.

10.5 Conclusion

We have examined and discussed the security architecture of today's Smartphone platforms. Overall, we recognized quite sophisticated technical approaches to guarantee security of Smartphones and their applications; however, it seems unlikely that these efforts will suffice to prevent attackers from achieving significant damages in the future: The Smartphone platform itself is just too attractive for attackers and too complex.

One interesting technical challenge is maintaining an open model for deploying applications as e.g. Android suggests, vs. a centrally controlled environment like that of Apple. The open model has, obviously, harder problems to solve on the device side to maintain secure operation of Smartphones. Achieving this is certainly one of today's major challenges in system and application security.

In the long run, we cannot see how to tackle this problem by only statically considering applications and data: We argue that dynamic approaches are needed, and, in particular, data flow during run time on Smartphone platforms needs to be taken into account. We sketched ongoing research that is based on this principle and aims at providing dynamically changing access control systems that can potentially provide stronger security for Smartphone platforms in the long run.

References

[Apple10] Apple Inc. *Security Overview*. Cupertino, CA, USA. July 2010.

[EGC+09] William Enck, Peter Gilbert, Byung-Gon Chun, Landon P. Cox, Jaeyeon Jung, Patrick McDaniel, Anmol N. Sheth. *Taintdroid: An information-flow Tracking System for Realtime Privacy Monitoring on Smartphones*. In Proceedings of the 9th USENIX Symposium on Operating Systems Design and Implementation. October 2009.

[ENISA10] European Network and Information Security Agency. *Smartphones: Information security risks, opportunities and recommendations for users*. December 2010.

[EOM09a] William Enck, Machigar Ongtang, and Patrick McDaniel. *Understanding Android Security*. In IEEE Security & Privacy, IEEE Computer Society. 2009.

[EOM09b] William Enck, Machigar Ongtang, Patrick McDaniel. *On lightweight mobile phone application certi_cation*. In: Proceedings of the 16th ACM Conference on Computer and Communications Security. November 2009.

[FS10a]   F-Secure. *Warning On Possible Android Mobile Trojans*. Available online: http://www.f-secure.com/weblog/archives/00001852.html. January 2010.

[FS10b]   F-Secure. Android Games Isn't Actually a Game. Online: http://www.f-secure.com/weblog/archives/00002011.html. August 2010.

[Heath10] Craig Heath. *Symbian OS Platform Security, Software Development Using the Symbian OS Security Architecture.* John Wiley & Sons Ltd. 2006.

[HS10] Cedric Halbronn and Jean Sigwald. *iPhone Security model & vulnerabilities.* Hack in the Box, SecConf 2010.

[iGR10] iGR Inc. *Smartphone Security for the Enterprise: Encryption, Remote Features, ad Compliance.* Austin, Texas, USA. August 2010.

[Jaqu10] Andrew Jaquith, *Apple's iPhone And iPad: Secure Enough For Business.* Forrester Research Inc. Cambridge, USA. August 2010.

[LYL+10] Hong Lu, Jun Yang, Zhigang Liu, Nicholas D. Lane, Tanzeen Chondhury, and Andrew T. Campbell. *The Jigsaw – Continuous Sensing Engine for Mobile Phone Applications.* In Proceedings of the 8th International Conference on Embedded Network Sensor Systems, SenSys 2010. pp. 71-81. ACM. Zurich, Switzerland. Nov 2010.

[Mills10] Elinor Mills. *Malware found lurking in apps for Windows Mobile.* Online: http://news.cnet.com/8301-27080_3-20006882-245.html. CNET. June 2010.

[OBM10] Machigar Ongtang, Kevin Butler, Patrick McDaniel: *Porscha: Policy Oriented Secure Content Handling in Android.* In Proceedings of the 26th Annual Computer Security Applications Conference. December 2010.

[OMEM09]Machigar Ongtang, Stephen McLaughlin, William Enck, Patrick McDaniel: *Semantically Rich Application-Centric Security in Android.* In Proceedings of the 25th Annual Computer Security Applications Conference, December 2009.

[RIM09] Research in Motion Limited. *BlackBerry Enterprise Solution, Security Technical Overview for BlackBerry Enterprise Server Version 4.1 Service Pack 6 and BlackBerry Device Software Version 4.6.* Canada. March 2009.

[Schleg11] Roman Schlegel, Kehuan Zhang, Xiaoyong Zhou, Mehool Intwala, Apu Kapadia, XiaoFeng Wang: Soundminer: A Stealthy and Context-Aware Sound Trojan for Smartphones, *18th Annual Network & Distributed System Security Symposium (NDSS '11)*, San Diego, CA, February 6–9, 2011.

[Seriot10] Nicolas Seriot. *iPhone Privacy.* In Proceedings of Black Hat DC 2010. Arlington, Virginia, USA. August 2010.

[Smith10] Chris Smith. *Application Sensor Logger Test.* Online: http://www.androlib.com/android.application.uk-co-md87-android-sensorlogger-wnqz.aspx. 2010.

[Shields10]Tyler Shields. *Blackberry Mobile Spyware – The Monkey Steals the Berries.* February 2010.

[SFK+10] Asaf Shabati, Yuval Fledel, Uri Kanonov, Yuval Elovici, Shlomi Dolev, and Chanan Glezer. *Google Android: A Comprehensive Security Assessment.* In Mobile Device Security, Copublished by IEEE Computer and Reliability Societies. March/April 2010.

[TCG11]   Trusted Computing Group, http://www.trustedcomputinggroup.org/

[VS10]   Tony Vennern, David Stoop. *Threat Analysis of the Android Market.* Online: http://threatcenter.smobilesystems.com/wp-content/uploads/2010/06/Android-Market-Threat-Analysis-6-22-10-v1.pdf. SMobile Systems, Columbus, Ohio, USA. June 2010.

[WAP 98] Wireless Application Protocol Forum: WAP 1.0 Specification. Available from http://www.wapforum.org/DTD/pap_1.0.dtd. 1998.

[WR08]   Wolfgang Effing and Wolfgang Rankl. *Handbuch der Chipkarten.* Carl Hanser Verlag, München, Wien, 2008.

11 Zukünftige Authentifikationsverfahren im Web

Matthias Baumgart

Motivation

Nicht alle Dienste im Internet benötigen eine Authentifikation des Nutzers. Die Recherche nach Informationen über Suchmaschinen wie Google oder das Surfen auf Webseiten von Waren- oder Diensteanbietern erfolgt meist ohne vorherige Authentifikation oder Registrierung der Benutzer. Sobald jedoch höherwertige Dienste genutzt werden, erfolgt in der Regel eine Registrierung und darauffolgend bei einem weiteren Besuch der Webseite eine Nutzerauthentifikation.

Insbesondere kostenpflichtige Dienste verwenden eine Authentifikation, um eine Bezahlung der Nutzungsgebühren zu ermöglichen. Dabei können verschiedene Methoden zur Nutzerauthentifikation zum Einsatz kommen. Das meist genutzte Verfahren ist heutzutage das Benutzername/Passwort-Verfahren. Dabei meldet sich der Benutzer mit einem Benutzernamen, der öffentlich bekannt sein darf und einem geheimen Passwort zu einem Dienst an. Als Benutzername wird in vielen Fällen die eMail-Adresse des Benutzers verwendet. Das Passwort wird im Allgemeinen von dem Benutzer gewählt und sollte möglichst keiner anderen Person bekannt sein. Das Verfahren der Authentifikation mittels Benutzername und Passwort birgt viele Gefahren in sich, die das Verfahren angreifbar machen.

Eine Gefahr besteht darin, dass der Benutzer ein Passwort wählt, welches zu leicht zu erraten ist. Beliebte Passworte sind zum Beispiel „123456", „Password" oder „iloveyou". Laut einer Studie der Firma Imperva[1] verwenden rund 30 Prozent aller Anwender Passwörter mit maximal sechs Buchstaben Länge. Fast 60 Prozent verwenden nur die einfachsten alphanumerischen Zeichen, also Buchstaben und Ziffern. Außerdem ist fast die Hälfte aller Passwörter entweder ein Name, ein Lexikonwort oder ein umgangssprachlicher Ausdruck, der aber nicht im Wörterbuch steht. Häufig wird auch einfach der Name der Webseite als Passwort genutzt.

Hinzu kommt die Gefahr, dass das Passwort durch Trojaner ausgespäht wird, welche im einfachsten Fall sämtliche Tastatureingaben mitloggen oder den Browser manipulieren, so dass dieser die Passwörter im Passwortspeicher des

---

[1] „Consumer Password Worst Practices", Imperva-Website, 2010,
http://www.imperva.com/docs/WP_Consumer_Password_Worst_Practices.pdf

Browsers ablegt. Der Speicher kann dann von einem weiteren Trojanerprogramm kopiert und an einen entfernten Server versendet werden.[2]

Ebenso wie Trojaner bedrohen auch Phishing-Seiten die Sicherheit dieser Authentifikationsmethode. Dabei werden gefälschte Seiten von existierenden Webseiten erstellt, auf die der Nutzer dann zum Beispiel mittels eines ebenfalls gefälschten Links in einer eMail gelenkt wird. Gibt er das Passwort in dem falschen Glauben ein, sich auf der realen Webseite des Diensteanbieters zu befinden, so kann das Passwort auf dem gefälschten Server mitgeschnitten werden.

Ein weiteres Angriffspotenzial ist durch die Vielzahl unterschiedlicher Anmelde-seiten gegeben. Dies führt dazu, dass der Benutzer das gleiche Passwort für unter-schiedliche Dienste nutzt. Ist dann nur einer dieser Dienste unzureichend geschützt oder sogar ein Trojaner, so sind alle weiteren Dienste für die dasselbe Passwort genutzt wurde angreifbar. Eine Möglichkeit, dieser Problematik ent-gegenzuwirken ist die Nutzung von Passwortmanagern, die zum Teil sogar die Möglichkeit bieten, „gute" Passwörter zu generieren. Diese muss sich der Nutzer dann nicht alle merken, sondern er benötigt nur ein Passwort, um den Passwort-container des Passwortmanagers zu öffnen. Die Nutzung eines Passwortmanagers obliegt jedoch dem Nutzer selbst.

Da das Sicherheitsniveau einer Anmeldung mittels Benutzername und Passwort nur schwer einzuschätzen ist, geht ein Trend dahin, dass der Diensteanbieter selbst nach Methoden sucht, um das Sicherheitslevel von Authentifikationsmethoden und somit das Vertrauen in eine erfolgte Anmeldung zu erhöhen. In diesem Beitrag werden verschiedene innovative Methoden vorgestellt, deren Entwicklung und Nutzung bei den Deutsche Telekom Laboratories vorangetrieben wurde und wird.

Der elektronische Personalausweis

Eine Lösung, um eine sichere Authentifikation und sogar Identifikation von Benutzern im Web zu ermöglichen, bietet der neu eingeführte deutsche Personal-ausweis (Bild 1).

Der Personalausweis unterstützt dabei verschiedene Formen der Authentifikation. Zum einen wird ermöglicht, dass der Benutzer die Daten des Personalausweises nutzt, um sich gesichert gegenüber einem Dienst zu registrieren. Dabei wird zunächst ein gesicherter Kanal zwischen dem Personalausweis und dem Diensteanbieter aufgebaut. Über diesen Kanal ist es dann möglich, dass der

---

[2] „Trojaner zwingt Firefox zum heimlichen Speichern von Passwörtern", heise news, 2010, http://www.heise.de/newsticker/meldung/Trojaner-zwingt-Firefox-zum-heimlichen-Speichern-von-Passwoertern-Update-1105911.html

Diensteanbieter auf Daten zugreift, die auf dem Personalausweis gespeichert sind.
Dabei ist reglementiert, auf welche Daten der Diensteanbieter zugreifen darf.

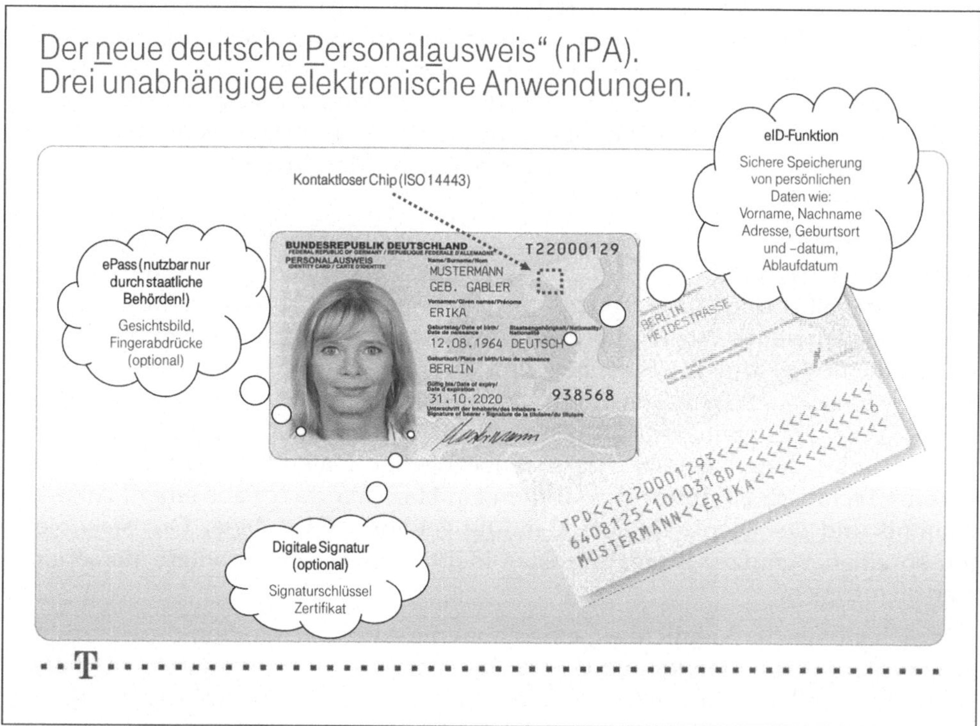

Bild 1

Die folgenden Daten sind auf dem elektronischen Personalausweis gespeichert
und können bei entsprechender Berechtigung von einem Diensteanbieter gelesen
werden:

– Familienname und Vornamen,

– Geburtsdatum und -ort,

– Anschrift und Postleitzahl,

– Wenn angegeben: Ordens- beziehungsweise Künstlernamen,

– Wenn angegeben: Doktorgrad.

Um auf einen bestimmten Teil der Daten zugreifen zu dürfen, muss der
Diensteanbieter zunächst beim Bundesverwaltungsamt ein Berechtigungszertifikat
beantragen, das ihm den Zugriff auf die Daten erlaubt. Dies berechtigt ihn aber
nicht, ohne die Zustimmung des Benutzers auf dessen Daten zuzugreifen. Eine

Middleware auf dem PC des Benutzers sorgt dafür, dass dem Benutzer angezeigt wird, auf welche Daten der Diensteanbieter zugreifen möchte. Erst nach Autorisierung durch den Benutzer durch Eingabe einer PIN kann der Diensteanbieter auf die Daten zugreifen und sie auslesen. Diese Vorgehensweise kann ebenso dazu verwendet werden, den Benutzer auch sicher zu authentifizieren, indem der Diensteanbieter nach der initialen Registrierung des Benutzers immer wieder die gleichen Daten (oder einen Teil der bei der Identifizierung gespeicherten Daten) abruft und mit den gespeicherten Daten vergleicht. Dabei geht jedoch eine Authentifizierung des Benutzers immer mit der Identifizierung des Benutzers durch den Diensteanbieter einher.

Der elektronische Personalausweis bietet aber auch die Möglichkeit der pseudonymen Authentifikation. Dazu ist im Personalausweis eine Funktion namens „dienste- und kartenspezifisches Kennzeichen" integriert. Im Personalausweisgesetz heißt es dazu: „Ein dienste- und kartenspezifisches Kennzeichen ist eine Zeichenfolge, die im Speicher- und Verarbeitungsmedium des Personalausweises berechnet wird. Es dient der eindeutigen elektronischen Wiedererkennung eines Personalausweises durch den Diensteanbieter, für den es errechnet wurde, ohne dass weitere personenbezogene Daten übermittelt werden müssen." Technisch ist dieses Pseudonym ein Hash-Wert, der aus einem Ausweisgeheimnis und der Diensteanbieterkennung generiert wird. Jeder Diensteanbieter kann so einen Benutzer seines Dienstes identifizieren, ohne weitere persönliche Daten abzufragen.

Zusätzlich gibt es die Möglichkeit, eine anonyme Altersverifikation durchzuführen. Mit der Altersverifikation kann das Erreichen eines bestimmten Alters einer Person festgestellt werden. Dies ist besonders für Dienste hilfreich, die bestimmte Restriktionen im Jugendschutz oder der Suchtprävention einhalten müssen. Das genaue Geburtsdatum wird nicht abgefragt, sondern es wird lediglich überprüft, ob die betreffende Person ein bestimmtes Mindestalter erreicht hat.[3]

Die dritte Möglichkeit, den elektronischen Personalausweis zur Authentifikation im Web zu nutzen, ist die Verwendung einer (optionalen) digitalen Signaturfunktion. Diese Funktionalität bietet die Möglichkeit, elektronische Dokumente rechtsverbindlich zu unterschreiben. Zusätzlich ist sichergestellt, dass signierte Dokumente nach dem Signieren nicht mehr verändert worden sind.

Der neue Personalausweis ist für die Nutzung der qualifizierten elektronischen Signatur vorbereitet, diese Funktionalität ist also optional für den elektronischen Personalausweis vorhanden. Dazu muss der Benutzer ein Zertifikat bei einem von der Bundesnetzagentur zugelassenen Zertifizierungsdiensteanbieter beantragen,

---

[3] Neue Dienste mit dem neuen Personalausweis, 2010,
     http://www.personalausweisportal.de/SharedDocs/ExterneLinks/DE/Download/Neue%
     20Dienste%20mit%20dem%20neuen%20Personalausweis.pdf?__blob=publicationFile

um die auf dem Personalausweis gespeicherten Signaturschlüssel nutzen zu können. Diese Signaturfunktionalität kann ebenfalls zur Authentifizierung im Web genutzt werden, indem eine aktuelle Information von dem Benutzer signiert wird.

Sämtliche Lösungen setzen voraus, dass der Benutzer über einen entsprechenden Kartenleser verfügt und eine entsprechende Software auf seinem Device installiert hat. Das reale Sicherheitsniveau der Authentifikation ist dabei abhängig von der Sicherheit des verwendeten Kartenlesers und Devices.

Das Device zur Nutzung des Personalausweises durch den Privatanwender ist noch grundsätzlich offen. Der Fokus liegt derzeit auf dem PC des Benutzers, aber die Nutzung weiterer Devices wie Mobiltelefone, Tablets, Homegateways sind ebenso denkbar und werden derzeit untersucht.

Die Sicherheitsfunktionen des Personalausweises

Die Authentifikationsfunktion des elektronischen Personalausweises zum Zugriff auf die auf dem Chip des Personalausweises gespeicherten Daten baut auf dem erweiterten Zugriffsschutzmechanismus Extended Access Control (EAC) auf. Das vom Bundesamt für Sicherheit in der Informationstechnik (BSI) spezifizierte Verfahren sichert die Authentizität und Integrität der Daten ab. Es besteht aus den drei Protokollen

- Password Authentication Connection Establishment (PACE),
- Terminal Authentication,
- Chip Authentication.

PACE sichert die Luftschnittstelle zwischen neuem Personalausweis und Endgerät/Middleware. Dabei wird der Zugriff durch Eingabe der PIN vom Benutzer gestattet. Die weiteren Protokolle etablieren dann den direkten Tunnel zwischen Karte und Webdienst, auf den dann nicht einmal mehr das Endgerät Zugriff hat. Im Rahmen der Terminal Authentication prüft der Chip mit Hilfe eines Challenge-Response-Verfahrens die Zugriffsberechtigungen des Webdienstes (Remote Terminal).

Die Chip Authentication ist ein Verfahren, welches die Authentizität des Chips prüft. Hierbei werden implizit die Daten, die ein Chip liefert, authentifiziert. Nach Abschluss der Chip Authentication ist ein verschlüsselter Ende-zu-Ende-Kanal zwischen Chipkarte und Webdienst etabliert.

Kritik am elektronischen Personalausweis

Schon vor der Einführung des elektronischen Personalausweises wurde viel über die Sicherheitsmechanismen und den Mehrwert des Personalausweises diskutiert (Bild 2). Kurz nach Einführung des Personalausweises wurde eine Schwachstelle in der Konzeption des Updatemechanismus der Ausweissoftware bekannt, die es ermöglichte, schädliche Software auf Nutzerrechner einzuschleusen und somit die Sicherheit des Endgeräts anzugreifen.

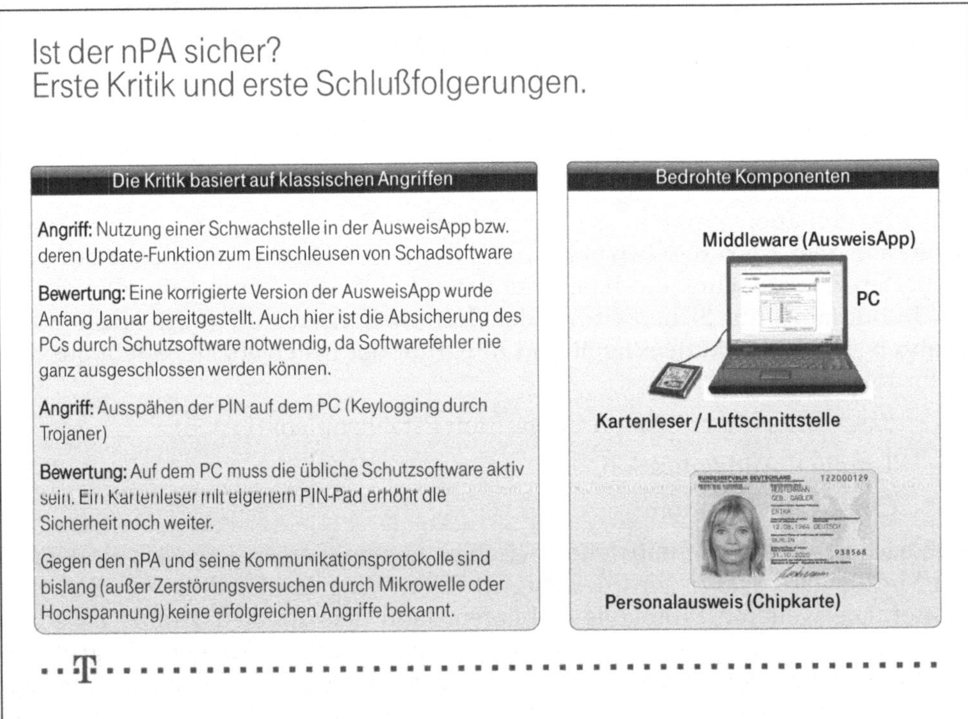

Bild 2

Daher wird auch immer wieder in Frage gestellt, ob der Personalausweis überhaupt eine Verbesserung der Sicherheit bei der Authentifizierung im Web bringt. Dazu ist klarzustellen, dass keine Angriffe auf den Personalausweis bekannt und sogar denkbar sind, die nicht in gleicher oder einfacherer Weise auf bisher übliche Verfahren, wie „Benutzername/Passwort" anwendbar wären. Insofern kann man also behaupten, dass die Authentifizierung mittels des elektronischen Personalausweises nicht schlechter ist als durch derzeit gängige Methoden. Die Frage, ob tatsächlich eine Verbesserung des Sicherheitsniveaus gegenüber derzeitigen

Methoden durch den Personalausweis erzielt wird, kann derzeit (trotz aller Kritik) ebenfalls bejaht werden. Solange sämtliche Angriffsszenarien auf eine Authentifikation mittels des elektronischen Personalausweises voraussetzen, dass sich zum Zeitpunkt des Angriffs der Personalausweis zumindest in Reichweite eines entsprechenden Lesegerätes befindet, ist dies eine Anforderung, die bei Angriffen auf Authentifikationsmethoden mittels Benutzername und Passwort nicht notwendig ist. Insofern bedeutet die Nutzung des Personalausweises eine Erhöhung des Sicherheitsniveaus, welches durch Nutzung entsprechend gesicherter Kartenleser mit PIN-Pad weiter erhöht werden kann. Ein Online-Diebstahl der entsprechenden Credentials zur späteren missbräuchlichen Verwendung, wie dies derzeit häufig bei gängigen Angriffen (zum Beispiel auch bei EC-Karten) der Fall ist, ist aus heutiger Sicht nicht möglich.

Aber auch wenn sich der elektronische Personalausweis als Authentifikationsmittel der Zukunft durchsetzt, wird noch einige Zeit vergehen, bis Systeme auf die Verwendung schwächerer Authentifikationsmethoden wie Benutzername und Passwort verzichten können. Da noch einige Zeit vergehen wird, bis der elektronische Personalausweis eine ausreichende Verbreitung findet, um Systeme oder einzelnen Funktionalitäten auf eine ausschließliche Authentifikation mittels elektronischen Personalausweises umzustellen, werden Brückentechnologien benötigt, die es ermöglichen, das Sicherheitsniveau derzeitiger Verfahren zu erhöhen. Einige dieser innovativen Technologien werden im Folgenden aufgezeigt.

Höherer Sicherheitslevel durch Nutzung zusätzlicher Informationen

Im Rahmen eines Projektes wurden verschiedene Möglichkeiten untersucht, das Vertrauen in die übermittelten Authentifikationsinformationen durch Nutzung zusätzlicher Informationen zu stärken. Hintergrund ist, dass der Nutzer in den meisten Fällen immer von demselben System auf einen Dienst zugreift. Daher kann den Credentials, die von dem „üblichen" System des Nutzers stammen ein höherer Sicherheitslevel zugeordnet werden, als einem Nutzer, der sich von einem neuen System aus zum ersten Mal anmeldet. Die einfachste Möglichkeit ist es, ein persistentes Cookie auf dem Rechner des Nutzers zu speichern, welches dann bei zukünftigen Aufrufen der Webseite automatisch gesendet wird.

Bei Anmeldung in einem Browser werden im Normalfall bereits im User Agent des http-Headers Informationen über zum Beispiel Betriebssystem, Browserversion und akzeptierte MIME-Typen übertragen. Diese Informationen genügen bereits, um einen Großteil der Nutzersysteme unterscheiden zu können. Über Javascript-Code können weitere Informationen (wie zum Beispiel Informationen über plug-ins, Java oder Cookie-Aktivierung, Bildschirm-Auflösung) abgefragt werden, die es ermöglichen, festzustellen, ob diese Systemparameter mit den Systemparametern des von Nutzern üblicherweise genutzten Systems übereinstimmen. Dabei wird im Prinzip ausgenutzt, dass das Sicherheitsbewusstsein der meisten Nutzer diese nicht dazu verleitet, die Übertragung dieser Informationen zu unterbinden.

Nachteil dieser Vorgehensweise ist, dass es sich um Informationen handelt, die von jedem, also auch von einem potenziellen Angreifer, abgefragt werden können. Mit anderen Worten: Diese Methode kann derzeit genutzt werden, um den Vertrauenslevel heutiger Authentifikationen kurzfristig aus Sicht des Diensteanbieters zu erhöhen. Sobald diese Methode allerdings eine größere Verbreitung und Bekanntheit erlangt, können diese zusätzlichen Informationen leicht von einem Angreifer ausgelesen werden. Dann führt die Speicherung dieser Daten nicht mehr zu einer Erhöhung des Sicherheitsniveaus.

Eine weitere Möglichkeit, das System des Benutzers wiederzuerkennen, ist die Bereitstellung einer gesonderten Webseite für jeden Benutzer. Anhand von gecachten Objekten lässt sich überprüfen, ob sich der Benutzer von demselben System anmeldet, wie bei der vorherigen Anmeldung. Dazu wird dem Benutzer bei der ersten Anmeldung eine spezielle Kombination von Objekten in der Webseite (zum Beispiel kleine jpeg-Bilder) gesendet, die der Browser im Cache des Benutzers abspeichert. Bei den weiteren Anmeldungen werden dem Benutzer dann die gleichen Bilder oder ein Teil der Bilder wieder auf der Webseite angeboten. Der Browser ruft jedoch nur die Bilder ab, die sich noch nicht in seinem Cache befinden. Anhand dieser Informationen kann der Server feststellen, ob der Benutzer von dem gleichen System wie bei der Erstanmeldung kommt. Vorteil dieser Variante ist es, dass es deutlich schwieriger ist, an die zur Wiedererkennung verwendeten Daten zu kommen, da ein Angreifer den Cache auslesen muss oder den korrekten Namen der gespeicherten gecachten Objekte raten muss (Bild 3).

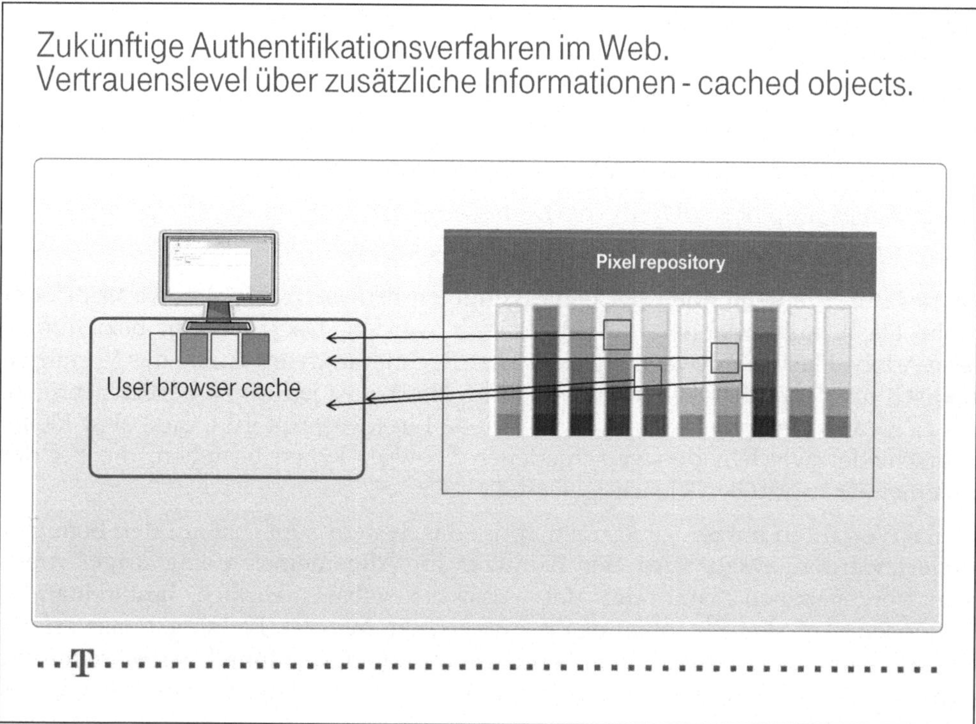

Bild 3

Somit könnte durch dieses Verfahren der Sicherheits- und der Vertrauenslevel gegenüber dem herkömmlichen reinen Benutzername/Passwort-Verfahren erhöht werden.

Nutzung von verhaltensbasierten Authentifikationsverfahren

Neuere Technologien eröffnen die Möglichkeit, nicht nur zu prüfen, ob der Benutzer die korrekten Credentials (zum Beispiel Benutzername und Passwort) während der Authentifikation eingegeben hat und ob sie von einem bekannten und mit dem Benutzer verknüpften Endgerät stammen, sondern auch, ob das individuelle Verhalten des Benutzers während der Eingabe der Credentials mit einem vorher gelernten Verhaltensmuster übereinstimmt.

Hierbei besteht zum Beispiel die Möglichkeit, durch Auswertung der Tastatur-Events (Keystroke Dynamics) festzustellen, mit welcher Wahrscheinlichkeit die Eingabe der Credentials durch den korrekten Benutzer erfolgt ist. In diesem

Bereich existieren eine Reihe von veröffentlichten Lösungsansätzen und es sind bereits kommerzielle Verfahren (zum Beispiel Psylock[4]) verfügbar.

Dabei können die folgenden Tastatur-Events einer herkömmlichen Tastatur genutzt werden:

- Timestamp of KeyDown Event (Drücken der Taste)
- Timestamp of KeyUp Event (Loslassen der Taste)
- Wert der gedrückten Taste (zum Beispiel „A")

Die Tastatur-Events können bei heute gängigen Browsern mittels Javascript oder Adobe Flash aufgezeichnet und übermittelt werden. Da Javascript beziehungsweise Adobe Flash auf etwa 97 Prozent aller Rechner aktiviert ist, ist das Verfahren praktisch plattformübergreifend anwendbar. Hierbei ist jedoch zu berücksichtigen, dass es zwar ein standardisiertes Event-Modell in Javascript gibt, dass aber kleine Unterschiede zwischen den verschiedenen Browser-Typen bestehen, die bei der Implementierung zu berücksichtigen sind.

Um das Verfahren nutzen zu können, muss das System zunächst auf den Benutzer trainiert werden. Dazu wird der Benutzer im Allgemeinen dazu aufgefordert, einen vorgegebenen Satz oder das Passwort selbst mehrfach hintereinander einzugeben. Aus den Eingaben des Benutzers, die in einer Trainingsphase erfasst werden, kann das System ein benutzerindividuelles Modell berechnen, mit welchem sich der Benutzer durch Eingabe des (trainierten) Wortes oder Satzes später authentifizieren kann.

Bei den Deutsche Telekom Laboratories wurde ein solches Verfahren im Rahmen des Projekts Activity-based Verification entwickelt und getestet (Bild 4).

---

[4]   www.psylock.com

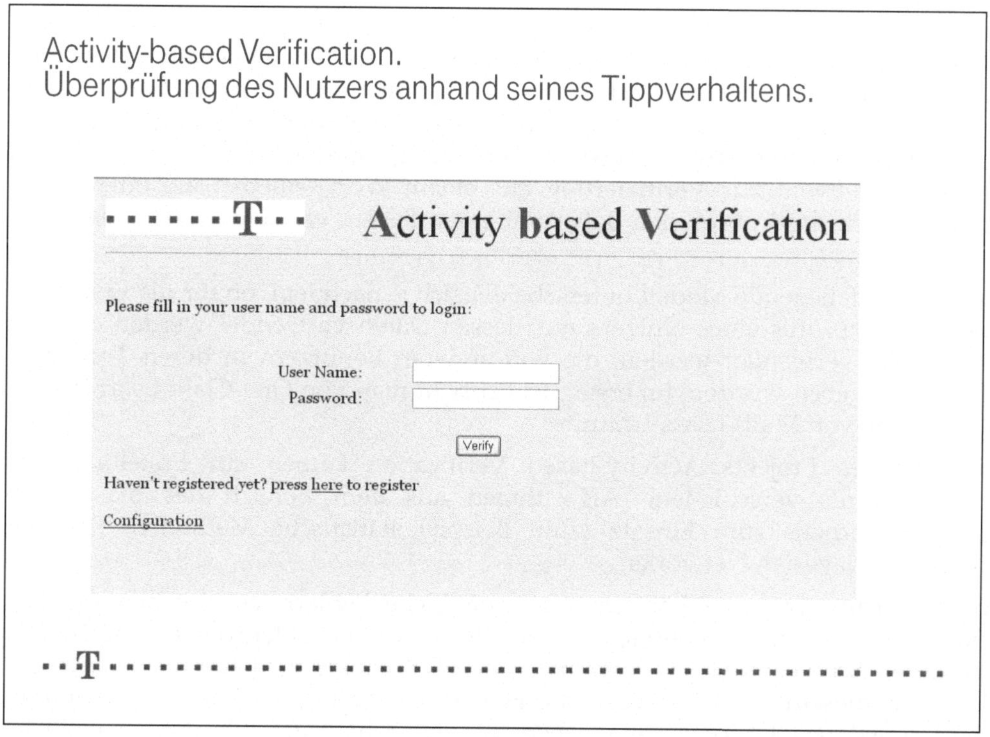

Activity-based Verification.
Überprüfung des Nutzers anhand seines Tippverhaltens.

Bild 4

Bei dem Verfahren der Firma Psylock wird man auf der Demo-Seite aufgefordert, den Satz „Mein Tippverhalten: So individuell wie ich selbst!" etwa 9 bis 10 Mal einzugeben, so dass der Benutzer in der Lernphase etwa 450 Zeichen eingeben muss. Tests und Entwicklungen bei den Deutsche Telekom Laboratories haben jedoch gezeigt, dass schon eine wesentlich kürzere Zeichenfolge von etwa 8 Zeichen (wie bei Passwörtern üblich) ausreicht, um das System auf einen Benutzer zu trainieren.

Das Verfahren

Aus den aufgezeichneten Tastatur-Events werden Feature-Vektoren als Eingabe für das Verfahren berechnet. Ein Feature ist zum Beispiel Dauer eines Tastendrucks, Zeit zwischen zwei aufeinanderfolgenden Tastenanschlägen, Dauer eines Tastendrucks bei gleichzeitigem Drücken zweier Tasten, etc. Wie viele und welche Feature-Vektoren gebildet werden, hängt vom verwendeten Lernverfahren ab und davon, ob es sich um eine kontinuierliche oder nicht-kontinuierliche Verifikation handelt.

Beim kontinuierlichen Verfahren werden die Tastenanschläge über einen längeren Zeitraum gemessen und kontinuierlich gegenüber den Trainingswerten bewertet. Beim nicht-kontinuierlichen Verfahren wird nur über einen kurzen Zeitraum eine Auswertung vorgenommen, wie dies bei Passwortverfahren der Fall ist. Die nicht-kontinuierlichen Verfahren können weiter untergliedert werden je nachdem, ob der Tastatur-Event zur Verifizierung aus einem Wort, einem Satz, oder einem Absatz besteht und ob es sich dabei um einen festen, variablen oder freien Text handelt.

Das zugrundeliegende Modell unterscheidet sich je nachdem, ob für die Erstellung des Referenzprofils eines Nutzers nur dessen Daten verwendet werden oder ob auch Daten verwendet werden, die von anderen Benutzern in deren Trainingsphase eingegeben wurden. Im ersten Fall spricht man von One-Class-Learning, im zweiten Fall von Multi-Class-Learning.

Im Falle des Projekts Activity-based Verification kamen zur Erstellung des Benutzerprofils verschiedene Algorithmen aus dem Bereich des maschinenbasierten Lernens zum Einsatz (zum Beispiel statistische Methoden, Random Forest oder Bayesian Networks).

Als Bewertungskriterien können unterschiedliche Fehlerraten angeben werden. Hierbei ist zu berücksichtigen, dass die meisten Fehlergrößen von einem gewählten Schwellwert (ein Parameter des Entscheidungsverfahrens) abhängig sind. Aus diesem Grund werden die Fehlerraten häufig als Receiver Operating Characteristic (ROC)-Kurve angegeben, die die Fehlerraten für unterschiedliche Schwellwerte darstellen.

Je nach Use Case können verschiedene Varianten des Verfahrens zum Einsatz kommen, die unterschiedliche False Acceptance Rates (FAR) und False Rejection Rates (FRR) besitzen. Im einfachsten Verfahren, das zum Beispiel im Szenario der Passwort-Rücksetzung eingesetzt werden kann, verwendet jeder Benutzer das gleiche Passwort. Mit anderen Worten: Die Authentifikation erfolgt nur über die Messung und den Vergleich der Feature-Vektoren für jeweils das gleiche Passwort. In diesem Fall erzielt man über die Multiple-Class-Learning-Methode die besten Ergebnisse.

Vorteile und Nachteile des Verfahrens

Der Vorteil des oben genannten Verfahrens besteht darin, dass sich der Benutzer nicht mehr für jedes einzelne System, an dem er sich anmeldet, ein eigenes Passwort wählen muss. Die Gefahr durch die Mehrfachbenutzung des Passwortes ist geringer. Ebenso könnte ein System ein Passwort für einen Benutzer vorgeben, das er dann nur ablesen und eingeben muss.

Um die Sicherheit zu stärken, könnte sich der Benutzer auch eine besondere individuelle „Tippart" ausdenken, mit der er ein Passwort eingibt. Der Benutzer merkt sich dann nicht mehr das Passwort, das er eingibt, sondern die Art, wie er es eingibt. Am stärksten ist das Verfahren jedoch, wenn die Kombination aus geheimen Passwort und Tippverhalten gewählt wird.

Zu bemerken ist, dass es sich bei dem Verfahren nicht um ein klassisches biometrisches Verfahren handelt, da sich das Tippverhalten im Gegensatz zu klassischen biometrischen Verfahren, wie zum Beispiel Fingerabdruck- oder Iris-Scan, im Laufe des Lebens mehrfach willentlich oder auch unwillentlich ändern kann. Neben dem bewussten Verändern des Tippverhaltens können auch Unfälle oder fortgeschrittenes Alter dazu führen, dass sich das Tippverhalten ändert. Es muss also ebenso wie beim bisherigen Passwortverfahren eine Möglichkeit geschaffen werden, das Passwort beziehungsweise das Tippverhalten im Bedarfsfall zurückzusetzen oder neu zu trainieren.

Die Sicherheit des Verfahrens ist stärker einzuschätzen, als die des herkömmlichen Benutzername/Passwort-Verfahrens. Es ist jedoch anzumerken, dass alle zur Messung des Tippverhaltens verwendeten Parameter auch von anderen maliziösen Webseiten abgefangen werden können. Ebenso wie bei dem vorhergehenden Verfahren gilt also, dass die Sicherheit nur noch geringfügig höher ist, wenn das Verfahren eine weite Verbreitung erreicht, da dann ein Angreifer die zusätzlichen Parameter ebenfalls abfragen würde.

Das Verfahren hat aber den Vorteil, dass es aus Sicht der Usability einen größeren Vorteil beinhaltet und für bestimmte Use Cases, wie zum Beispiel der Passwort-Rücksetzung, besonders geeignet ist.

Nutzung biometrischer Verfahren

Zukünftig sind die Nutzung weiterer biometrischer Verfahren zur Identifikation und Authentifikation möglich. Der Fingerabdrucksensor zur Authentifikation am PC ist schon seit einigen Jahren verfügbar und könnte auch zukünftig genutzt werden, um sich direkt im Web anzumelden. Ebenso haben sich die Möglichkeiten der Gesichtserkennung in den letzten Jahren stark verbessert, so dass es durchaus denkbar ist, dass in einigen Jahren die Möglichkeit angeboten wird, sich im Web einfach durch einen Blick oder eine Geste in die Webcam zu authentifizieren. Erste Untersuchungen in diese Richtung existieren bereits, aber ebenso wie bei den anderen Verfahren ist auch hier festzustellen, dass sämtliche Parameter, die übertragen werden, auch aufgezeichnet werden können. Besteht die Möglichkeit, diese bei einer späteren Authentifikation wiederzuverwenden, so sind auch diese Authentifizierungsmöglichkeiten angreifbar. Die Herausforderung besteht hierbei also auch darin, sicherzustellen, dass die übertragenen Daten aktuell sind.

Neben der datenschutzrechtlichen Problematik bei solchen Verfahren, die eine eventuelle Identifizierung einzelner Personen erlauben, geht die zukünftige Verbreitung solcher Technologien immer eng mit der Akzeptanz durch den Benutzer einher. In Zeiten, in denen die Benutzer jedoch recht freizügig mit ihren persönlichen Daten umgehen (siehe Facebook) könnte ein biometrisches Verfahren wie zum Beispiel eine Gesichtserkennung als Usabiltiy feature gewertet werden und sich somit durchsetzen.

Dabei ist allerdings offen, ob sich die Sicherheit der Authentifikation mit diesen Methoden wirklich erhöhen lässt oder nicht.

Höhere Sicherheit durch Einmalpasswörter

Ein bereits länger bekanntes Verfahren, nämlich die Verwendung von Einmalpasswörtern kommt derzeit mehr und mehr zum Einsatz. Schon seit längerer Zeit wird dieses Verfahren zum Beispiel im Bereich Onlinebanking eingesetzt. Dabei werden die Einmalpasswörter allerdings nicht verwendet, um sich zu authentifizieren, sondern um eine bestimmte Transaktion, wie zum Beispiel eine Überweisung zu legitimieren. Die Verwendung von TAN-Listen zur Authentifikation erschien bisher zu kostenintensiv, da bei jeder Anmeldung eine TAN verbraucht würde und somit zu häufig neue Listen generiert und versendet werden müssten. Mittlerweile rückt man jedoch von der Verwendung der klassischen TAN-Listen ab. Bei der Postbank zum Beispiel werden zukünftig nur noch mobile TAN-Verfahren oder chipTAN-Verfahren verwendet, um Transaktionen zu legitimieren.

Beim mobilen TAN-Verfahren wird ein SMS an ein zuvor registriertes Handy gesendet, in der ein temporär gültiger Passcode enthalten ist. Die Registrierung eines Handys ist dabei etwas aufwändiger gestaltet, um sicherzustellen, dass das Endgerät wirklich dem entsprechenden Benutzer gehört. Die Sicherheit des Verfahrens beruht im Wesentlichen darauf, dass zwei unterschiedliche Kommunikationswege gewählt werden, um die Nachrichten auszutauschen. Ein Angreifer müsste also gleichzeitig Nachrichten über zwei verschiedene Kanäle abhören und gegebenenfalls manipulieren, um erfolgreich einen Angriff durchzuführen.

Beim chipTAN-Verfahren, wird ein zusätzliches externes Kartenlesegerät verwendet. Zusammen mit einer Chipkarte (im Falle der Postbank mit der EC-Karte) wird ein Einmalpasswort generiert, welches eine Transaktion legitimiert.

Diese Verfahren könnten auch zukünftig schon genutzt werden, um sich an einem Websystem anzumelden, statt für jede einzelne Transaktion genutzt zu werden. Diese Verfahren bieten einen erhöhten Schutz gegen Angriffe. Allerdings wird hierzu eine zusätzliche Hardware benötigt, um sich zu authentifizieren beziehungsweise eine Transaktion zu legitimieren. Im einfachsten Fall ist dies ein Handy, was in der heutigen Zeit allerdings eine hohe Verbreitung hat oder ein spezielles Kartenlesegerät zur Generierung von Einmalpasswörtern mit einer entsprechenden Chipkarte.

Nachteilig ist, dass diese Hardware zunächst ausgeliefert beziehungsweise aufwändig registriert werden muss. Daher lohnt sich die Verwendung dieser Methoden insbesondere für langfristige Kundenbeziehungen.

Fazit

Wie zukünftige Authentifikationsverfahren aussehen werden, wird neben der Akzeptanz durch den Nutzer auch von der Entwicklung des Missbrauchs abhängen. Neuere Methoden werden akzeptiert werden, wenn sie dem Benutzer subjektiv eine Erleichterung gegenüber bisherigen Methoden bringen, oder er gar keine Veränderung gegenüber bisherigen Methoden bemerkt. Dies spricht für eine Entwicklung in die Richtung biometrischer oder verhaltensbasierter gestützter Verfahren, die zusätzlich durch die Identifikation des Systems gestützt werden.

Eine Authentifikation des Benutzers mit einem erhöhten Aufwand wird von ihm nur in einem Umfeld akzeptiert, wo er diesen erhöhten Aufwand in Kauf nimmt, weil er entweder den erhöhten Bedarf an Sicherheit in diesem Umfeld versteht (zum Beispiel beim Onlinebanking oder Kauf höherwertiger Güter) oder weil alle Anbieter des gleichen Umfelds das gleiche beziehungsweise ähnlich aufwändige Verfahren anbieten.

Es ist also gut möglich, dass sich in manchen Diensten ein biometrisches Verfahren mit einer Gesichtserkennung des Benutzers durchsetzt (zum Beispiel Zugang zu häufig genutzten Diensten wie Newsgroups oder Foren), während in anderen Bereichen ein stärkeres Verfahren mit Nutzung zusätzlicher Hardware zum Einsatz kommt (zum Beispiel im Bereich Banking oder kostenpflichtige Dienste).

Ein wahrscheinliches Szenario besteht darin, dass verschiedene Methoden für die Anmeldung an einen Dienst angeboten werden und der Diensteanbieter anhand der verwendeten Methode einen Vertrauenswert für die erfolgte Authentifikation hinterlegt. Je nach Vertrauenswert werden dann dem Benutzer unterschiedliche Ausprägungen des Dienstes angeboten. Als Beispiel sei hier die Auswahl von Bezahlmethoden für den Kauf einer Ware genannt. Einem Benutzer, der sich lediglich mit dem herkömmlichen Benutzernamen und Passwort oder einem anderen schwächeren Verfahren anmeldet, wird dann nur eine Bezahlung über Kreditkarte angeboten, während einem Benutzer, der sich mittels des neuen Personalausweises anmeldet, das Lastschriftverfahren oder Ratenzahlung angeboten wird.

Teilnehmer

Ich habe eine Frage zu dem Personalausweis. Ich halte die Möglichkeit, sich irgendwo im Netz anonym anzumelden, für relativ wichtig. Und es besteht ja auch die Möglichkeit, sich mit dem neuen Personalausweis anonym irgendwo anzumelden. Wenn ich jetzt einmal Facebook als Beispiel nehme und dort zwei

Accounts haben möchte, melde ich mich dort zwei Mal an und lege auch zwei Mal meinen Personalausweis auf das Lesegerät. Wenn ich diese Hashwert-Generierung richtig verstanden habe, dann geht dort nicht mein Benutzername ein, den ich gewählt habe. Nenne ich mich also einmal User1 und einmal User3 bedeutet dies, dass ich dem Diensteanbieter die Zusammenführung meiner Nutzerkonten ohne meine Einwilligung ermögliche. Ist das richtig oder habe ich möglicherweise einen Punkt übersehen?

Matthias Baumgart

Ja, ich glaube, das ist so. Pro Diensteanbieter gibt es dann auch einen Hashwert. Wenn man dann verschiedene Accounts hat, ist das darüber nicht machbar. Oder es ist dann eben verlinkbar.

Teilnehmer

Das Verfahren mit der Generierung der TAN vor Ort zusammen mit der EC-Karte ist nicht nur bei der Postbank neu, sondern an vielen Geldinstituten. An meinem schon länger.

Matthias Baumgart

Ok. Ich bin bei der Postbank, an diesem Institut ist es neu.

12 IT-Sicherheit zwischen Regulierung und Innovation

Podiumsdiskussion

Teilnehmer

Dr. Udo Bub, European Center for Information and Communication Technologies EICT GmbH

Prof. Dr. Claudia Eckert, Fraunhofer-Institut für Sichere Informationstechnologie SIT, Technische Universität München

Prof. Dr. Stefan Jähnichen, Gesellschaft für Informatik e.V., Fraunhofer-Institut für Rechnerarchitektur und Softwaretechnik FIRST

Thomas Löer, Bundesdruckerei GmbH

Prof. Dr. Joachim Posegga, Universität Passau

Udo Bub

Herzlich willkommen zur Podiumsdiskussion. Wir haben heute sehr viele interessante Vorträge gehört und ich habe mir einige Fragen notiert, mit denen ich diese Podiumsdiskussion einleiten möchte. Ich möchte Sie auch ganz herzlich einladen, sich an der Diskussion zu beteiligen.

Herr Professor Posegga, ich genieße Ihre Vorträge, die etwas Humoristisches haben, teilweise sogar etwas Schwarz-Humoristisches, aber dennoch sehr fundiert sind. Dabei wird mir wieder sehr nachdrücklich bewusst, dass das Thema IT-Sicherheit ein Kampf gegen Windmühlen sein könnte. Wenn wir heute in die Zukunft schauen, frage ich mich, ob wir diesen Kampf jemals gewinnen können. Schaffen wir es denn Ihrer Meinung nach überhaupt, das Gleichgewicht, wie wir es jetzt haben, aufrecht zu erhalten? Denken Sie, dass wir das jetzige und zukünftige Internet überhaupt schützen können oder müssen wir dieses offene System ganz anders leben?

Joachim Posegga

Sagen wir es einmal so: Nach 15 Jahren lässt sich ein gewisser Sarkasmus natürlich nicht vermeiden, wenn man die gleichen Dinge zum fünften Mal hintereinander sieht. Aber ernsthaft: Ja, wir können das Internet schützen. Ich finde, dass es im Moment gar nicht so schlecht aussieht. Innovationen – und der Titel der Diskussion lautet ja Sicherheit zwischen Innovation und Regulierung – hätten wir

Sicherheitsleute auch gerne. Aber Sicherheit ist primär eine Eigenschaft von irgendetwas anderem und in aller Regel ist das Andere innovativ. Es gibt nur wenige Fälle, in welchen die Sicherheit dieses Anderen selbst ein Innovationsfaktor ist. Die meisten Innovationen erfordern leider langfristig Regulierungen, obwohl es schön wäre, diese nicht regulieren zu müssen. Das würde ich sehr begrüßen, obwohl ich nicht weiß, wie optimistisch ich hier sein kann.

Es gibt aber Grund zum Optimismus. Nehmen wir zum Beispiel das Smartphone. Als wir damit angefangen haben, befürchteten wir schlimme Dinge, aber jeder hat sich Gedanken über notwendige Sicherheitslösungen für die entsprechende Plattform gemacht. Das wäre vor 10 Jahren nicht geschehen. Dies weckt in mir die Hoffnung, dass Sicherheit inzwischen ein fester Bestandteil von neuen Entwicklungen geworden ist. In neue Konzepte wird viel mehr an Sicherheitsüberlegungen investiert und versucht, diese umzusetzen, als noch vor 10 Jahren und das stimmt mich optimistisch. Auf der anderen Seite sind wir durch die stärkere Nutzung und Verbreitung des Internets verwundbarer, das zeigen zum Beispiel die steigenden Newsticker-Meldungen über Angriffe im Internet.

Seit ich Vorlesungen halte, bespreche ich in den ersten fünf Minuten mit den Studenten aktuelle Meldungen über Angriffe im Netz. Vor 10 Jahren war das noch schwierig, da es selten passende Meldungen gab. Heute muss ich aus 35 Meldungen über Verwundbarkeiten die besten heraussuchen. Der Sicherheitsgedanke ist jetzt in den Köpfen und er sollte dort auch nicht mehr herauszubekommen sein. Ich hoffe aber, dass wir irgendwann auch einmal zur Innovation wechseln können.

Udo Bub

Es ist also noch nichts verloren. Insofern ist unsere Konferenz also sehr sinnvoll. Es freut mich, diese Meinung bestätigt zu bekommen.

Claudia Eckert

Ich möchte eine Ergänzung zu dem eben Gesagten machen und das Ganze vielleicht auch einmal an das Publikum zurückspielen. Wir gehen mit einer Erwartungshaltung in das Internet hinein, ganz nach dem Motto „Es soll alles können und es soll ohne Probleme und ohne Hindernisse und Schwellen funktionieren und trotzdem sicher sein". So ist die Welt in der Realität aber auch nicht. In der realen Welt sind wir bereit, gewisse Sicherheitsbeschränkungen in Kauf zu nehmen, also Beschränkungen, die durch Sicherheitsmaßnahmen entstehen. Und wir gewinnen dadurch mehr Vertrauen darin, gewisse Dinge besser und sicherer zu machen. Nachts gehe ich auch in gewisse Bereiche nicht hinein, weil es zu gefährlich ist und mache lieber einen Umweg. Das mache ich aus Sicherheitsbedenken heraus. Warum sind wir als Nutzer dann nicht auch bereit, gewisse Flexibilitäten abzugeben und vielleicht auch Geld in die Hand zu nehmen, um uns dafür eine gewisse Sicherheit zu erkaufen? Ich glaube, diese Erwartungs- und Nutzungshaltung von uns allen ist immer noch ein Hinderungsgrund, um vernünftig mit dieser Technologie umzugehen.

Ich will auch noch einmal ein Beispiel bringen, welches in eine andere Richtung geht: Cloud Computing ist ein Riesenthema. Viele Leute sind nur bereit, ihre Daten einer Cloud anzuvertrauen, wenn es sich um eine Private Cloud handelt. Dort besteht zwar nicht die gesamte Flexibilität, welche Cloud Computing zur Verfügung stellt, dafür aber die Sicherheit. In diesem Bereich ist man auf einmal wieder bereit, Einschränkungen in der Flexibilität zugunsten der Sicherheit in Kauf zu nehmen. Hier müsste man sich also fragen, ob sich nicht Zonen, Communities oder Netze bilden und einrichten lassen, so dass unterschiedliche Sicherheitslevel zur Verfügung stehen und somit vielleicht auch ein besseres Arbeiten mit dieser wunderbaren Technologie ermöglicht wird. Vielleicht brauchen wir aber auch Regulierung.

Udo Bub

Daran möchte ich mit einem Ergebnis aus der Zukunftsstudie anschließen, welche ich bei meiner Einleitung zu Beginn dieser Veranstaltung bereits vorgestellt habe. Darin wurden Experten befragt, welche Verantwortungsträger für die Gewährleistung einer sicheren IKT-Infrastruktur ihre Aufgaben bereits erfüllt haben und in welchem Maße.[1] Das Ergebnis zeigt, dass die Befragungsteilnehmer die privaten Nutzer als die Gruppe ansehen, welche ihre Aufgabe bisher am wenigsten erfüllt hat. Das ist eine stark verkürzte Wiedergabe des Befragungsergebnisses. Wir gehen hier also vom Bild des mündigen Nutzers aus, der seinen Job verfehlt hat: Ist das richtig oder wie würden Sie diesen Sachverhalt kommentieren? Dieses Ergebnis geht ja schon ein wenig in die Richtung, welche Sie eben angesprochen haben, nämlich, dass letztendlich doch jeder selbst für das verantwortlich ist, was er macht.

Claudia Eckert

Wir benötigen schon eine Technologieunterstützung, die uns in verschieden gesicherten Welten leben lässt. Ich vertrete nicht die Meinung, dass das jeder für sich selbst tun muss. Hier brauchen wir die entsprechenden Angebote. Wir müssen uns aber bewusst werden, was wir im Netz wollen. Wenn wir ein uneingeschränktes Netz wollen, dann muss auch klar kommuniziert werden, dass wir damit vielleicht vollständig auf unsere Privatsphäre verzichten. Wenn ich als Benutzer aber entscheide, dass bestimmte Anforderungen erfüllt sein müssen, bedeutet dies nicht, dass ich alles selbst detailliert konfigurieren muss. Vielmehr muss es ein Angebot

---

[1]   Vgl. Bild 6, S. 9.

geben, welches mir garantiert, dass meine Profileinstellungen beibehalten werden. Natürlich muss ein solches Angebot dann auch zertifiziert sein, damit es beim Nutzer die Vertrauenswürdigkeit erhält, welche ihm versprochen wird. Ich als Endkunde kann und will auch gar nicht kontrollieren, ob der Anbieter die zugesicherten Leistungen einhält, sondern will, wie beim TÜV-Siegel an einem Auto, davon ausgehen können, dass alles in Ordnung ist. Dabei ist eine Zertifizierung nach Common Criteria nicht immer notwendig. Ich will also nicht selbst meine Sicherheit im Netz gewährleisten müssen, sondern dieses durch Dienstleister erledigen lassen. Dies setzt allerdings Vertrauen voraus, welches aufgebaut werden muss. Dieser Vertrauensaufbau kann durch technische Maßnahmen, Kontrollen etc. gefördert werden.

Udo Bub

Ich denke, wir können alle bestätigen, dass dazu ein gutes Zusammenspiel der verschiedenen Akteure aus öffentlicher Hand, Wirtschaft und Wissenschaft und natürlich der privaten Nutzer erforderlich ist. Interessanterweise zeigt die Zukunftsstudie, dass Bildungseinrichtungen deutlich mehr machen müssen. Herr Professor Jähnichen, können Sie uns als Hochschullehrer erläutern, was Sie davon halten, wenn es heißt, dass in den Bildungseinrichtungen mehr geschehen muss?

Stefan Jähnichen

Die Bildungseinrichtungen müssen immer mehr machen. Das ist vollkommen klar. Es steht aber im Bezug zu der Diskussion, die wir vorher hatten. Ich möchte einmal Folgendes behaupten: Wenn wir 100-prozentige Sicherheit im Internet haben wollen, dann haben wir den Kampf längst verloren. Das wird einfach nicht möglich sein. Die Frage ist nur, wie wir damit umgehen. Ich habe meinen Studenten früher immer gesagt, dass ich nur aus statistischen Erwägungen in ein Flugzeug steige, denn ich kenne die Software nicht, die sich darin befindet.

Ausbildung ist an dieser Stelle ein wichtiges Thema. Damit meine ich nicht nur, dass wir unseren Studenten im Rahmen eines Studiums das Richtige beibringen, sondern ich spreche damit auch eine Ausbildung oder eine Weiterbildung für die Internetnutzung an. Wenn ein kleines oder mittleres Unternehmen jemanden einstellt und an einen PC setzt, dann stellt dieser Mitarbeiter doch die größte Gefahr für die Sicherheit des Netzes dar. Man hat keine Chance herauszubekommen, ob der Mitarbeiter die erforderliche Netzkompetenz hat und nicht gleich das gesamte Netz lahmlegt. Ich glaube, dass man an dieser Stelle ansetzen und Weiterbildungsangebote konzipieren muss. Natürlich müssen an dieser Stelle auch die entsprechenden Zertifikate zur Verfügung gestellt werden, so dass man sich darauf verlassen kann, dass der Inhaber eines solchen Zertifikats auch wirklich Ahnung hat. Ich glaube, auf dieser Ebene müssen wir handeln. Ebenso, wie wir mit dem Certified Tester schon etwas getan haben, brauchen wir auch den

Certified User oder den Certified Administrator, den ich an meinen PC setzen kann. Ob dann nur die Hochschulen oder auch private Bildungseinrichtungen diese Ausbildung anbieten und entsprechende Zertifikate ausstellen können, bleibt zu klären. Es wäre aber ein zukünftiges Geschäftsfeld.

Joachim Posegga

Das möchte ich bestätigen und es vielleicht auch noch etwas dramatisieren: Wir müssen uns darüber im Klaren sein, dass wir in einen massiven Fachkräftemangel hineinlaufen werden. Wir sehen im Moment an den Hochschulen, dass immer weniger junge Leute Interesse haben, Informatik zu studieren und sich vielleicht auf das Thema Security zu spezialisieren. Momentan wird diese Entwicklung durch doppelte Abiturjahrgänge oder die Aussetzung der Wehrpflicht noch etwas abgefedert. Aber in drei Jahren wird es uns ganz furchtbar überraschen, wie wenige Studenten da noch sind. Die Industrie wird dann fünf Jahre später überrascht feststellen, dass sie überhaupt keine Fachkräfte mehr findet. Es brennt also wirklich, aber so richtig sichtbar ist das Feuer leider noch nicht. Hier sind auch nicht nur die Hochschulen gefragt, sondern auch die Schulen. Für diese Problematik muss ein viel stärkeres Bewusstsein geschaffen werden.

Stefan Jähnichen

Dazu vielleicht auch noch etwas: Von der Diktion her haben bei der heutigen Veranstaltung alle immer von Schutz gegen irgendetwas gesprochen. Das ist ja auch das Thema, wenn man über Sicherheit redet. Es haben aber nur ganz wenige davon gesprochen, dass wir Vertrauen erzeugen müssen. Ich glaube, das müssen wir uns als Verantwortliche auf die Fahnen schreiben und die positiven Seiten des Ganzen herausstellen. Aufklärung, Vertrauen und Akzeptanz sind wichtige Voraussetzungen, wenn wir Innovation im Internet weiterhin haben wollen. Da muss man ansetzen und dann kommt noch dazu, dass es an dieser Stelle zu wenige gibt, die das systematisch machen wollen. Und dann haben wir wieder Opernsänger als Security-Experten ausgebildet und wundern uns, dass alles schiefgeht. Diese Situation hatten wir aber schon einmal.

Udo Bub

Solange Sicherheitsexperten nicht als Opernsänger herhalten müssen, ist das vielleicht noch eher erträglich *(schmunzelnd)*.

Die Wirtschaft ist ein weiterer Verantwortlicher für IKT-Infrastrukturen. Herr Löer, was kann denn die Wirtschaft tun, damit die Infrastruktur sicherer wird und wir das Rennen gegen die Sicherheitslücken gewinnen?

Thomas Löer

Wir kämpfen natürlich auch mit dem Fachkräftemangel. Als Druckingenieur habe ich zwar das Thema „Ich bringe Farbe aufs Papier" zur Bundesdruckerei mitgebracht, aber ich musste mich gemäß den wachsenden Anforderungen an die Bundesdruckerei entsprechend weiterbilden, damit ich mich mit den Themen Chips, Sicherheitsprotokolle und Kryptographie auseinandersetzen konnte. Das Thema Fachkräfte ist ein wesentlicher Punkt. Im Übrigen ist die Bundesdruckerei einer der größten Ausbilder in Berlin und nimmt das Thema Nachwuchsförderung in den unterschiedlichen Bereichen sehr ernst.

Mir fällt aber auf, dass wir ganz grundsätzlich solche komplexen Zusammenhänge, wie sie sich aus dem Personalausweis, aus der AusweisApp und aus den verschiedenen Diensteanbietern ergeben, kaum adressieren können. Gute Experten auf diesem Gebiet sind knapp. Für bisher unbeteiligte Dritte – wie zum Beispiel die Bürger – sind die Themen oft vollkommen unverständlich. Wenn ich mit meinen Kryptologen darüber spreche, wie Informationen auf Präsentations-Folien gebracht werden, so dass sie auch für andere verständlich werden, dann sind das zwei Welten, die aufeinander treffen. Es ist sehr schwierig, diese Dinge verständlich darzustellen und ihren Mehrwert aufzuzeigen.

Claudia Eckert

Ich möchte noch eine Anmerkung zum Fachkräftemangel machen und was man dagegen tun kann. Die IT-Sicherheit ist eine Querschnittsthematik. Sie hat in ganz vielen unterschiedlichen Domänen Bedeutung und das, denke ich, müssen wir noch viel stärker ausnutzen. Herr Jähnichen sitzt hier als Präsident der Gesellschaft für Informatik und wir wollen die Informatik voranbringen, aber wir müssen uns darüber im Klaren sein, dass Informatik in vielen Themenbereichen steckt. Da sind zum Beispiel die Maschinenbauer, die Elektrotechniker und die Mediziner. Überall dort steckt zwar Informatik drin, aber es werden dort keine Security-Themen verankert. In diese Bereiche müssen wir noch viel stärker hineingehen und dort den Abgängern Kenntnisse vermitteln. Diese Abgänger werden, wenn sie gut ausgebildet sind, in den Unternehmen durchaus auch an Schaltstellen aktiv werden. Ich denke, damit hätten wir dann schon einen guten Schritt getan.

Teilnehmer A

Herr Jähnichen, als Sie das Wort Vertrauen gebrauchten, kam mir plötzlich ein Erlebnis in Erinnerung. Ich war vor einigen Tagen bei der Anhörung zum De-Mail-Gesetz, welches im Innenausschuss des Deutschen Bundestages stattfand. Ich saß oben auf der Empore zusammen mit ein paar jungen Leuten, die das auch interessierte und ich hatte den Eindruck, dass einige von ihnen in diesem Kommunikationsverfahren mitgewirkt hatten, als es noch den Namen Bürgerportalgesetz trug. Der Vorsitzende des Ausschusses hat dann gesagt, dass im Zusammenhang mit der End-to-End-Verschlüsselung einer der Sachverständigen vermutet hatte, dass die Dienstleister möglicherweise korrupt werden könnten. Und dann hat er auch das Wort Vertrauen gebraucht. Da fing die Bank neben mir an zu kichern und die jungen Leute haben gesagt, dass sie dann ihre Kommunikation gleich über das Bundeskriminalamt abwickeln könnten.

Udo Bub

Das ist ein interessantes Statement. Das wird uns sicherlich noch sehr lange beschäftigen und wird nach wie vor das Spannungsfeld „Regulierung und Innovation" prägen.

Stefan Jähnichen

Es geht ja noch viel einfacher. Wenn ich heute eine E-Mail versende, muss ich wissen, dass dies wie eine Postkarte ist, die wirklich jeder lesen kann.

Udo Bub

Das stimmt. Damit einhergehend hat sich mir beim Hören einiger Vorträge noch eine andere Frage gestellt und vor allem beim Vortrag zum Thema E-Energy haben wir einiges darüber gehört: Es werden jetzt viel mehr Systeme miteinander kommunizieren, die vorher nicht miteinander kommuniziert haben und sie werden dies auch auf Basis von Schnittstellen tun, die bereits aus der Computernetzwerkwelt bekannt sind. Im Negativfall werden sich auch Hacker des Themas E-Energy annehmen und wir haben heute dazu auch schon einige sarkastische Kommentare gehört, die aber berechtigt waren. Nun muss man sich fragen, wann es denn soweit sein wird, dass eine Gruppe von Hackern einfach mal das Licht einer Großstadt ausschalten kann und vor allem, was wir dagegen tun können. Wird dann die gesamte Kommunikation nicht internetbasiert laufen oder basierend auf Internetprotokoll? Frau Eckert, was ist Ihre Meinung zu diesem Thema?

Claudia Eckert

Die Architekturen werden ja erst noch aufgebaut. Wie diese dann wirklich aussehen, muss geklärt werden. Wir müssen dabei auch immer unterscheiden zwischen den Energieversorgungssystemen als solche und den IKT-Infrastrukturen zum Steuern und zum Kontrollieren. Natürlich muss zuvor die Frage beantwortet werden, ob wirklich alles über das offene Internet abgewickelt werden soll, was IKT-steuernd und IKT-kontrollierend geschehen soll. Es ist ja auch der Aufbau eines dedizierten E-Energy-Kommunikationsnetzes möglich, über das durchaus diskutiert wird, ob dadurch eine gewisse Trennung herbeigeführt werden kann. Diese Trennung ist aus wirtschaftlicher Sicht zunächst einmal nicht sinnvoll, aber vielleicht in Anbetracht der Schadensreduzierung.

Ihre Frage lautete aber, ob irgendjemand einfach den Knopf drücken und damit das Licht ausschalten kann. So, wie diese Dinge zurzeit aufgebaut werden, würde ich mit einem glatten Ja antworten. Die Smart Meter und Gateway-Komponenten, welche sich zurzeit im Umlauf befinden, werden über ganz normale, wenig abgesicherte Technologien miteinander vernetzt. Dass dabei Daten nach draußen gehen, interessiert natürlich die Datenschützer, aber interessant sind auch die Zugriffsmöglichkeiten auf die ganzen Komponenten, die in den verschiedenen Verteilstationen zusammenlaufen. Es ist noch unklar, wie die Sicherheitsarchitektur gebaut wird oder ob überhaupt eine durchgehende Architektur gebaut wird. Herr Kowalski hat zu Recht gesagt, dass wir gerade mit den Smart Metern anfangen, die zwar nur eine kleine Komponente sind, aber große Auswirkungen haben. Die Frage aber, welche die richtigen Sicherheitsinfrastrukturen sind und wie diese aufzubauen sind, ist noch gar nicht beantwortet. Jetzt ist noch die Zeit dafür, hier etwas Vernünftiges zu tun, aber es ist auch schon höchste Zeit dafür. Wenn wir nichts tun, wird der Knopf zum Stromabschalten bald in unser aller Hände liegen. Die Sicherheitsbedrohungen sind da.

Teilnehmer B

Ich möchte zwei Beobachtungen loswerden und vielleicht gibt es darauf auch eine Antwort von Herrn Jähnichen, weil ihm das als Präsidenten der Gesellschaft für Informatik auch ein bisschen betrifft. Die erste Beobachtung: Ich hatte das Glück, Ende November im Bundesministerium für Wirtschaft und Technologie gemeinsam mit dem Bundesministerium des Innern eine Session zum neuen Personalausweis zu veranstalten. Dort saßen aber nicht die bekannten Unternehmensvertreter, sondern überwiegend Vertreter der Städte, Kommunen, Gemeinden und der Länder, also Deutscher Städte- und Gemeindetag. Dort haben wir dann nach der Session gemerkt, wie fern ab von der Realität wir wirklich sind. Was wir erzählt haben, hat die Teilnehmer überwiegend nicht interessiert, sie haben es größtenteils gar nicht verstanden und sie haben das Thema auch gar nicht auf ihrer Agenda zu stehen gehabt. Der Hintergrund dafür ist, dass unter anderem die Schulung der Multiplikatoren in den Personalausweisstellen schlicht und einfach nicht stattfindet. Wenn dann der interessierte Bürger zum Beispiel wissen möchte, wo er denn ein zertifiziertes Lesegerät bekommt, dann sind sie einfach überfordert. Wenn der Bürger Glück hat, wird er auf irgendeine Internetseite des Bundesamtes für Sicherheit in der Informationstechnik verwiesen. Das ist ein großes Defizit.

Meine zweite Beobachtung: Vorgestern gab es im Bundesministerium für Ernährung, Landwirtschaft und Verbraucherschutz zusammen mit dem BITKOM ebenfalls eine Veranstaltung zum Thema Sicherheit im Internet. Dort wurde der Vorschlag unterbreitet, dass sich alles besser gestalten ließe, wenn die Nutzer verantwortungsvoller mit ihren Cookies umgehen würden. Das ist von der Idee her erst einmal grundsätzlich richtig, aber meiner Ansicht nach nicht wirklich praktikabel. Wir müssen uns doch fragen, was wir tun können, um die Sensibilität und das Bewusstsein so zu verändern, dass auch der gemeine Nutzer es versteht. Man kann zum Beispiel ziemlich harte Voreinstellungen vorgeben, die zum Beispiel bei der Installation von Browsern das eine oder andere einfach verhindern. Es gibt eine Reihe von Möglichkeiten, die man nutzen könnte.

An diesen beiden Fronten geschieht meiner Ansicht nach extrem wenig. Wir fragen uns immer noch, wie wir uns gegen etwas wehren können. Der positive Ansatz wäre, die Leitplanken aufzuzeigen und zu beschreiben, so dass man dort sicherer hineinlaufen kann. Meiner Ansicht nach liegen genau dort die Defizite.

Claudia Eckert

Eine ganz kurze Replik dazu. Es gibt Untersuchungen aus jüngster Zeit, die aufzeigen, dass sich Unternehmen heftige Kundenbeschwerden eingehandelt haben, als sie restriktivere Konfigurationen vorzugeben versuchten. Die Kunden konnten dann plötzlich nicht mehr das machen, was sie gewöhnt waren. Es gibt dann viele Unternehmen, die mit diesen restriktiven Einstellungen nicht ihre Kunden verprellen wollen. Das ist so ein zweischneidiges Schwert. Es gibt große Unternehmen, die in die richtige Richtung zu gehen versuchen, aber das Bewusstsein der Leute, dass diese Reglements gut für sie sind, ist noch nicht da. Das bedeutet, dass man eigentlich hier wieder nachziehen und den Leuten irgendwie geeignet beibringen muss, dass dieser Ansatz der richtige ist. Da klafft zurzeit noch eine riesige Schere auseinander, weil man alles haben, aber nichts dafür bezahlen will. Das ist nicht die richtige Einstellung dazu.

Stefan Jähnichen

Das ist vollkommen richtig. Das Problem liegt darin, dass nicht nur Informatiker die Rechner oder Netze bedienen, sondern dass dies im Moment ein gesellschaftlich wertvolles Instrument ist, das jeder bedienen muss. Dafür muss man natürlich Vorsorge treffen. Aus meiner Sicht ist es wichtig, das Thema Usability mit dem Sicherheitsbereich in Verbindung zu bringen, das heißt, Usability von vornherein mit in die Sicherheitsaspekte einzubauen. Dies ist wichtig, damit die Leute, die mit Informatik nichts zu tun haben, die ganze Technik einfach bedienen können und zwar so einfach, dass sie auch Vertrauen darin gewinnen. Wenn ich diesen Leuten etwas von einem Virenscanner erzähle, ist das oft schon viel zu weit weg und ich verunsichere sie. Wie lässt sich das erreichen? Henry Ford hat einmal gesagt, dass wir nicht das Auto für die Spezialisten brauchen, sondern wir brauchen das Auto für alle. So ähnlich kann man das auch hier darstellen. Wir brauchen Security für alle. Die Informatiker müssen an dieser Stelle als Multiplikatoren fungieren und auch dafür sorgen, dass es nicht nur eine Technologie ist, über die wir uns austauschen und über Feinheiten unterhalten können, sondern dass eben jeder versteht, was mit seinem Rechner passiert und wie er ihn entsprechend absichern kann.

Teilnehmer C

Ich bin in meinem Unternehmen für die Missbrauchserkennung verantwortlich und wir haben jeden Tag mit solchen Fällen zu tun, wie wir sie heute besprochen haben. Ich möchte gerne drei Beobachtungen dazu loswerden. Erste Beobachtung: Meiner Ansicht nach sind unsere Systeme heute schon ziemlich sicher und die schwächste Stelle im System stellt inzwischen der Kundenrechner dar. Inzwischen habe ich viele hundert Fälle auf meinem Schreibtisch gehabt und ich erwarte nicht, dass irgendein Anspruch gegenüber dem Kunden bestehen kann, sich mit der Problematik auseinanderzusetzen. Zum einen, weil er sich gar nicht damit auseinandersetzen will und zu anderen, weil er es in vielen Fällen auch gar nicht kann. Es gibt natürlich Leute, die das alles verstehen. Die wissen, was Cookies sind und wo sie sich auf dem Rechner befinden. Auf der anderen Seite wissen 99 Prozent der Leute das überhaupt nicht und davon muss man ausgehen.

Zweite Beobachtung: Wir haben heute von einigen technischen Maßnahmen gehört, die sich zum Schutz unserer Produkte anwenden lassen. Ich möchte dazu kurz aus der Praxis berichten, dass die meisten Dinge heute wie „works as designed" genutzt werden. Das heißt, wenn ich etwas – auch zu Ungunsten von Kunden – missbrauchen will, kann ich dies oft tun, indem ich ganz andere Wege zur Nutzung dieser Funktionen finde, ohne sie anzugreifen. Herr Pelzl hat solche Vorgehensweisen heute in seinem Vortrag beispielsweise anhand der Nutzung von Baggern oder der Freischaltung von Software beschrieben. Der Angriffsvektor geht dann einfach so, dass ich eine gestohlene Kreditkarte freischalte. So werden alle vorher ergriffenen Maßnahmen umgangen.

Als dritten Punkt möchte ich noch gerne erwähnen, dass sich von der Rechtslage in Deutschland her eine ziemlich schwierige Situation ergibt. Der Skandal ist schon angesprochen worden. Wir haben keine klare Vorgabe, was wir eigentlich machen dürfen, um Kunden zu schützen oder zu warnen. Das ist eine schwierige Situation. Die Rechtslage geht davon aus, dass ich einen Missbrauch erkennen kann. Es gibt aber keine klare gesetzliche Grundlage zum Kundenschutz, um zum Beispiel Daten auswerten zu dürfen, um damit den Kunden zu schützen. Diese Punkte möchte ich gerne noch einmal in Diskussion einbringen.

Udo Bub

Herr Posegga, Sie möchten noch etwas zu diesem Themenkomplex sagen.

Joachim Posegga

Ich mache jetzt vielleicht etwas Überraschendes, denn ich fordere Regulierung. Betrachten wir einmal einen anderen Bereich: Ich weiß nicht mehr, wann die Gurtpflicht eingeführt wurde, aber damals verursachte es eine wahnsinnige Aufregung. Die Leute dachten, dass sie bei Unfällen sterben werden, weil sie nicht mehr aus dem Auto kommen. Vielleicht kann sich noch jemand daran erinnern. Hier war Regulierung absolut positiv.

Jetzt schauen wir uns einmal an, was denn momentan in der Praxis im weiteren Sinne reguliert wird: Ich darf zum Beispiel mein WLAN zu Hause aus Gründen der Störerhaftung nicht für Fremde öffnen. Ich habe die Idee dahinter verstanden, finde es aber vollkommen absurd.

Man diskutiert aus allen möglichen Gründen über Web-Sperren. Wenn man dort etwas genauer hineinschaut stellt man fest, dass es nicht von großer Sachkenntnis zeugt, was dort passiert.

Dann gibt es Diskussionen darüber, das Internet abschalten zu können. Wenn man sich dann anschaut, was zurzeit in Ägypten passiert, dann fragt man sich, wie das denn zusammenpasst.

Man sollte überlegen, was wir regulieren wollen und wie wir es regulieren wollen und darüber diskutieren. Diese Diskussion muss dann selbstverständlich auch international, zumindest aber auf europäischer Ebene, geführt werden. Auf nationaler Ebene ist hier nichts mehr zu machen.

Also, ein Ja zur Regulierung, aber vorher gründlich überlegen, wie diese aussehen soll. An Letzterem mangelt es heute noch.

Udo Bub

Wäre ein Internetführerschein ein solcher Vorschlag im Sinne eines Sicherheitsgurtes?

Joachim Posegga

Das wäre aus meiner Sicht eine Möglichkeit, hier einmal etwas voranzukommen.

Claudia Eckert

Ich möchte noch einmal auf den vorherigen Diskussionsbeitrag zurückkommen. Ich finde das Gesagte vollkommen richtig, bin aber doch erstaunt, von Ihnen als Vertreter eines großen Netzbetreibers, welcher einen riesigen Kundenstamm zu betreuen und zu bedienen hat, zu hören, dass das Problem die Kundenrechner seien. Deshalb eine Frage an Sie zurück. Wie kann denn Ihr Unternehmen, welches bis in das Kundenendsystem hineinragt, Abhilfe schaffen? Was sind denn Ihre Antworten auf diese Art von Fragen und Problemen?

Teilnehmer C

Im Moment ist es wirklich schwierig. Ich habe diese Problematik auch schon mit Kollegen aus der Sicherheitsentwicklung besprochen. Wir müssten im Prinzip einen direkten Einfluss auf das Kundensystem haben, was wir aber nur sehr bedingt haben. Wir können vielleicht einen Router konfigurieren, aber danach hört es zumindest heute schon auf. Die Chance, die ich sehe ist, dass wir irgendwann einmal vielleicht einen Rechner aus der Ferne konfigurieren können. Das muss der Kunde aber wollen und natürlich steckt dann auch die Frage dahinter, ob wir damit noch Geld verdienen können.

Claudia Eckert

Das wäre doch wieder eine Frage des Vertrauens. Vertraut man Ihnen vielleicht mehr als jeden anderen?

Teilnehmer C

Kann sein.

Claudia Eckert

Das wäre doch ein Business-Modell, oder nicht?

Teilnehmer C

Ja, richtig. Das sehe ich auch so.

Teilnehmer D

Ich möchte an zwei sehr gute Punkte anknüpfen. Der erste Punkt ist die Ausbildung. In meiner Veranstaltung an der Technischen Universität Darmstadt habe ich im Moment ein Bonussystem, bei dem die Teilnehmer ein Privacy Interface für mobile Endsysteme bauen. Ich bekomme exzellente und hochinnovative Beiträge von den Teilnehmern, indem ich ihnen bessere Noten verspreche. Man bekommt da Dinge zu sehen, an die man wirklich nicht selbst gedacht hätte und das ist ein sehr spannendes Thema, mit welchem man Leute motivieren kann, aktiv zu werden.

Der zweite Punkt betrifft das Thema Usability. Wir werden am 10. März 2011 in Darmstadt einen internationalen Workshop zum Thema Usable Privacy and Security durchführen.

Und nun noch ein provokanter Punkt: Vor noch nicht allzu langer Zeit war es so, dass 60 bis 70 Prozent der Sicherheits- und Datenschutzlücken üblicherweise von Insidern ausgingen. Inwieweit ist das denn aus Ihrer Sicht ein Thema? Wird dies in Zukunft nicht mehr wichtig sein oder wird es vielleicht sogar ein ganz drängendes Thema? Gibt es darauf eine Antwort oder konkrete Maßnahmen? Lässt sich das regulieren oder vielleicht auch nicht?

Claudia Eckert

Die Beobachtung geht in der Tat dahin und die Statistiken zeigen das auch, dass in letzter Zeit die externen Angriffe erheblich zugenommen haben. Die Innentäter sind natürlich nach wie vor da und das betrifft dieses gesamte Ausbildungsthema. Deshalb liegt der Fokus ganz stark darauf, wie man sich gegen diese Angriffe von außen schützen kann. Themen wie Cyber War, Cyber Crime und Cyber-Terroristen sind ja nicht von der Hand zu weisen. Da passiert ja durchaus einiges. In den klassischen Studien wird genau das festgestellt. Den Blick in diese Richtung zu wenden, ist aus meiner Sicht schon sehr richtig. Dabei dürfen die Insider natürlich nicht vernachlässigt werden. Da haben wir ja das Problem, wie wir die Rechte des allgegenwärtigen und allmächtigen Super Users beschränken können. Für dieses Problem kennen wir aber auch schon seit Jahren entsprechende Vorgehensweisen. Die müssten in den Unternehmen endlich auch einmal konsequent gelebt werden. Hier haben wir dann wieder das Ausbildungsproblem, womit wir uns wieder im Kreis drehen.

Teilnehmer E

Ich arbeite an einem Projekt, das sich mit Diensten für Senioren beschäftigt. Ich möchte gern noch etwas zum Thema Usability ergänzen und das, was Herr Bub in seiner Einleitung aus der Zukunftsstudie abgeleitet hat, nämlich dass die befragten Experten die Benutzerfreundlichkeit als größtes Bedürfnis und gleichzeitig als größten Mangel festgestellt haben. Das muss man im Zusammenhang betrachten. Wie kann ich einem Senior verständlich machen, worin für ihn der Mehrwert von Sicherheit liegt? Er denkt dabei sicherlich an bestimmte Dinge wie beispielsweise Banking, Homebanking und das TAN-Verfahren. Das haben viele begriffen und gehen damit entsprechend um. Jetzt geht es aber weiter mit Themen wie Sensoren im Haus oder E-Metering. Daraus ergeben sich Fragen wie: Was kann ich als Endnutzer tun? Was muss ich tun, um was zu erreichen? Worin liegt der Mehrwert? Was muss ich tun um, diesen Mehrwert zu erreichen? Wie laufen die Mechanismen, die ich bedienen muss? Darüber müssen wir noch einmal nachdenken. Die meisten Anwender sind schon mit der Aufgabe überfordert, ihren PC sicherer zu machen, nicht nur die älteren Menschen.

Claudia Eckert

Selbstverständlich müssen wir zum einen davon wegkommen, dass jeder einzelne Endbenutzer anfängt, in der Technik herumzuwühlen. Zum anderen müssen wir ein Bewusstsein dafür erzeugen, worum es hier eigentlich geht. Vorhin wurde der Sicherheitsgurt im Auto als Beispielmetapher herangezogen. Ich denke, das war ein gutes Beispiel, möchte hier aber noch ein anderes Beispiel nennen, welches, wie ich denke, auch nicht schlecht ist. Das ist die Fernsehsendung „Der 7. Sinn". Da wurden dem Zuschauer mit eingängigen Filmchen gewisse Problemstellungen aus dem Automobilumfeld verdeutlicht und aufgezeigt, wie man damit umgeht. In einer solchen eingängigen und vor allem verständlichen Art und Weise sollten Probleme dargestellt und somit ein Lernbewusstsein über Medien geschaffen werden. Die Senioren werden sicherlich noch einen Fernseher einschalten. Die jungen Leute wird man vielleicht gar nicht mehr darüber erreichen, sondern über die anderen Medien. Aus meiner Sicht ist hier noch eine zielgruppenspezifische mediale Aufbereitung vorzunehmen. Damit würde man einiges erreichen.

Thomas Löer

Eine zielgruppenspezifische Aufbereitung haben wir für die Personalausweis- und Passbehörden umgesetzt, indem wir einen Film mit dem Titel „High Noon im Bürgeramt" erstellt haben, um die Mitarbeiter dort zu erreichen. Wir stellen aber auch fest, dass trotz vieler theoretischer Informationen die Behördenmitarbeiter erst durch Erfahrungen in der Praxis die Technik beherrschen.

Deshalb haben wir bei der Bundesdruckerei einen so genannten „Application Support" eingerichtet. Das sind Mitarbeiter, die zu den entsprechenden Behörden fahren, wenn es dort Schwierigkeiten gibt. Das Systemverständnis vor Ort hat Grenzen, so dass Grundeinstellungen falsch gewählt sind oder IT-Spezialwissen bei den Mitarbeitern selbst fehlt. Nicht jede Stadt beziehungsweise Kommune ist in der Lage, ein eigenes Expertenteam für IT-Technik und Softwarelösungen vorzuhalten. Deshalb wird in den Behörden oftmals improvisiert, um Lösungen bereit zu stellen. Wir tauschen dann zum Beispiel fünf Meter lange USB-Kabel aus, weil die Stromversorgung der Geräte nicht mehr funktioniert oder wir korrigieren Firewall-Einstellungen. Wir helfen natürlich gerne, auch mit persönlichem Einsatz und Schulungen vor Ort, da wir Verantwortung für das Gesamtsystem haben.

Zum besseren Verständnis für bestimmte Themengruppen haben wir einen zweiten Film erstellt, um das Thema Biometrie zu erklären. Darin werden Fingerabdrucksensoren, Unterschriftentabletts sowie etwaige Beschränkungen im Umgang mit der Technik thematisiert. Wir haben Empfehlungen dazu abgegeben, auf welcher Hardware die Systeme laufen. Denn wir treffen auf ein Umfeld von deutschlandweit rund 18.000 Behörden-Arbeitsplätzen mit teilweise veralteten Rechnersystemen und entsprechender Software, die ein reibungsloses Funktionieren unserer Software erschwert.

Wir versuchen also, die Behörden-Mitarbeiter durch Filme, Gimmicks und Preisausschreiben sowie Vor-Ort-Präsenz dazu anzuregen, sich mit der Materie zu beschäftigen.

Teilnehmer F

Herr Löer hat da gerade zwei Punkte angesprochen, die ich persönlich in meinem Umfeld auch täglich wahrnehmen muss. Zum einen ist das die Beobachtung, dass kleinere Unternehmen ihre IT-Netze größtenteils tatsächlich zum Beispiel vom Bekannten des Sohnes des Chefs einrichten lassen, was absolut katastrophal ist. Das bedeutet, dass hier eine völlig falsche Denkweise im Unternehmen vorherrscht, wenn versucht wird, ohne Fachkräfte die IT selbst einzurichten. Auf der anderen Seite wurde auch angesprochen, dass der Endnutzer teilweise oder überhaupt gar nichts mit dem anfangen kann, was wir besprechen. Der hat das Problem, dass er vielleicht an Kekse denkt, wenn ich von Cookies spreche. Das sind zwei Punkte, die mir täglich begegnen und die ich katastrophal finde. Ich finde die Idee sehr gut, mit Sendungen wie „Der 7. Sinn" dem Endnutzer etwas in die Hand zu geben, um ihm überhaupt erst einmal die Problematik zu verdeutlichen.

Claudia Eckert

Eine ganz kleine Anmerkung zu ihrer Erwartungshaltung: Ich finde es ja fast schon etwas vermessen, zu glauben, dass ein Mitarbeiter etwas nachhaltig verinnerlicht, wenn man ihm einen Film zeigt. Natürlich muss man irgendwann einmal starten, aber das sind langwierige Prozesse, die immer wieder trainiert werden müssen. Wir sehen das ja auch bei unseren Studenten. Es dauert eine gewisse Zeit, bis sie das leben, was wir ihnen vorgeben. Und ein anderer Punkt darf auch nicht außer Acht gelassen werden, der ja nicht unbekannt ist: Man kann mit einer neuen Technologie keine bestehenden Prozesse verbessern, wenn diese bereits verheerend sind. Die Prozesse, welche die Infrastruktur und die Abläufe umfassen, müssen selbstverständlich in Ordnung sein, damit eine neue Technologie unterstützend eingreifen kann. Wenn dort aber ein Durcheinander herrscht, kann man von einer neuen Technologie auch nicht erwarten, dass sie reibungslos funktioniert. Das ist leider die Realität und man sollte davon nicht überrascht sein.

Thomas Löer

Überrascht sind wir auch nicht. Es ist ja nicht das erste Mal, dass wir ein Rollout für Hard- und Software durchführen. Es ist auch nicht der erste Film, den wir in Abstimmung mit dem Bundesministerium des Innern gemacht haben und der Film ist auch nicht dazu gedacht, jemanden abschließend zu schulen oder solche grundsätzlichen Probleme, wie wir sie diskutiert haben, zu lösen. Wir müssen aber mit den Problemen umgehen und versuchen zu unterstützen. Wenn wir zum Beispiel das kommende Thema „Elektronische Aufenthaltstitel" betrachten, dann wenden wir uns an Mitarbeiter in Behörden, die bisher noch sehr wenige Berührungspunkte mit der „Elektronifizierung" von Dokumenten hatten. Hier müssen wir uns wieder die Frage stellen, wie wir die Mitarbeiter auf die neuen Aufgaben vorbereiten können.

Joachim Posegga

Es ist unsere Aufgabe, die Leute aufzuklären. Vor einigen Wochen gab es eine Sitzung einer so genannten Task Force „IT-Sicherheit" im Wirtschaftsministerium in Bonn. Am Anfang dieser Sitzung wurde gefragt, welche Initiativen es zu diesem Thema gibt. Das Erstaunliche ist, dass es sehr viele Initiativen gibt, zum Beispiel „Deutschland sicher im Netz e.V.", die alle zu einem Problembewusstsein anregen und Hilfestellung geben wollen. Ich habe den Eindruck gewonnen, dass uns das in den letzten Jahren nicht weitergebracht hat. Vielleicht sollten wir erst einmal verstehen, warum diese Initiativen nicht funktionieren.

Teilnehmer G

Ich möchte gerne die Initiativen und den neuen Personalausweis ansprechen. Mir stellt sich die Frage, welche Initiativen es denn gibt, um dem Endnutzer den neuen Personalausweis zu erklären. Beispielsweise ist mein Vater als Senior mit dem neuen Personalausweis völlig überfordert und vertraut ihm auch nicht, da er ihn als ein Stück IT empfindet. Er vertraut seinem Entertainment-Paket sehr viel mehr als dem neuen Personalausweis, weil er es bedienen kann und versteht, was da passiert. Er hat mich, nachdem er einen neuen Personalausweis bekommen hat, tatsächlich gefragt, was er denn jetzt damit machen müsse. Es stellt sich wirklich die Frage, welche Initiativen es für den Bürger gibt, um seinen neuen Personalausweis zu verstehen und zu verhindern, dass er ihn in die Mikrowelle legt, um den Chip darauf zu zerstören, wie man es zurzeit im Internet lesen kann.

Thomas Löer

Dazu kann ich nur sagen, dass man sieht, ob ein Personalausweis in die Mikrowelle gelegt wurde und dann wird es eine kostenpflichtige Reklamation. Im Ernst, es liegt in der Verantwortung des Bundesministeriums des Innern, über das

System insgesamt zu informieren. Wir von der Bundesdruckerei haben keinen Einfluss darauf, sondern unsere Aufgabe ist es, die Karte herzustellen und die Hintergrundsysteme zu entwickeln.

Teilnehmer H

Ich möchte noch einmal auf die Eingangsbemerkung von Frau Eckert zurückkommen und somit vielleicht einen Kreis schließen. Sie hatten eingangs dieses Gleichnis von der realen Welt und dem Internet gebracht und sinngemäß gesagt, dass Sie nachts nicht im dunklen Park spazieren gehen und auch keine Websites besuchen würden, deren Top-Level-Domain „.ru" ist, da Sie bei beiden Sicherheitsbedenken haben. Danach haben Sie gesagt, dass man in geschlossenen Bereichen des Internets, so genannten Gated Communities, vielleicht bereit ist, gewisse Einschränkungen hinzunehmen, in denen man sich dann auch sicherer bewegt. Wie würde denn für Sie ein Netz aussehen, welches nur noch aus Gated Communities besteht und wie würde die Polizei innerhalb solcher Gated Communities aussehen?

Claudia Eckert

Ich weiß derzeit auch nicht, wie ein solches Netz aussehen könnte. Darüber habe ich noch nicht lange genug nachgedacht. Ich spiegele die Frage einfach zurück an die hier anwesenden Vertreter von Telekom und T-Systems, denn das ist ihr Business. Wie bauen Sie solche Netze mit den entsprechenden Regelungen? Ich weiß es nicht. Ich kann mir vorstellen, wie ich ein kontrolliertes Community-Netz für eine spezielle Domain baue, aber Sie wollen es ja insgesamt partitioniert und kontrolliert haben und dann sollen vielleicht noch Gates dazwischen.

Teilnehmer H

Facebook ist ja so ein Community-Netz.

Claudia Eckert

Ach, das ist aber nicht wirklich kontrolliert, oder?

Teilnehmer H

Na ja, es hat zwar keinen Schießbefehl an der Mauer, aber Sie müssen dort erst einmal hineinkommen.

Claudia Eckert

Natürlich müssen Sie dort erst einmal hineinkommen, aber was dann mit Ihren Daten darin geschieht und wer dann was damit macht, ist ja nicht wirklich vertrauenserweckend und Sie können auch nicht erwarten, dass das alles so funktioniert, wie Sie es gerne hätten. Nur weil ich einen Account benötige, um in eine Community zu gelangen, reicht das nicht aus. Es müssen wirklich Regelwerke aufgebaut und auch kontrollierbar umgesetzt werden und dafür benötigt man Mechanismen, die zurzeit aber noch nicht so richtig gut greifen, da ich aus der Ferne nie weiß, was die Provider wirklich machen. Das ist das Problem beim Cloud Computing und hier sind wir dann auch wieder beim Thema Vertrauen, dass diejenigen, die gewisse Daten hosten, auch bestimmte Regeln einhalten. Wir befinden uns hier in einer ganz schwierigen Diskussion. Eine Community zu schaffen, ist die eine Sache. Eine andere Sache ist es, in einer verteilten Welt Regeln durchzusetzen. Denken Sie nur an „X-pire!", diesen digitalen Radiergummi. Das war der etwas hilflose Versuch, hier etwas hineinzubringen, was uns gezeigt hat, wie schwierig und komplex es ist. Es ist ein großes Fragezeichen und ich kann Ihnen darauf keine vernünftige Antwort geben.

Joachim Posegga

Wir sollten nicht versuchen, das Internet komplett zu regulieren. Ich will es einmal etwas überspitzt formulieren: Wir werden nicht den Bereich für die Senioren haben, über den sie nicht hinauskommen, weil der PC den sie gekauft haben ISO 78.4362 erfüllt. Wir sollten nicht alles, was so im Internet passiert, zu verhindern versuchen. Es muss natürlich in einem gewissen Rahmen stattfinden, sollte aber technisch nicht so reguliert sein, dass es nur noch diesen Rahmen gibt. Wenn wir so etwas machen, dann gibt es nur eine Möglichkeit: Die komplette Abschaltung und das will im Endeffekt niemand. Meiner Meinung nach müssen wir die Leute in die Lage versetzen, selbst vernünftig und „internet-erwachsen" damit umzugehen. Das muss das Ziel sein und ich sehe keine Alternative dazu.

Stefan Jähnichen

Das, was gesagt wurde, ist extrem wichtig. Wir müssen uns darüber im Klaren sein, dass Kommunikation etwas ist, mit der unsere Demokratie lebt, weil es ein Grundrecht ist. Mit dem Internet treiben wir Demokratien voran, wir stellen Mehrheiten darüber her, wir stellen Präsenz darüber her, wir unterhalten uns darüber und wir haben Dispute darüber. Das Internet hat die Kommunikationstradition umgekrempelt und wenn es ein unsicheres Medium bleibt, dann haben wir ein großes Problem. Wir als Informatiker müssen hier besonders mitdenken.

Udo Bub

Das ist ein schönes Schlusswort. Meine Damen und Herren, wir kommen nun also zum Schluss der Podiumsdiskussion und der Konferenz. Die Zeit ist schon wieder vorbei. Vielen Dank für die rege Diskussion. Als Fazit möchte ich noch einmal auf unser Kulturverständnis eingehen. Im Rahmen der Fachkonferenz zu der mehrfach zitierten Zukunftsstudie wurde darauf hingewiesen, dass man in einem angemessenen Zeitraum eine Kultur im Umgang mit dem Internet entwickelt, in der man schon im Kindesalter großflächig mitbekommt, worauf man achten muss. Vielleicht ist hier der Technologiehub zu schnell gewesen, um dafür zu sorgen, dass alle Bevölkerungsschichten gleich schnell ein angemessenes IT-Sicherheitsempfinden aufbauen konnten.

Ich möchte mich bei den Referenten, den Teilnehmern der Podiumsdiskussion und bei Ihnen herzlich für Ihr Kommen bedanken und bitte nun Klaus-Dieter Wolfenstetter um ein kurzes Resümee dieses Tages.

13 Resümee

Klaus-Dieter Wolfenstetter

Ich möchte mich zunächst herzlich bei allen Akteuren dieser Konferenz bedanken. Ich denke, Sie haben uns wichtige Einblicke in unser heutiges Thema ermöglicht, und zwar aus der Sicht der öffentlichen Hand, der Privatwirtschaft, der Sicherheitsindustrie und der Wissenschaft. Es ist wichtig, dass wir diese Probleme und Entwicklungen diskutieren und zum Beispiel klären, was reguliert werden muss und was nicht, ob also Selbstverpflichtungen der Industrie ausreichen und wie demnach der „rote Faden" verläuft in der Diskussion um Geodaten. Sicher haben bei unserer heutigen Veranstaltung manche Industriebranchen und auch der Bürger und Nutzer als Diskussionspartner gefehlt, ebenso Aspekte der intuitiven Bedienführung. Dennoch bin ich sicher, dass uns diese zweite Konferenz, mit nahezu den gleichen Referenten wie bei der ersten, wichtige Einblicke in die Themen geben konnten.

Ich werde morgen mit einer Regierungsdelegation zur RSA-Sicherheitskonferenz in die USA reisen. Dort werden etwa 15.000 Teilnehmer erwartet. Und dort wird immerhin ein Vice President von Microsoft über eine deutsche Entwicklung der letzten Jahre sprechen, nämlich den neuen elektronischen Personalausweis. Ich meine, es ehrt uns, dass in den USA wahrgenommen wird, was hier in Deutschland in der Sicherheitstechnologie passiert. Nun, wie ist uns dieses gelungen? Das Projekt „neuer Personalausweis" fand de facto im Rahmen einer Public-Private-Partnership statt, wie wir es sonst von Leuchtturmprojekten etwa in der PPP D21 kennen. Wir alle wollten den neuen Personalausweis mit seiner weltweit einzigartigen elektronischen Identifizierungsfunktion von Anfang an, das heißt vor etwa sechs Jahren. Es gab auch von Anfang an keine ideologischen Bedenken oder bedrohten Geschäftsinteressen, die dagegen gesprochen hätten. Den neuen Personalausweis wollten alle haben und genau deshalb haben wir ihn heute. Er leidet zwar noch an Kinderkrankheiten, kommt aber langsam in Fahrt und wir werden in den nächsten Jahren sein technologisches Potenzial weiter heben, etwa durch die Entwicklung von Derivaten für Kinder und Jugendliche, wo wir uns ebenfalls einen Ausweis vorstellen können.

Wichtig ist, dass wir solche Dinge in den richtigen Kreisen, in Round Tables, besprechen. Das versuchen wir zurzeit beispielsweise beim schwierigen Thema Smart Energy Grids. Dazu trifft sich zunächst ein Kernteam der wichtigsten Akteure, um die Interessen zu sondieren und um herauszufinden, was für ein neues „Big Picture" das ist, welches wir bisher nicht kennen. Und so haben wir vielleicht die Chance, dass in ein paar Jahren wieder ein Amerikaner über unsere

Entwicklungen spricht. Das ist unsere Vision. Nach dem Erfolg beim neuen Personalausweis sollte uns so etwas in Europa und in Deutschland gelingen.

Ich bedanke mich bei Ihnen für Ihre Teilnahme und beim Gastgeber, dem European Center for Information and Communication Technologies. Ich denke, dass sich dieses Veranstaltungsformat bewährt hat und bin gespannt darauf, wie es weitergeht. Danke, dass Sie so engagiert mitdiskutiert haben. Ich verabschiede mich und wünsche Ihnen alles Gute.

Referenten und Moderatoren

Dr. Matthias Baumgart studierte Mathematik mit dem Nebenfach Informatik an der Justius von-Liebig-Universität Gießen und promovierte dort 2005. Zwischen 1999 und 2008 arbeitete er als Security Consultant bei der T-Systems und wechselte anschließend zu den Deutsche Telekom Laboratories. Dort ist Matthias Baumgart als Projektfeldleiter Network & Platform Security tätig.

Dr. Udo Bub studierte und promovierte im Fach Elektrotechnik und Informationstechnik an der Technischen Universität München. Während dieser Zeit hatte er langfristige Forschungsaufenthalte an der School of Computer Science der Carnegie Mellon University in Pittsburgh, PA, USA und im Bereich Corporate Technology der Siemens AG in München. Daraufhin war Udo Bub sechs Jahre als Management- und Technologieberater auf dem IKT-Markt tätig. Seit Gründung der Deutsche Telekom Laboratories 2004 ist er dort Mitglied des Leitungsteams und als Bereichsleiter zuständig für F&E zu Mensch-Computer-Interaktion, IKT-Architektur, IKT-Infrastruktur und IKT-Sicherheit. 2007 übernahm er zusätzlich die Position des Geschäftsführers beim European Center for Information and Communication Technologies (EICT) GmbH. Außerdem ist Udo Bub seit 2010 als Node Director Konsortialleiter des deutschen Knotens der EIT ICT Labs im Rahmen des European Institute of Innovation and Technology (EIT).

Prof. Dr. Claudia Eckert ist seit 2001 Leiterin des Fraunhofer-Instituts für Sichere Informationstechnologie SIT in Darmstadt und München. Außerdem ist sie Professorin der Technischen Universität München, wo sie den Lehrstuhl für IT-Sicherheit im Fachbereich Informatik inne hat. Als Mitglied verschiedener nationaler und internationaler industrieller Beiräte und wissenschaftlicher Gremien berät sie Unternehmen, Wirtschaftsverbände sowie die öffentliche Hand in allen Fragen der IT-Sicherheit. In Fachgremein wirkt sie mit an der Gestaltung der technischen und wissenschaftlichen Rahmenbedingungen in Deutschland sowie an der Ausgestaltung von wissenschaftlichen Förderprogrammen auf EU- und NATO-Ebene.

Prof. Dr. Stefan Jähnichen ist Mitglied des Aufsichtsrats beim European Center for Infomation and Communication Technologies (EICT) GmbH. Er ist seit 2001 Leiter des Fraunhofer-Instituts für Rechnerarchitektur und Softwaretechnik FIRST und leitet zudem die Forschungsgruppe Softwaretechnik an der Technischen

Universität Berlin. Außerdem ist Prof. Jähnichen seit 2008 Präsident der Gesellschaft für Informatik.

Fabian Kohler studierte Elektrotechnik mit Schwerpunkt Informations- und Kommunikationstechnik an der RWTH Aachen. Von 2003 bis 2009 forschte er am Helmholtz-Institut Aachen, Lehrstuhl für Angewandte Medizintechnik im Fachbereich Biomedizinische Messtechnik. Seit 2009 ist er Wissenschaftlicher Mitarbeiter beim Projektträger im Deutschen Zentrum für Luft- und Raumfahrt e.V. im Forschungsbereich Informationstechnik und Kommunikationstechnik. Die Schwerpunkte seiner fachlichen Betreuung liegen in den Themenfeldern Kommunikationsnetze und IT-Sicherheit. Seit 2010 ist Fabian Kohler zudem Koordinator im Aufrag des Bundesministeriums für Bildung und Forschung für die begleitenden Maßnahmen zur nationalen und europäischen Netzwerkbildung im Bereich der Kommunikationstechnik. In diesem Kontext ist er Beisitzer für Deutschland im „Future Internet Forum of Member and Associated States".

Bernd Kowalski hat an der Rheinisch-Westfälischen Technischen Hochschule in Aachen Elektrotechnik und Nachrichtentechnik studiert und trat 1982 als Diplom-Ingenieur in den Dienst der Deutschen Bundespost ein. Dort arbeitete er an der Entwicklung und Normung von neuen Telekommunikationsdienstleistungen. Mit dem Übergang der Deutschen Bundespost in die Deutsche Telekom AG übernahm er 1990 den Aufbau des Produktzentrums Telesec zur Bereitstellung neuer Dienstleistungen und Produkte im Bereich der IT-Sicherheit und führte diese Geschäftseinheit bis 2002. Im gleichen Jahr wechselte er zum Bundesamt für Sicherheit in der Informationstechnik und leitet seitdem die Abteilung 3 mit den Aufgabenbereichen Zertifizierung, Zulassung, Konformitätsprüfung und Neue Technologien.

Johannes Landvogt studierte Mathematik und Informatik an der Universiät Kaiserslautern. Nach dem Studium war er zunächst ein Jahr in der Versicherungs-wirtschaft tätig und wechselte dann zum Bundesamt für Wehrtechnik und Beschaffung. Ab 1988 war er im Bundesministerium des Innern als Referatsleiter in der Koordinierungs- und Beratungsstelle der Bundesregierung für Informations-technik in der Bundesverwaltung tätig. Seit 2001 ist Johannes Landvogt Referats-leiter „Technologischer Datenschutz, Informationstechnik, Datensicherheit" beim Bundesbeauftragten für den Datenschutz und die Informationsfreiheit.

Thomas Löer ist Druckingenieur. Er ist seit über 10 Jahren in der Bundesdruckerei tätig und Vater vieler Sicherheitsdokumente: nämlich des alten Reisepasses und des alten Personalausweises. Außerdem hat er die Entwicklung des elektronischen und des biometrischen Reisepasses maßgeblich vorangetrieben. Thomas Löer hat die Kartenentwicklung in der Bundesdruckerei geleitet und ist derzeitig Leiter des Marketing und war im Team zur Entwicklung des elektronischen Personalausweises.

Dr. Jan Pelzl beschäftigt sich seit 1994 mit der Sicherheit moderner IT-Systeme. 1997 erhielt er den Facharbeiterbrief als Kommunikationselektroniker bei der Firma Bosch Telecom. Seit 1999 arbeitet Jan Pelzl auf dem Gebiet der eingebetteten IT-Sicherheit. Er führte erfolgreich viele nationale und internationale Projekte im Bereich der Datensicherheit und angewandten Kryptografie durch und veröffentlichte zahlreiche Publikationen zu diesem Thema auf renommierten internationalen Konferenzen und in Fachzeitschriften. Dr. Pelzl unterrichtet Datensicherheit und Grundlagen der Kryptografie für Industrieteilnehmer zum Beispiel an der TÜV-Akademie Rheinland, der gits AG und dem Weiterbildungszentrum der Ruhr-Universität Bochum. Seit 2007 ist Dr. Pelzl Geschäftsführer der escrypt GmbH.

Prof. Dr. Joachim Posegga trat 1995 in das Technologiezentrum der Deutschen Telekom ein. Er wechselte 2000 zu SAP, wo er die Sicherheitsforschung in Karlsruhe und Sofia leitete. 2004 ging Joachim Posegga an die Universität Hamburg. Dort hatte er einen Lehrstuhl für IT-Sicherheit inne. Sein weiterer Weg führte ihn dann 2008 an die Universität Passau zum neuen Lehrstuhl für IT-Sicherheit.

Martin Schallbruch studierte Informatik, Rechts- und Sozialwissenschaften an der Technischen und der Freien Universität Berlin. Nach seinem Abschluss als Diplom-Ingenieur war er zunächst als wissenschaftlicher Mitarbeiter an der Juristischen Fakultät der Humboldt-Universität zu Berlin tätig und leitete dort ein Servicezentrum für Informations- und Kommunikationstechnik. 1996 wurde Martin Schallbruch Direktor des Instituts für das Recht der Informations- und Kommunikationstechnik an der Humboldt-Universität zu Berlin. Ab 1998 folgten verschiedene Stationen im Bundesministerium des Innern; zunächst als Persönlicher Referent der Staatssekretärin Zypries, ab 2002 als IT-Direktor und seit 2008 als IT-Beauftrater (Ressort-CIO).

Dr. Friedrich Tönsing studierte Mathematik an der Technischen Universität Braunschweig und promovierte dort auch. Nach einer vierjährigen Assistenztätigkeit an der TU Braunschweig wechselte er zu T-Mobile und anschließend in das damalige Technologiezentrum der Deutschen Telekom. Dort arbeitete er an der Entwicklung von Sicherheitslösungen und Produkten, insbesondere im

Mobilfunk. Friedrich Tönsing ist Abteilungsleiter bei der T-Systems International GmbH und verantwortet dort die Gebiete Smart Cards, insbesondere das Kartenbetriebssystem TCOS, Security Engineering und Sicherheitsprodukte und -lösungen.

Klaus-Dieter Wolfenstetter ist bei den Deutsche Telekom Laboratories in der Sicherheitsforschung tätig. Er befasst sich seit vielen Jahren mit der Informationssicherheit und dem Datenschutz. An den Sicherheitsmerkmalen und -verfahren der globalen digitalen Mobilkommunikation GSM war er maßgeblich beteiligt, ebenso an der Erarbeitung des wegweisenden Standards CCITT X.509 „Authentication Framework". Er ist Autor und Herausgeber des Standardwerks „Handbuch der Informations- und Kommunikationssicherheit" sowie weiterer Fachbücher über Kryptografie und Sicherheitsmanagement. Zuletzt war er an der Entwicklung und Förderung der elektronischen Identifizierungsfunktion des neuen Personalausweises beteiligt.